运筹帷幄的兵学秘诀　决胜千里的谋略智慧

图解

孙子兵法

（春秋）孙武　著

思　履　主编

中国华侨出版社

图书在版编目(CIP)数据

图解孙子兵法 / (春秋) 孙武著；思履主编. -- 北京：中国华侨出版社, 2017.3

ISBN 978-7-5113-6651-1

Ⅰ.①图… Ⅱ.①孙… ②思… Ⅲ.①兵法—中国—春秋时代 ②《孙子兵法》—图解 Ⅳ.①E892.25-64

中国版本图书馆CIP数据核字(2017)第021273号

图解孙子兵法

著　　者：	（春秋）孙　武
主　　编：	思　履
出 版 人：	方　鸣
责任编辑：	芃　霓
版式设计：	王明贵
封面设计：	韩立强
文字编辑：	杨　君
美术编辑：	李丹丹
插图绘制：	王蕴普　陈来彦　孔文鹏
经　　销：	新华书店
开　　本：	720mm×1020mm　1/16　印张：19　字数：650千字
印　　刷：	北京鑫海达印刷有限公司
版　　次：	2017年6月第1版　2019年3月第2次印刷
书　　号：	ISBN 978-7-5113-6651-1
定　　价：	29.80元

中国华侨出版社　　北京市朝阳区静安里26号通成达大厦3层　　邮编：100028

法律顾问：陈鹰律师事务所

发 行 部：(010) 58815874　　　传　　真：(010) 58815857

网　　址：www.oveaschin.com　　　E - m a i l：oveaschin@sina.com

如果发现印装质量问题，影响阅读，请与印刷厂联系调换。

前言

　　"用兵如孙子,策谋三十六",《孙子兵法》代表着我国古代军事理论的最高水平。它所体现出的丰富的智慧和内涵,使其影响已远远超出军事学领域,不但为中外政治家、军事家学习和运用,而且被众多哲学家、文学家和企业家所借鉴,并成为人们日常生活的精神指导和成功指南。

　　《孙子兵法》的作者孙武,字长卿,孙子或孙武子都是对他的尊称。他是中国军事学的奠基人,古人称他为"兵圣"。孙武的生卒年月在历史上没有明确的记载,我们只知道他生于春秋晚期,出生地是齐国,活动于公元前6世纪末至公元前5世纪初,大约和孔子同时期。孙武从事军事活动是他由齐国到了南方的吴国以后,经吴国名将伍子胥推荐,和伍子胥一同辅助吴王治国练兵。当时吴王阖闾非常欣赏孙武和他著成的兵法十三篇,想看看兵法十三篇的可操作性,于是集合了吴宫一百八十名宫女请孙武训练。被娇宠惯了的两个任队长的吴王宠姬,三令五申之后仍然嬉戏无度,不听号令。孙武随即严命斩首,吴王出来说情也无用,结果一百八十名宫女被训练得令行禁止,纪律严明。之后,孙武担负起吴国的军国重任,他率领吴军西破强大的楚国,北方与齐晋抗衡,对吴国的崛起起了十分重要的作用。他所著的《孙子兵法》被喻为"兵经""百世谈兵之祖",历代兵学家、军事家甚至政治家无不从中汲取养料,曹操、唐太宗、宋仁宗、王阳明、张居正等都曾力主学习此书。在国外,人们对《孙子兵法》更是推崇备至。不少国家的军校把它列为教材,比如美国的国防大学、西点军校、海空军指挥学院等就把《孙子兵法》列为战略学和军事理论的必读书。在商业领域,《孙子兵法》也是大放异彩,哈佛商学院将《孙子兵法》列为高级管理人才培训的必读教材,日本的"经营之神"松下幸之助更是将其奉为圭臬,他的经营思想中无不渗透着《孙子兵法》的军事精华。

　　时至今日,《孙子兵法》已被译为多种文字在世界范围内广泛流传。本书在原著基础上增设了注释、译文、名家品读、实用谋略和商业案例等栏目,在重现古典兵书原貌的同时，以现代视角对古典计谋进行全新解读。同时，为了帮助读者全面深入地理解这部内容博大精深的著作，编者还精心绘制了几百幅精美插图，这些图分为战例示意图、战略解析图和人物事迹图。战例示意图是随文列举历代最经典的战例，绘制成战争双方军力部署、进退虚实以及天候地理的情况，以实际战例加深读者对原著的理解。战略解析图是随文绘制的用《孙子兵法》解析著名战役战略思想的系列图表，使读者更加直观地掌握这部著作所蕴含的令人惊叹的谋略智慧。人物事迹图生动再现了历史上著名的军事战争和政治斗争以及重大历史事件中的人物活动，让读者感受当时的历史情景，通过真实的人和事具体而微地学习《孙子兵法》中所承载的普遍哲理。

科学简明的体例、充满智慧的文字、精美珍贵的图片、注重传统文化与现代审美的设计理念，多种视觉要素有机结合，打造出一个彩色的阅读空间，全面提升本书的欣赏价值和艺术价值。通过阅读本书，可以帮助读者在竞争日益激烈的当代社会里纵横捭阖、游刃有余，真正实现运筹帷幄之中，决胜千里之外。

目录

》计　篇 …………………………………………………… 2

》作战篇 …………………………………………………… 26

》谋攻篇 …………………………………………………… 47

》形　篇 …………………………………………………… 68

》势　篇 …………………………………………………… 86

》虚实篇 …………………………………………………… 110

》军争篇 …………………………………………………… 135

》九变篇 …………………………………………………… 162

》行军篇 …………………………………………………… 181

》地形篇 …………………………………………………… 202

》九地篇 …………………………………………………… 226

》火攻篇 …………………………………………………… 256

》用间篇 …………………………………………………… 272

　　孙子，名武，字长卿，中国古代著名军事家、哲学家，被后世尊称为"兵圣"，其光辉的军事思想为古今中外军事家所尊崇。

百世谈兵之祖，历代镇国之经

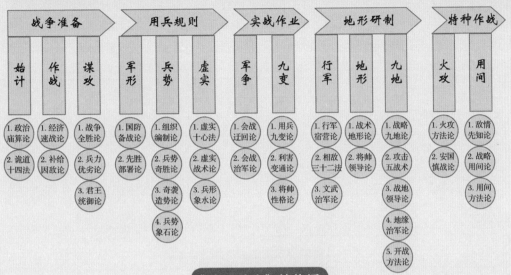

战争准备			用兵规则			实战作业		地形研制			特种作战	
始计	作战	谋攻	军形	兵势	虚实	军争	九变	行军	地形	九地	火攻	用间

始计
1. 政治庙算论
2. 诡道十四法

作战
1. 经济速战论
2. 补给因敌论

谋攻
1. 战争全胜论
2. 兵力优劣论
3. 君王统御论

军形
1. 国防备战论
2. 先胜部署论

兵势
1. 组织编制论
2. 兵势奇胜论
3. 奇袭造势论
4. 兵势象石论

虚实
1. 虚实十心法
2. 虚实战术论
3. 兵形象水论

军争
1. 会战迂回论
2. 会战治军论

九变
1. 用兵九变论
2. 利害变通论
3. 将帅性格论

行军
1. 行军宿营论
2. 相敌三十二法
3. 文武治军论

地形
1. 战术地形论
2. 将帅领导论

九地
1. 战略九地论
2. 攻击五战术
3. 战地领导论
4. 地缘治军论
5. 开战方法论

火攻
1. 火攻方法论
2. 安国慎战论

用间
1. 敌情先知论
2. 战略用间论
3. 用间方法论

《孙子兵法》的传播

《孙子兵法》问世后并未迅速广泛传播 → 原因

- 吴国王廷对十三篇秘而不宣。
- 当时传播媒介落后。
- 社会上重礼轻诈观对此书的贬斥。
- 其价值未被时人所发现等。

战国时广泛传播

孙、吴之书家有之

吉备真备

阿米欧

战国时，出现中国历史上最早的"孙子热"，《韩非·五蠹篇》说："藏孙、吴之书者，家有之。"

传入日本。734年，在中国留学的日本学生吉备真备将《孙子兵法》带回了日本。

传入欧洲。1772年，法国天主教耶稣会传教士约瑟夫·J.阿米欧翻译的《孙子兵法》在巴黎出版。

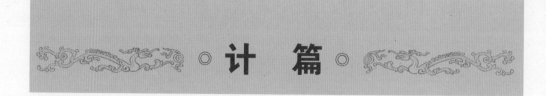

◎计 篇◎

【导读】

本篇一开始就揭示了战争的性质、意义和重要作用："兵者，国之大事，死生之地，存亡之道，不可不察也。"全面探讨了决定战争胜负的基本条件"五事""七计"，并阐述了"攻其无备，出其不意"的道理。

【原文】

孙子曰：兵者①，国之大事，死生之地，存亡之道，不可不察也。

故经之以五事②，校之以计而索其情③：一曰道，二曰天，三曰地，四曰将，五曰法。道者，令民与上同意也④，故可以与之死，可以与之生，而不畏危。天者，阴阳、寒暑、时制也⑤。地者，远近、险易、广狭、死生也⑥。将者，智、信、仁、勇、严也⑦。法者，曲制、官道、主用也⑧。凡此五者，将莫不闻⑨，知之者胜，不知者不胜。

故校之以计而索其情，曰：主孰有道？将孰有能？天地孰得？法令孰行？兵众孰强？士卒孰练？赏罚孰明？吾以此知胜负矣。

将听吾计⑩，用之必胜，留之；将不听吾计，用之必败，去之。

计利以听⑪，乃为之势，以佐其外⑫。势者，因利而制权也⑬。

【注释】

① 兵：原指兵器。这里指战争。
② 经之以五事：指从道、天、地、将、法这五个方面对制胜的条件和因素进行分析研究。经，度量、衡量。③ 校（jiào）之以计而索其情：衡量敌我双方的各种条件，从中探求战争胜负的情形。校，通"较"，衡量、比较。计，指下文"主孰有道"等"七计"。④ 令民与上同意：使民众与国君的意志相一致。⑤ 阴阳：指昼夜、晴雨等天时气象的变化。寒暑：指

孙子曰：兵者，国之大事，死生之地，存亡之道，不可不察也。

● 兵者，国之大事，死生之地，存亡之道

战争是国家的大事，关系到国家生死存亡。所以，制定策略应对战争，才能保证战争胜利、国家昌盛。

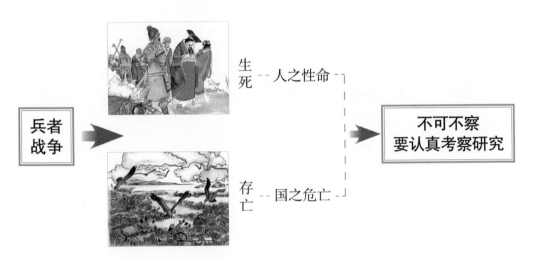

寒冷、炎热等气温的波动。时制：指四季时令的更替。⑥远近、险易、广狭、死生：指路程的远近、地势的险阻或平坦、作战场地的宽阔或狭窄、地形是否有利于攻守进退。⑦智、信、仁、勇、严：指将帅的才能智谋、赏罚有信、爱护部属、勇敢果断、纪律严明等条件。⑧曲制：指有关军队组织编制等方面的制度。官道：指有关各级将官的职责区分、统辖管理等方面的制度。主用：指有关各种军需物资后勤保障的制度。主，掌管。用，物资费用。⑨闻：知道、了解。⑩将听吾计：有两种解释，一说"将"是"听"的助动词，表示假设；一说"将"指将领。这里取第一种解释。⑪计利以听：指有利的计策已经被采纳。计，这里指战争决策。以，同"已"。听，听从、采纳。⑫佐：辅助。⑬因利而制权：根据利害得失而掌握战场的主动权。

【译文】

孙子说：战争，是国家的大事，它关系到生死存亡，是不可以不详加考察和研究的。

所以，要从以下五个方面分析研究，从计谋上加以衡量，并从中探求战争胜负的情形：一是道，二是天，三是地，四是将，五是法。道，是使民众与君主的意志相一致，所以可以使民众与国君一同赴死，一同相养相生，而不会畏惧危险。天，是指阴阳、寒暑、四时的更替变化。地，是指征战路途的远近，地形的险阻与平坦，作战场地的广阔与狭窄以及哪里是死地、哪里是生地等。将，是指将帅是否足智多谋，是否赏罚有信，是否爱护部属，是否勇敢果断，是否军纪严明。法，是指军队的组织编制、各级将官的职责区分、军需物资的供应管理等制度规定。凡属这五个方面的情况，将领们没有不知道的。只有充分地了解，才能获胜；否则，就不能取胜。

所以，要从以下七个方面对敌我双方的情况进行研究分析，从中探求战争胜负的情形，包括：哪一方的君主更正义？哪一方的将领更有才能？哪一方占据了更多的天时地利条件？哪一方的法令能够更加切实地贯彻执行？哪一方的兵力更为强大？哪一方的士卒更加训练有素？哪一方的赏罚更加公正严明？我们根据这些，就可以推知谁胜谁负了。

如果能采纳我的计谋，用兵就一定能够胜利，我就留在这里；如果不能采纳我的计谋，用兵就必定会失败，我就离开这里。

有利的计策已经被采纳，还要设法造势，以辅助作战的进行。所谓"势"，就是根据对敌我双方利害得失的把握而掌握主动权。

【原文】

兵者，诡道也[1]。故能而示之不能[2]，用而示之不用，近而示之远[3]，远而示之近；利而诱之，乱而取之，实而备之，强而避之，怒而挠之[4]，卑而骄之[5]，佚而劳之[6]，亲而离之，攻其无备，出其不意。此兵家之胜[7]，不可先传也[8]。

夫未战而庙算胜者[9]，得算多也[10]；未战而庙算不胜者，得算少也。多算胜，少算不胜，而况于无算乎！吾以此观之，胜负见矣[11]。

【注释】

①兵者，诡道也：用兵打仗是一种诡诈、谲变的行为。诡，诡诈、奇诡。②能而示之不能：意即能打却故意装作不能打，能守却故意装作不能守。示，显示、假装。③近而示之远：本来要从近处进攻，故意装作要从远处进攻。④怒而挠之：意即对于暴躁易怒的敌将，要用挑逗的办法激怒他，使其失去理智，轻举妄动。挠，挑逗。⑤卑而骄之：意即对于鄙视我方的敌人，应设法使其变得骄傲自大，然后伺机将其击破。⑥佚而劳之：意即对于休整充分的敌人，要设法使其疲劳。佚，通"逸"。⑦胜：奥妙。⑧不可先传：指不可事先进行传授，意即只能在战争中根据实际情况加以灵活运用。⑨庙算：古时候出师作战之前，一般要在庙堂里举行会议，商议谋划作战方略，分析战争的利害得失，预测战争胜负，这就叫作"庙算"。⑩得算多：指

夫未战而庙算胜者，得算多也。

具备很多取胜的条件。算，计数用的筹码，这里引申为获胜的条件。⑪胜负见矣：胜负的结果显而易见。见，通"现"，显现。

【译文】

　　用兵打仗是一种诡诈之术。所以，能打却装作不能打；能攻而装作不能攻；要打近处，却装作要在远处行动；要打远处，却装作要在近处行动。敌人贪利，就用利引诱它；敌人混乱，就乘机攻击它；敌人实力雄厚，就要注意防备它；敌人实力强劲，就暂时避开它的锋芒；敌人冲动易怒，就要设法骚扰激怒它；敌人鄙视我方，就要设法使其变得骄傲自大；敌人休整充分，就要设法使它疲困；敌人内部团结，就要设法离间它；要在敌人没有防备的地方发动攻击，要在它意料不到的时候采取行动。这是兵家取胜的奥妙所在，（其中的深意必须在实践中方能体会）是无法事先传授的。

　　凡是在开战之前就预计能够取胜的，是因为筹划周密，获胜的条件多；开战之前就预计不能取胜的，是因为筹划不周，获胜的条件少。筹划周密、条件具备就能取胜，筹划不周、条件缺乏就不能取胜，更何况根本不筹划、没有任何获胜的条件呢？我们依据这些来观察，胜负的结果也就很明显了。

攻其无备，出其不意。

● 故经之以五事

从道、天、地、将、法五个方面分析研究战争，方可制敌，取得胜利。

赢得战争须考量五个方面

道	天	地	将	法
使民众与君主的意愿相一致，可与君主同生死。	季节、气候、天气条件。	地理条件。	将领的素质。	军队组织编制，将帅职责区分，物资的供应管理等制度规定。

度量思考

主孰有道？将孰有能？天地孰得？法令孰行？
兵众孰强？士卒孰练？赏罚孰明？

推断出战争的胜负

◎南唐灭亡的教训◎

战争是国家的大事，它关系到国家的生死存亡。因此，一定要重视战争，避免在战争中失利，否则就会使国家灭亡。南唐灭亡的史实，就充分说明了这点。

五代十国时，十国之一的南唐是建立在富庶的长江中下游地带的小朝廷。据史书记载，南唐烈祖李昪建立南唐，即位后实行与民休息的政策，由于地理条件优越、环境比较安定，南唐吸收了不少从北方流亡来的劳力，使这里经济迅速地发展起来，出现了当时少有的繁荣气象。

后周太祖郭威像。

此时，在北方，后汉大将郭威起兵推翻后汉的统治，建立了后周。郭威文武双全，他招贤纳士，革除弊政，减少赋税，终生保持节俭。经过郭威的精心治理，后周在很短的时间里就实现了国富民强。

郭威死后，他的养子郭荣即位。郭荣本姓柴，父亲柴守礼是周太祖郭威妻子的哥哥，后来由于家道中落，投靠姑父郭威，遂改名为郭荣，他就是后来赫赫有名的周世宗。郭荣即位后，进行了一系列改革，取得了很大成效，史称"周世宗英毅雄杰，以衰乱之世，区区五六年间，威武之声，震慑夷夏，可谓一时贤主"。

刚继位时，郭荣就立下了三十年的宏志："以十年开拓天下，十年养百姓，十年致太平。"他虽然即位五年以后就患病辞世，但在这短短五年的时间里，后周已经成为当时最为强盛的国家，为后来北宋统一全国奠定了坚实的基础。

在五代十国动荡的社会局面和频繁的朝代更迭中，郭荣认识到要想维持国家长期的繁荣稳定，没有一支强大的军队是不行的。于是他进一步整顿军队，对作战时贪生怕死的将领加以惩处，建立了一支精锐的禁军，为此后的南征北战创造了条件。

随着后周军力的增强，郭荣开始不断兼并各国土地，为实现统一全国的大业而努力。

在向西攻取了后蜀统治下的秦（今甘肃天水）、成（今甘肃成县）、阶（今甘肃武都东）、凤（今陕西凤县东）四州之后，郭荣立即将兵锋指向了南唐。

南唐虽然地富民丰，但南唐中主李璟却是一个昏庸无能的皇帝。他才华出众，可以说是一个优秀的文学家，但在治理朝政方面却是碌碌无为的。他的周围经常聚集着一批文人，这些人身居要职，终日陪李璟饮酒作词，打发时日，使朝政更加混乱了。

就在南唐君臣醉生梦死的时候，后周军队在周世宗郭荣的带领下，不断南下侵扰南唐，严重威胁着南唐的统治。

周世宗郭荣从显德三年（956）开始，三次亲征南唐。第一次南征时，后周军队进展顺利，但由于后唐将领刘仁赡死守寿州（今安徽寿县），后周大军一连攻打了好几个月，始终无法攻克，只好退兵。

957年，郭荣又一次亲征南唐，强攻拿下了寿州，但很快又撤兵回到北方。

第三次南征是在958年，因为准备充足，又总结了前两次的经验，加之郭荣注意收服民心，结果后周军队一鼓作气拿下了南唐的江北十个州，郭荣到达长江北岸，驻于迎釜镇（今江苏仪征）。

后来，后周大将赵匡胤率水师杀过长江，扰乱江南敌营，向南唐军队示威挑衅。南唐中主李璟被迫求和，又割淮南四州给后周，并削去帝号，向周称臣。这样，淮南江北十四州六十四县尽入后周，南唐每年还向后周进献大批贡物。

显德六年（959），周世宗郭荣病死，他的儿子柴宗训继位，即周隐帝，其时只有七岁。一年后，当时的禁军首领赵匡胤发动了"陈桥兵变"，黄袍加身做了皇帝。陈桥兵变次日，赵匡胤引兵回京，逼周隐帝禅位，改国号为宋。

961年，南唐中主李璟薨，他的第六子李煜继位。作为词人，李煜才华横溢；作为君主，他极不称职。欧阳修在《新五代史》中对他作了这样的评价："性骄侈，好声色，又喜浮屠；好高谈，不恤政事。"欧阳修这句话的意思是说：李煜骄奢淫逸，喜好声色，又沉迷于礼佛诵经；喜欢空谈，不体恤政事。

北宋在攻灭割据岭南一带的南汉后，

南唐中主李璟整日饮酒作词，不理朝政。

宋军攻破南唐的都城金陵。

形成北、西、南三面合围南唐的态势。为了延缓宋军的进攻，李煜每年向北宋进贡大量的财宝，又改革南唐制度，把国主的旨令"诏"贬称为"教"，将诸王降称为国公，尚书省降称为司会府，御史台降称为司宪府，等等。但是，这一切并不能改变赵匡胤灭掉南唐，进而统一全国的决心。

974年，赵匡胤以曹彬、潘美为帅，起兵十万讨伐南唐，大败唐兵于采石矶，而后围攻南唐都城金陵，次年十一月攻陷金陵，南唐后主李煜率领群臣出城迎降，南唐宣告灭亡。

南唐的经济和文化在当时是繁荣的，但是南唐君臣们懒于整军备战，整日沉溺于莺歌燕舞之中，终于在北宋的雄兵面前束手就擒。这正应了孙子所说的一句话："兵者，死生之地，存亡之道，不可不察也。"

◎宋襄公死守"仁义道德"◎

在春秋中期以前，战争行为普遍受到西周礼乐教化的影响，讲求"以仁为本"，"以礼为固"。随着争霸战争日益频繁，规模越来越大，这种披着"仁义道德"外衣的战争行为越来越不适应当时的需要。于是孙子提出了"兵者，诡道也"这一基

楚、宋泓之战。

本战争思想，而那些还在坚持着"仁战"、"德战"的人，则在战争中遭受一次又一次的惨败。

周襄王十四年（公元前638）初冬发生的泓水之战，是宋、楚两国为争夺中原霸权而进行的一场战役。这场战役的结果是宋襄公因思想保守、墨守成规而招致失败。

公元前643年，中原霸主齐桓公去世，他的儿子们在他死后展开了激烈的争位斗争。当时，齐桓公的宠臣竖刁、易牙等人操纵了齐国大权，他们赶走了公子昭，将公子无亏扶上了君位。齐国的大臣们都不服，没有人去朝见无亏这位新国君。

公子昭逃到了宋国。宋国是殷商的后裔，当时宋国的国君是宋襄公，他依照齐桓公生前的嘱托，支持公子昭复国，就通知各国诸侯，请他们共同护送公子昭回到齐国继承君位。但是宋襄公的号召力有限，只有三个小国带了点人马追随宋国。宋襄公便率领着四国的兵马前往齐国。齐国的大臣多数支持公子昭，于是与宋军里应外合，杀掉了竖刁和公子无亏，易牙见大势已去，匆忙逃到了鲁国。齐桓公的其他几个儿子纠集人马与四国军队作战，结果大败。在齐国大臣和四国军队的拥护之下，公子昭登上了君位，他就是齐孝公。

由于帮助公子昭取得了君位，而齐国又是原来的诸侯盟主，所以宋国在诸侯中的地位就自然提高了。这时，齐国因内乱而势力衰弱，晋、秦也暂时无暇顾及中原。这样，长期以来受齐桓公遏制的南方强国楚国，就乘机进入中原，企图攫取霸权。而一贯标榜仁义的宋襄公，也想继承齐桓公的霸主事业；但从实力上来讲，宋国是远远不能和楚国相比的。于是宋襄公便打起了如意算盘：只要把楚国拉过来，那些托庇于楚国的小国自然也都臣服于自己，那样宋国的霸业就容易实现了。

宋襄公把这个想法告诉了公子目夷，公子目夷不赞成这样做，他认为一来宋国是个小国，想要当盟主，不会有什么好处；二来楚成王野心勃勃，善于权变，宋襄公很难与他争斗。

然而宋襄公不听公子目夷的忠告。公元前639年春，宋襄公与楚成王、齐孝公在鹿上会盟。盟会上，宋襄公邀请楚成王及其盟国出席下一次的诸侯大会。没想到楚成王居然答应了，他们相约在宋国的盂地进行会盟。

到了这年的七月，宋襄公前往盂地大会诸侯。临行前，公子目夷对他说："万一楚君不怀好意，可怎么办？您还是多带些兵马去，以防万一。"

宋襄公说："那不行，我们为了不再打仗才会盟，自己怎么反倒带兵马前去呢？"公子目夷见不能说服襄公，无奈之下，只好不带军队跟随前往。

在这次盟会上，楚成王和宋襄公都想当盟主，为此二人争执了起来。楚国势大，诸侯大多拥立楚王为盟主。宋襄公不服气，这时楚国的一班随从官员立即脱掉了外衣，露出里面的铠甲，二话没说就把宋襄公抓了起来。公子目夷趁乱逃回了宋国。

其后，楚军押着宋襄公前去攻打宋都商丘，公子目夷率领宋国的军民顽强抵抗，顶住了楚军的进攻。楚军曾以杀掉宋襄公相威胁，然而宋军没有中计，并回应说宋国已经立了新君。楚军围困宋都数月都未能攻下来，后来，在鲁僖公的调停之下，楚成王才答应将宋襄公释放回国。

宋襄公蒙受奇耻大辱，心中着实郁积了一口闷气，但他并没有能力去攻打楚国，于是决定先讨伐依附于楚国的郑国。他联合了几个诸侯国共同讨伐郑国，郑国立即向楚国求救，楚成王听到消息，并没有派兵去援救郑国，而是命令大军直接攻打宋国。宋襄公赶忙撤兵回来防御，宋军于是在泓水岸边驻扎下来，等待楚军的到来。

楚军到达泓水以后便开始渡河，其时宋军已经摆好了阵势。公子目夷对宋襄公说："敌众我寡，趁他们还没有完全渡河，请下令攻击他们吧。"宋襄公说："不行，还不到时候。"于是，大家就眼睁睁地看着楚军顺利地渡了河。渡河之后，楚军便乱哄哄地列队布阵，公子目夷又请求主动攻击，宋襄公说："不行，还不到时候。"等楚军摆好了阵势，宋襄公才下令攻击，强悍的楚军铺天盖地杀来，宋军被打得大败，士兵们四散逃命，宋襄公的大腿受伤，卫队也全部被歼灭了。

退回到城中，宋国人都埋怨宋襄公。宋襄公却说："君子不伤害已经受伤的人，不捉拿头发花白的人。古人作战，不在隘口处阻击敌人。我虽然是已然亡国的商朝

公子目夷对宋襄公言讲战争之理。

的后代，但也不会攻击没有摆好阵势的敌人。"

公子目夷对他说："您其实并不懂得战争。强大的敌人来进攻我们，他们因为地形的原因而摆不开阵势，这是上天在帮助我们，这时候对其加以拦截然后攻击他们，难道有什么不对吗？就是在这样的有利情况下还要担心不能取胜，何况今天前来进攻我们的是强悍的楚兵呢？他们都是我们的敌人，对我们不会手下留情，就算他们的士兵中有老人，两军对阵时也应该把他们抓回来，何况其中年龄最大的也只不过是四十上下、头发花白的人呢！我们平日里训练士兵，就是为了让士兵在战场上杀死敌人。敌人受了伤但没有死，为什么就不能再次攻击他们让他们毙命呢？如果是因为您怜悯那些受伤的人而不想再次对他们加以伤害，那还不如开始就不击伤他们；您要是同情年长的敌人，那还不如向他们投降呢！"

第二年，宋襄公就因为腿伤过重而死去。

战争本身就是一场你死我活的较量，它的唯一意义就是看谁能取得最终的胜利。至于是通过什么样的途径，使用什么样的方法而获得的胜利，人们也许会用道德标准去衡量它们是否合适，但更关心的往往是最终的结果。因为愚蠢地信守仁义道德而战败身死，使得国家破亡，生灵涂炭，在这样的结果面前还有什么仁义道德可言呢？宋襄公的例子值得每一个人深思。

◎勾践灭吴◎

春秋末年，吴国和越国为争夺霸权，在公元前506年至公元前473年的三十多年间发生过多次交锋。公元前494年，吴王夫差在今浙江绍兴东南一带大败越国。越王勾践忍辱求和，一方面用卑屈的姿态麻痹夫差，另一方面暗中积蓄力量，最后成功灭吴，一雪前耻。勾践灭吴的例子，在许多方面印证了《孙子兵法·计篇》的合理性与正确性。

吴国和越国是位于长江中下游的两个国家，崛起于春秋中后期。

公元前494年春，越王勾践讨伐吴国，结果为吴王夫差所败。勾践为保全越国，遂采纳大夫范蠡之计，派文种到吴国求和。文种到吴国后，极力劝说夫差答应议和。尽管吴大夫伍子胥极力反对，但夫差还是答应了越国的请求。

其后，勾践将国家交给文种治理，自己则和妻子、范蠡一道入吴为人质，并做了夫差的奴仆。夫差为了羞辱勾践，就让他住在吴王阖闾坟前的一个小石屋中守坟喂马，有时还故意要他牵马从吴国百姓面前走过。勾践忍辱负重，毫无怨言，对夫差百依百顺，伺候得无微不至。文种则不时派人用厚礼贿赂吴太宰伯嚭，让他在夫差面前多多美言。夫差认为勾践是真心归顺，便在三年后将他释放回国。

勾践回国后，首先下了一道"罪己诏"，检讨自己轻率与吴国开战，致使许多百姓在战争中送命的行为。为了显示自己的诚意，勾践还亲自去慰问受伤的战士，抚养阵亡者的家属。

为了激励自己不忘雪耻，勾践特意睡在柴薪之上，并在屋中悬挂了一枚苦胆，每次吃饭之前都要先尝一尝。勾践和夫人与百姓同甘共苦，过着清贫的生活：勾践亲自下田耕作，夫人自己养蚕织布，他们吃饭不食鱼肉，所穿的衣服也不加修饰。

越国战败之后，人口锐减，经济上更是损失惨重，针对这一情况，勾践采取了休养生息的政策，以恢复国家的元气。勾践下令：妇女怀孕临产时要报告给官府，由官府派医生去看护；生男孩的人家奖赏两壶酒和一条狗，生女孩的人家奖赏两壶酒和一头小猪；生三胞胎的人家由官府出钱请乳母，生双胞胎的人家由官府补贴粮食。凡是死了嫡子的人家，免除三年的劳役；死了庶子的人家，免除三个月的劳役。勾践又减轻刑罚，鼓励百姓开荒种地，宣布十年之内免征赋税，每户人家都有三年的粮食储备。由于实行了"去民之所恶，补民之不足"的措施，越国百姓亲近勾践就像儿子孝敬父母一般。

在改革内政的同时，勾践继续对吴国采取怀柔的策略，不间断地送给夫差珍宝和美女。在送给吴王的美女之中，最得宠的就是西施。这一举措不仅消除了夫差对越国的戒备，也让其沉溺于财色之中，助长了他的骄气。勾践还暗中搞垮吴国经

吴军大败越军。

越王勾践卧薪尝胆。

济，高价收购吴国的粮食，造成吴国粮荒。勾践一直比较忌惮吴国那些贤能的股肱之臣，于是他巧用离间计让夫差疏远老臣伍子胥而更加宠信伯嚭。夫差刚愎自用，很轻易就中计了，对伍子胥的逆耳忠言越来越听不进去，后来又听信谗言，认定伍子胥要勾结齐国谋反，就派人给他送了一把宝剑，令他自杀。伍子胥嘱托门客，让门客等他死后把他的眼珠挖出来，置于东门之上，说自己要目睹吴国的灭亡。夫差这一自毁长城之举正中勾践下怀。

在取得一系列战争的胜利后，吴国领土得到了极大的扩展，夫差因此变得越来越骄傲自大，而勾践则静静地蛰伏着，随时准备给予吴国致命一击。

夫差完全没有看到越国的威胁，公元前484年，夫差听说齐景公去世，认为自己称霸中原的最佳时机已经到来，遂决定出兵北上伐齐，并在艾陵击败齐军。公元前482年，夫差又约晋定公和各国诸侯前往黄池（在今河南封丘西南）会盟，并带去了吴国三万精锐部队，只留下一些老弱军士同太子一起留守国内。

夫差的举国远征给了越国可乘之机。在吴军刚离国北上时，勾践就想出兵攻吴，被范蠡劝住，范蠡认为吴军离境不久，调头回师不难，越国应当暂缓出兵。数月之后，范蠡估计吴军已经抵达黄池，断定时机已经成熟，遂建议勾践率领越军四万九千人，兵分两路，一路切断北去吴军的归路，一路入侵吴国南部，进而直逼姑苏。

吴太子友得到越国来袭的消息，于是率兵到达泓上（今江苏苏州近郊），太子友知道吴国精锐尽出，国内空虚，决定不与越军交战，而是坚守待援，同时通知夫差尽快回军。然而部将不顾太子友坚守疲敌的主张，率军主动出击，虽然开始取得小胜，但最后却被越军打败。越军俘虏了太子友，趁势占领了吴国的国都姑苏。

夫差听说姑苏被占和太子被俘的消息时，正在与晋定公争夺霸主之位，为了封锁消息，他将前来报信的人统统杀掉，并用武力威胁晋国让步，这才勉强做了霸主，然后又匆忙回军。然而，在归国途中，吴军士卒接连听到太子被杀、国都失守等消息，军心涣散，完全丧失了斗志。夫差感到现在反击没有必胜的把握，于是在途中派伯嚭向越国求和。勾践和范蠡估计己方的力量还不能立即消灭吴国，遂同意议和，然后撤兵回国。

夫差回到吴国后，自然咽不下这口恶气，本想马上报复越国，怎奈年年征战使国内经济遭受严重破坏，国内又接连闹起了灾荒，于是夫差宣布"息民散兵"，打算等待时机一雪前耻。

文种见到这一情况，担心等吴国实力恢复之后，要想再战胜它就很困难了，便建议勾践趁吴国疲惫、国内防务松弛之机，抓紧完成灭吴大业。勾践听完了文种的分析，采纳了他的建议，遂于公元前478年乘吴国大旱、仓廪空虚之机，再次进攻吴国。

与吴国决战前，勾践召集群臣进行了周密的部署，采纳了明赏罚、备战具、严军纪、练士卒等建议，做了充分的准备。勾践打出为国复仇的口号，赢得了越国人民的支持。并规定独子及体弱有病者免服兵役，家中有兄弟二人以上的留一人在家奉养父母。出师前又历数吴王夫差的罪状，使得全军士气高涨。

因为战前准备充分，又因着上次得胜之威，越军一路势如破竹，所到之处尽数占领，一举消灭了吴军主力，彻底扭转了吴强越弱的形势。

吴军节节败退，最后固守姑苏，由于姑苏城防坚固，越军一时未能攻下，勾践便采取长期围困的战略。

外无援兵，内无粮草，吴军在苦苦坚持了两年后终于势穷力竭。越军趁势发起强攻，一举拿下姑苏城。夫差率残部逃到姑苏台上，眼看走投无路，只能派人向勾践求和。

勾践担心夫差效法自己忍辱负重，进而励精图治一雪前耻的例子，遂拒绝了他

勾践与群臣商议灭吴。

吴王夫差兵败自杀。

的请求。夫差见求和无望，最终自杀身亡，越国赢得了最终胜利，勾践也凭借灭吴之战成为春秋时期的最后一位霸主。

作为一个弱小的国家，越国能灭掉实力强大的吴国，具体原因有以下几点：

首先，越国能从失败中吸取教训，制定正确的发展方略，"去民之所恶，补民之不足"。与此同时，勾践以复仇雪耻为号召，激发了越国人民强烈的爱国热情，他们热烈拥护国君，积极参与到灭吴的战事之中，真正做到了"令民与上同意"。

其次，在战略上，面对强大的敌人，越国能够避其锋芒、韬光养晦，并通过采用休养生息的政策，既保存了实力，又极大地增强了国力，为最终战胜强敌创造了条件。

再次，在蛰伏等待时机的过程中，越国对吴国君臣进行了充分研究，并针对他们的弱点，分别采取了"利而诱之""强而避之""亲而离之"等策略，有效地麻痹了对方，妄自尊大的夫差自毁长城，穷兵黩武，亲手将自己的国家和臣民推向万劫不复的深渊。

最后，越国等到时机完全成熟时才发起攻击，临战前又进行精心的策划，采取了乘虚偷袭的作战方针，出其不意，攻其不备，一击致命，打得吴军只有招架之功，而无还手之力，最终赢得了这场战争的胜利。

通过这个事例我们不难看出，越国采用的许多策略都与《孙子兵法·计篇》所述的思想相符合。

⊙**名家论《孙子兵法》**

孙子的智战战略思想有两层含意：一是预见性，所谓"未战而庙算胜"（《计篇》）；二是智慧性，所谓"因形而措胜于众"（《虚实篇》）。这里的"制胜之形"，既可指作战方式，又可指战略策略。总之，是根据客观情况，随机应变，灵活处置。孙子的高明之处就在这里，究竟有些什么奇谋妙策、龙韬虎略，他一概采取引而不发的叙述，用他的话说，"此兵家之胜，不可先传也"（《计篇》）。

——吴如嵩

谨慎的智慧

● 经典战例：陆逊火烧连营

219 年，吴国和蜀国在荆州展开一场恶战，最后吴国获胜，不仅夺了荆州，而且杀了蜀国大将关羽。关羽的义兄刘备报仇心切，不顾群臣的劝阻，起兵四万，攻打吴国。蜀军从巫山到湖北宜昌，接连驻扎大营，然后用树木编成栅栏，将大营连接起来，连绵七百余里。

面对蜀军的逼近，孙权果断地提拔年轻的将领陆逊，因为他在荆州之战中就已经崭露头角。当时的战况，对于吴军来说十分不利，无论是在军队数量、士气和地形上，吴军都处于劣势，如果硬碰硬，肯定会失利。陆逊经过三思，将主力部队集中在宜昌西北，然后宣布士兵固守阵地，不得出战。将士不满陆逊"退缩"的战术，纷纷要求出战，但陆逊却说："蜀军士气旺盛，战斗力很强，我们要避其锋芒，见机行事。"

半年时间过去了，吴军始终坚守阵地，使得蜀军的斗志渐渐消磨。当时正值酷暑，蜀军便将营地移到树林里。陆逊见时机成熟，便在深夜时分发动攻击，同时采用火攻。由于蜀军的营寨毗邻树木，因此火势蔓延迅猛，蜀军顿时乱成一团。最终，吴军大胜，消灭了蜀国数万大军。

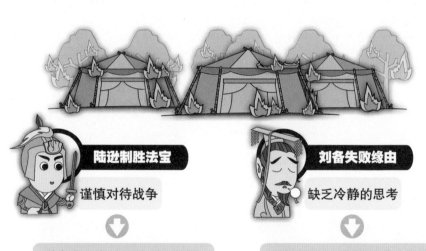

陆逊制胜法宝

谨慎对待战争

战争非儿戏，如果和蜀军硬拼，毫无优势可言。不仅涂炭生灵，而且危及到吴国安危。因此要三思而后行。

冷静思考，审时度势
陆逊不仅认真分析了时局，而且还善于利用自己的优势，同时寻找对方的弱点。

刘备失败缘由

缺乏冷静的思考

刘备之所以"报仇心切"，就是没有看清战争的实质。挥师南下，目的仅仅是为了报仇，急躁和求胜心切，已让蜀军陷入危机。

没有随机应变
面对吴军避其锋芒的战略，刘备并没有及时调整战略部署，进而给了吴军可乘之机。

七计回圈图

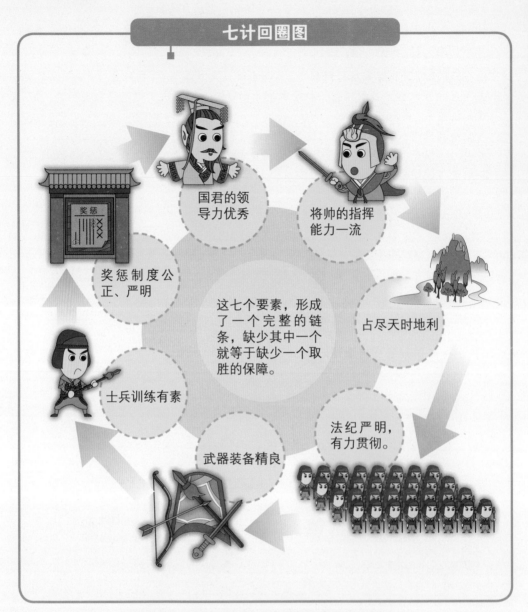

国君的领导力优秀

将帅的指挥能力一流

奖惩制度公正、严明

占尽天时地利

这七个要素，形成了一个完整的链条，缺少其中一个就等于缺少一个取胜的保障。

士兵训练有素

法纪严明，有力贯彻。

武器装备精良

经典案例：人才的重要

　　刘邦在夺取政权后，曾说："运筹帷幄之中，决胜千里之外，我不如张良；经营国家，安抚百姓，运输粮饷，我不如萧何；带领百万之军，战必胜，攻必取，我不如韩信。这三个人都是人杰，我可以用他们，所以得了天下。而项羽有一个范增，但是却不能用，所以失败。"刘邦任用张良、萧何、韩信而得天下，项羽不用人才而自刎乌江，所以优秀的人才在战争中的作用是不可轻视的。

经典战例：诈取荆州

　　三国时，孙权非常想得到荆州，然而当时关羽水淹七军，打败曹军，威震天下，士气也非常旺盛。吕蒙接到孙权夺取荆州的命令后，巡视了荆州的蜀军布防，发现无机可乘，焦急万分。陆逊见状，找到吕蒙，建议他使用出其不意的战术。首先，吕蒙提拔陆逊，让他来和关羽交手。陆逊屡次写信给关羽，表达对他的仰慕，让关羽心生傲气，放松了对东吴的警戒。当关羽将大军调离荆州之后，陆逊发动突袭，一举攻下荆州；而关羽则败走麦城，最后被吴军所杀。

吕蒙提拔陆逊，让他来和关羽交手

陆逊屡次写信给关羽，表达对他的仰慕

陆逊发动突袭，一举攻下荆州

让关羽心生傲气，放松了对东吴的警戒

关羽将大军调离荆州

　　东汉时期，"州"开始成为一级行政区实体。自此，中国的行政区划分进入州制的新时期，经三国、两晋、南北朝，直至隋代，州一直成为中国最高的行政区划分单位，延续了四百年左右。

经典战例：攻取会稽

孙策（175—200），字伯符，孙坚之子，孙权的长兄。东汉末年割据江东的豪强，汉末群雄之一。有"小霸王"的美誉。孙权称帝后，追谥他为长沙桓王。

东汉末年，孙策起兵攻打江东。建安元年（196）八月，孙策率兵攻取会稽郡。会稽郡太守王朗据守固陵，孙策多次从水路进攻都未能成功。后来孙策采纳孙静的建议，采取"攻其无备，出其不意"的战术，于夜间在多处点起烟火，布下疑兵，让王朗不知所措。而孙策则率兵突袭高迁屯，王朗赶忙派丹阳太守周昕迎战。结果周昕战败，王朗的军队被迫投降，孙策便占据会稽郡。

拿破仑的出其不意

1798 年 5 月，拿破仑出征埃及，目的是进一步向印度进军。出兵之前，拿破仑担心英国的舰队会对自己造成威胁，因此不断地散布假消息，说法国舰队会进入大西洋，攻打爱尔兰。英国人十分吃惊，于是舰队指挥官纳尔逊赶忙将兵力集中在直布罗陀。而此时的拿破仑则趁机从土伦港出发，开赴埃及。纳尔逊发觉不对，赶忙又掉转方向，却一不留神跑到法国舰队的前面去了，等他赶到埃及时，没看到一个法国兵的影子，便又朝君士坦丁堡进军。结果拿破仑不费吹灰之力就夺取了亚历山大港，进驻埃及。

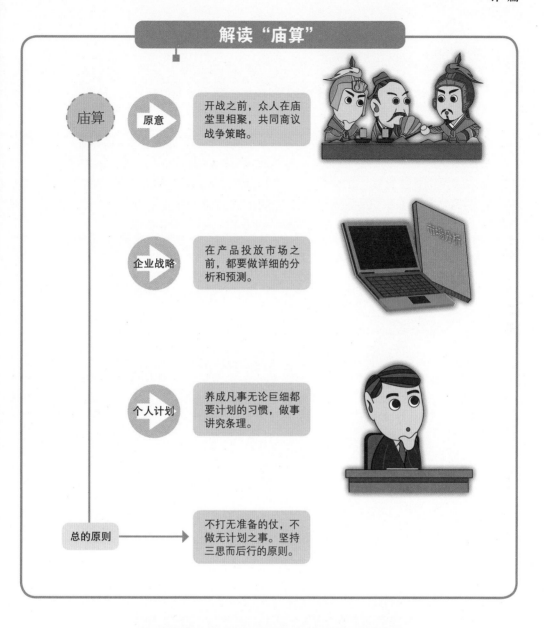

解读"庙算"

庙算

原意 开战之前，众人在庙堂里相聚，共同商议战争策略。

企业战略 在产品投放市场之前，都要做详细的分析和预测。

个人计划 养成凡事无论巨细都要计划的习惯，做事讲究条理。

总的原则 不打无准备的仗，不做无计划之事。坚持三思而后行的原则。

经典战例：兵败牛头山

249年，司马懿发动兵变，姜维趁机起兵伐魏。魏国的将军陈泰说："姜维让句安、李歆把守的曲山东西城，虽然城池很坚固，但却远离蜀国，我们只要将其包围，让他们断粮断水，那么就可以不费一兵一卒占领城池。"郭淮采纳这个计策，在姜维过了牛头山后，让陈泰前去迎敌，郭淮亲自截断姜维的退路，姜维首尾不能相顾，只好退兵，而句安等人由于等不到援军，只好投降。

商业案例

◎汉斯的"57"牌罐头◎

《孙子兵法》不仅是古今军事家的必读书，也是现代企业家的重点研究对象。

日本企业家读了《孙子兵法》后，著有《用兵法经营》《怎样当企业领导》等书，后一本书的作者认为，智、信、仁、勇、严这将帅五德两千年后仍然适用。

美国通用汽车公司董事会主席罗杰·史密斯则说自己学习了两千多年前中国一位战略家所写的《孙子兵法》，形成了"战略家的头脑"，所以才能为公司创造了优秀的业绩。

在《孙子兵法》所提到的诸多战略中，"出奇制胜"实践起来难度极高，然而一旦实施成功，所获得的回报又极为丰厚，故而为企业家们所高度重视，力求在商品设计、人才使用和产品营销中均能做到这一点。

以前人们常说"好酒不怕巷子深"，但在现代商品社会，好产品也需要大力推向市场，尤其是新产品刚上市的时候，其技术、性能等方面的优势尚未被顾客广泛了解，而普通的宣传手段往往达不到预定的效果，这时候就需要各种新奇的谋略，来一举打开市场。

1893年，世界博览会在美国芝加哥举行。此次博览会规模极大，盛况空前，全球各大制造厂家都把本公司的产品送去参展。美国"57"牌罐头食品公司的经营者汉斯自然也不会错失良机，他筹备了一大笔专款，力图让本公司的罐头在这次博览会上一炮打响，从而在国际市场上争得一席之地。

可惜事与愿违，汉斯公司的展出场地被安排在会场的一座小阁楼里，那是最偏僻的位置。博览会开幕后，参观者络绎不绝，但是汉斯公司的展位几乎无人问津，这自然使汉斯大为苦恼。眼看着一个星期的时间就这样过去了，自己却一无所获，汉斯并没有就此泄气，而是凭着对自己公司产品的自信以及多年来角逐商场的经验，想出了一个妙招。

随着博览会第二个星期的到来，会场中出现了这样一个现象：前来参观的人们经常能拾到一些做工精巧的小铜牌，铜牌上刻着一行字，指明谁拾到这块铜牌，谁就可以拿着它到位于某阁楼上的汉斯食品公司去换一件纪念品。这样的铜牌多达数千块。当然，它们其实都是汉斯派人抛下的。

本来门可罗雀的小阁楼很快被顾客挤得水泄不通，主办方甚至因为顾客蜂拥而至而担心阁楼会被挤塌，于是不得不请木匠将阁楼加固。汉斯食品公司所在的阁楼因此出了名，每个参观者都争先恐后地奔向小阁楼，即使没有了小铜牌，这一热潮也不见消退，直至博览会闭幕仍是如此。而本来应该算是很不幸地和汉斯一起被分在阁楼的其他厂家，也因此沾了光，赚了三倍以上的利润。

机会可遇不可求，而计划又往往赶不上变化。要想把事情做好，就必须在制订周详计划的同时，根据实际情况灵活应变，因"势"得利。汉斯的完美计划遭遇了不利的情况，但他能灵活应对，因情造势，最后打了一个漂亮的大胜仗。

【点评】

《计篇》中提出了三条兵学原则：一、"先计而后战"，即预先对决定战争胜负的基本条件进行详细研究；二、"以庙算胜"，即为实现上述基本条件而进行战略准备与筹划，从而提出了大战略思维；三、"攻其无备，出其不意"，即灵活机动，提高作战时的能动性。

"国之大事，在祀与戎。""祀"是祭祀，"戎"就是战争。但我们研究战争，争取赢得最后胜利，不是为了战争本身，而是为了制止战争，是为了国家和民族的兴盛、人民的生命安全。这种对战争性质的深刻认识，对后世产生了极其深远的影响。

而且，这种对战争的认识，同样可以应用到我们的人生和事业当中——人总会面临诸如升学考试、就业选择乃至独立创业等人生的重大选择，它们关系着我们一生的幸福，故而必须做出正确的抉择。

在这种关键时刻，最重要的是什么？那就是精心研究一切主客观条件，对于难得的机遇一定要牢牢把握，这时候，我们也可以按照孙子提出的"五事七计"做出分析，努力为自己创造成功的条件。

比如运用到学习上，"五事"中的"道"，指学习的目的和目标；"天"和"地"，指应当具备的客观条件；"将"，指教师的教学水平；"法"，则指我们的学习方法。如果我们在学习中能对此进行全面的分析，发扬优势，改进不足，就能取得长足的进步。

人生大事亦如国家大事，不可不察。做好了这一点，我们就朝自己的理想目标又迈进了一大步。

五事详解

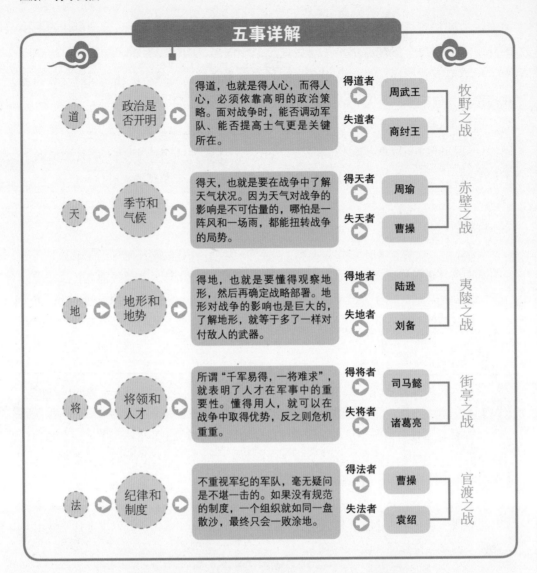

| | 政治是否开明 | 得道，也就是得人心，而得人心，必须依靠高明的政治策略。面对战争时，能否调动军队、能否提高士气更是关键所在。 | 得道者 | 周武王 | 牧野之战 |
| 道 | | | 失道者 | 商纣王 | |

天 → 季节和气候 → 得天，也就是要在战争中了解天气状况。因为天气对战争的影响是不可估量的，哪怕是一阵风和一场雨，都能扭转战争的局势。 → 得天者 → 周瑜 / 失天者 → 曹操 — 赤壁之战

地 → 地形和地势 → 得地，也就是要懂得观察地形，然后再确定战略部署。地形对战争的影响也是巨大的，了解地形，就等于多了一样对付敌人的武器。 → 得地者 → 陆逊 / 失地者 → 刘备 — 夷陵之战

将 → 将领和人才 → 所谓"千军易得，一将难求"，就表明了人才在军事中的重要性。懂得用人，就可以在战争中取得优势，反之则危机重重。 → 得将者 → 司马懿 / 失将者 → 诸葛亮 — 街亭之战

法 → 纪律和制度 → 不重视军纪的军队，毫无疑问是不堪一击的。如果没有规范的制度，一个组织就如同一盘散沙，最终只会一败涂地。 → 得法者 → 曹操 / 失法者 → 袁绍 — 官渡之战

经典案例：扭转天时的策略

在电视已经普及的年代，你是不是觉得电视广告非常讨厌呢？在美国，很多人在使用 TiVo 电视盒，因为它可以拒绝接收电视广告。根据调查，大约有 60% 的广告被这种电视盒遮罩。这也就意味着企业投入广告的大部分钱都白花了，怎么办呢？在电视广告不景气的时候，很多企业开始采用产品植入式广告。拿麦当劳和英特尔公司为例，它们在《模拟人生》这款线上游戏里投入资金，将广告置入其中；这样一来，只要玩这款游戏的玩家，都可以看到麦当劳和英特尔的 LOGO（标志）。

势

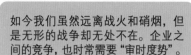

在战争中,"势"就是一种计策。但无论是何种计策,都要保证有利于自己的一方。

如今我们虽然远离战火和硝烟,但是无形的战争却无处不在。企业之间的竞争,也时常需要"审时度势"。

在著名的第二次布匿战争(公元前218—前201)中,迦太基主帅汉尼拔率6万大军穿过阿尔卑斯山,进军罗马。双方于公元前216年8月在奥费达斯河岸的坎尼地区展开了一场大战。汉尼拔事先了解到当地每天午后刮东南风,于是指挥部队紧急转移,处于上风方向,并把部队布成一个新月形阵势,从侧面把罗马军卷入口袋之中,最后全歼罗马军队。

经典案例 神奇的鸽子

美国华盛顿市五十二层的美国联合碳化公司总部大楼落成后,忽然飞进来一大群鸽子。公司员工想到一个绝妙的点子,他们先关闭所有的门窗,拘禁所有的鸽子,然后又通知动物保护委员会,接着电告各大新闻媒体,说大楼内将出现有趣的捕捉鸽子事件。在接下来的三天里,公司还不断地扩大媒体效应,且公司高阶管理人员还纷纷在电视上亮相,大谈保护动物的神圣职责,同时向大众介绍公司的宗旨和服务范围。经过这次捕鸽子事件,美国联合碳化公司声名鹊起。

◎ 作战篇 ◎

【导读】

本篇论述了战争对人力、物力和财力的依赖关系，阐明了速胜之利及久战之害，全面论述了"兵贵胜，不贵久"这一速胜思想，并提出了"因敌于粮"以及奖励士卒、优待俘虏等原则，以使自己"胜敌而益强"。

【原文】

孙子曰：凡用兵之法，驰车千驷①，革车千乘②，带甲十万③，千里馈粮④；则内外之费⑤，宾客之用⑥，胶漆之材⑦，车甲之奉⑧，日费千金，然后十万之师举矣⑨。

其用战也胜⑩，久则钝兵挫锐，攻城则力屈⑪，久暴师则国用不足⑫。夫钝兵挫锐、屈力殚货⑬，则诸侯乘其弊而起⑭，虽有智者，不能善其后矣。故兵闻拙速，未睹巧之久也⑮。夫兵久而国利者，未之有也。故不尽知用兵之害者，则不能尽知用兵之利也。

【注释】

①驰车千驷（sì）：战车千辆。驰车，快速轻便的战车。驰，奔走。驷，原指同一车套四匹马，这里作量词，即辆。②革车千乘（shèng）：重车千辆。革车，又叫守车、重车，是专门用于运送粮食和器械的辎重车辆。乘，辆。③带甲：穿戴盔甲的士兵，这里泛指军队。④千里馈粮：辗转千里运送粮食。馈粮，运送粮食。馈，供应、运送。⑤内外：这里泛指前方和后方。⑥宾客之用：

凡用兵之法，驰车千驷，革车千乘。

指与各诸侯国使节往来所花的费用。⑦胶漆之材：指制作和维修作战器械所需的物资材料。胶漆，是制作、保养弓矢器械的材料。⑧车甲之奉：指保养、补充武器装备的开销。车甲，车辆盔甲。奉，同"俸"，费用、花销。⑨举：出动。⑩用战也胜：指在战争耗费巨大的情况下用兵，就要求速战速胜。⑪力屈：力量耗尽。屈，竭尽、穷尽。⑫久暴师则国用不足：军队长期在外作战，国家的经济就会发

● 故兵闻拙速，未睹巧之久也

行兵打仗只听说宁可战术简单只求迅速取胜，没见过要求精巧而久拖战局的。速战速决才是胜负的关键。

行军用兵贵在神速

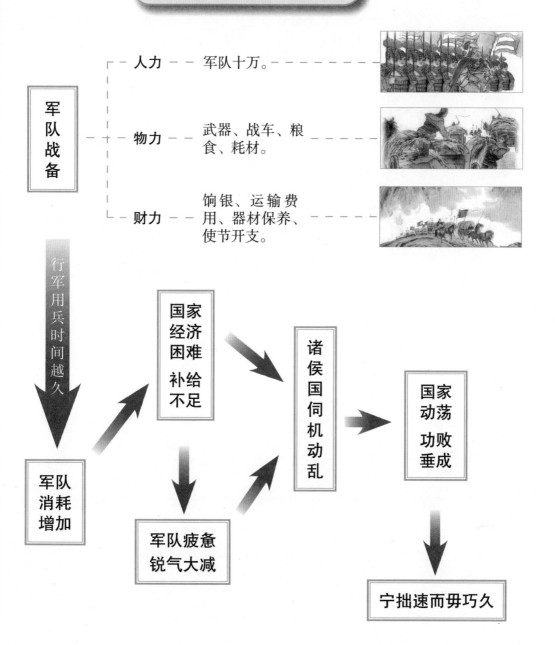

军队战备

人力 — 军队十万。

物力 — 武器、战车、粮食、耗材。

财力 — 饷银、运输费用、器材保养、使节开支。

行军用兵时间越久

军队消耗增加

国家经济困难补给不足

军队疲惫锐气大减

诸侯国伺机动乱

国家动荡功败垂成

宁拙速而毋巧久

生困难。暴，暴露。⑬屈力殚（dān）货：力量耗尽，财力枯竭。殚，枯竭。货，财货、财力。⑭弊：疲困，危机。⑮巧：巧妙，工巧。

【译文】

孙子说：大凡用兵，其规律是要出动轻型战车千辆，辎重车千辆，军队十万，还要跋涉千里运送粮食。那么前后方的用度，接待使节来宾的开支，胶、漆一类作战物资的供应，保养、补充武器装备的花销，每天的耗费多达上千金，然后十万大军才能出动。

用这样庞大的军队去作战，就要求速战速胜，时间一久就会使军队疲惫、锐气挫伤；攻城会使力量消耗殆尽；军队长期在外作战，会造成国家财力的紧张。军队疲惫、锐气挫伤、国力耗尽、财力枯竭，那么其他诸侯就会乘此发兵进攻，到那时，即使有足智多谋的人，也无法收拾残局。所以，在用兵上只听说过有讲究战术简单而追求速胜的，没见过有讲究战术技巧而将战争拖得很久的。战事旷日持久而对国家有利的情形，从来就没有过。所以，不能完全了解用兵害处的人，也就不能完全了解用兵的益处。

【原文】

善用兵者，役不再籍①，粮不三载②；取用于国③，因粮于敌④，故军食可足也。

国之贫于师者远输⑤，远输则百姓贫。近于师者贵卖⑥，贵卖则百姓财竭，财竭则急于丘役⑦。力屈、财殚，中原内虚于家⑧。百姓之费，十去其七；公家之费，破车罢马⑨，甲胄矢弩⑩，戟楯蔽橹⑪，丘牛大车⑫，十去其六。

故智将务食于敌，食敌一钟⑬，当吾二十钟；萁秆一石⑭，当吾二十石。

故杀敌者，怒也；取敌之利者，货也⑮。故车战得车十乘已上，赏其先得者，而更其旌旗。车杂而乘之，卒善而养之，是谓胜敌而益强。

故兵贵胜，不贵久。

故知兵之将，生民之司命⑯，国家安危之主也⑰。

【注释】

①籍：本指名册，这里作动词，指征集兵员。②载：运输、运送。③取用于国：指武器装备等从国内取用。④因：依靠。⑤国之贫于师者远输：因为用兵而导致贫困的国家，远途运输是一个重要的原因。师，军队。⑥贵卖：意思是物价飞涨。⑦急：这里有加重的意思。丘役：军赋。丘，古代地方行政区划单位，一丘为一百二十八家。⑧中原内虚于家：国内百姓的家因为远途运输而变得贫困、空虚。

中原，这里泛指国内。⑨破车：战车破损。罢（pí）马：战马疲敝。罢，同"疲"。⑩甲胄（zhòu）矢弩：泛指装备战具。甲，铠甲。胄，头盔。矢，箭。⑪戟（jǐ）楯（dùn）蔽橹（lǔ）：泛指各种攻防兵器。戟，古代一种兵器的名称。楯，同"盾"。蔽橹，攻城时用作屏蔽的大盾牌。⑫丘牛大车：指辎重车辆。丘牛，从兵役中征集来的牛。⑬钟：容量单位，每钟相当于六十四斗。⑭萁（qí）秆：泛指牛、马等牲畜的饲料。萁，同"其"，豆秸。秆，禾茎。石（dàn）：古代容量单位，三十斤为一钧，四

因粮于敌。

钧为一石，即一百二十斤为一石。⑮取敌之利者，货也：想要使军队勇于夺取敌人的财物，就要先用财货来奖赏士卒。利，财物。货，财货，这里指用财货进行犒赏，以调动官兵杀敌的积极性。⑯生民：泛指民众。司命：星宿名，传说中主死亡，这里喻指命运的主宰。⑰主：主宰。

【译文】

善于用兵的人，不一再征集兵员，不多次运送粮草；武器装备等从国内取得，粮草则在敌国解决，这样，军队的粮食供应就得到满足了。

国家之所以会因为用兵而变得贫困，远途运输是重要原因，远途运输就会使百姓陷于贫困。临近军队的地区物价飞涨，物价飞涨就会使百姓财力枯竭，百姓财力枯竭，就更加急迫地征收赋税。国力耗尽，财政枯竭，国内就会家家空虚。百姓的财力，将会耗去十分之七；政府的财力，由于车辆破损、战马疲惫，装备、兵器、战具的补充以及辎重车辆的征调，要耗去十分之六。

所以，明智的将帅务求在敌国就地解决粮食的供给问题。消耗敌国一钟粮食，相当于从本国运送二十钟粮食；消耗敌国一石饲料，相当于从本国运送二十石饲料。

要想使士兵奋勇杀敌，就要激发他们同仇敌忾的勇气；要想夺取敌人的物资，就要用财货奖赏士卒。因此在车战中，缴获战车十辆以上，要奖赏最先夺得战车的士兵，并且更换战车上的旗帜，混入自己的战车编队之中。对于俘虏，要善待和供养他们。这就是所谓战胜敌人而使自己的力量更加强大。

所以用兵贵在速胜，而不宜旷日持久。

所以精通用兵之道的将帅，是民众命运的掌握者，是国家安危的主宰者。

● 国之贫于师者远输

国家会因用兵而招致贫困。因此善于用兵的人，就会尽量缩短出征的时日，减少战争的损耗，保留实力，稳定国情。

导致国家衰弱的连锁反应

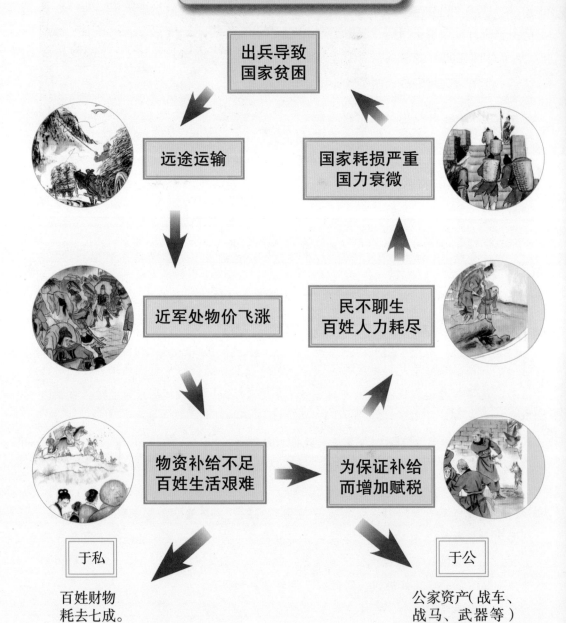

出兵导致
国家贫困

远途运输

国家耗损严重
国力衰微

近军处物价飞涨

民不聊生
百姓人力耗尽

物资补给不足
百姓生活艰难

为保证补给
而增加赋税

于私

百姓财物
耗去七成。

于公

公家资产(战车、
战马、武器等)
耗损六成。

实用谋略

○诸葛亮陇上抢割新麦○

古代生产力落后，军事物资相对而言比较匮乏，将领都会尽量降低本国资源的消耗，而想方设法从敌人手中夺取粮食，来保障己军的粮草供应和需求。下面这个故事就很好地展示了何谓"取用于国，因粮于敌"。

231年二月，诸葛亮率领十万大军，四出祁山，继续进行伐魏大业，司马懿率张郃、费曜等大将迎战，两军就此展开了对峙。

诸葛亮兵至祁山后，发现魏军早有防备，便对众将说："孙子曰：'重地则掠。'深入敌人的腹地，就要掠取敌人的粮草来补充自己。现如今，我们长途远征，粮草供应不上，但据我估计，陇上的麦子已经成熟，我们可以秘密派兵去抢割陇上的麦子。"计议已定，诸葛亮便留下王平、张嶷等人守卫祁山大营，亲率姜维、魏延等部将直奔上邽。

诸葛亮陇上抢割新麦。

这时，司马懿率大军赶到祁山，却不见蜀军出战。司马懿心中疑惑，又得到消息说有一支蜀军径往上邽而去，立刻恍然大悟，急忙引军去救上邽。

诸葛亮火速赶到上邽后，驻守上邽的魏将费曜领兵出战，姜维和魏延皆是当世勇将，他们将费曜打得大败。

趁此机会，诸葛亮命令手下三万精兵手执镰刀、驮绳，抢在司马懿大军到来之前，把陇上的新麦全都收割了，然后运到卤城打晒。

司马懿棋差一招，失去了陇上的新麦，心有不甘，于是和副都督郭淮引兵前往卤城，打算偷袭蜀军，趁乱夺回新麦，最好还能生擒诸葛亮。

而诸葛亮对此早有防备，他让姜维、魏延、马忠、马岱四将各带两千人马，埋伏在卤城东西的麦田之中。等到魏兵抵达卤城城下时，只听一声炮响，伏兵四起，蜀军主力趁势从城内杀出。司马懿在部将的护卫下拼死力战，总算突出重围，狼狈逃回大营。

⊙名家论《孙子兵法》

自从中国进入奴隶社会以来，凡国家遇有战事，都要告于祖庙，议于明堂，成为一种固定的仪式。这种活动，在本质上是制定克敌制胜的方略，也就是曹操所说"选将、量敌、度地、料卒，远近险易，计于庙堂也"。孙子正是在这种大量长期的实践活动和丰富的感性认识的基础上，因形就势，加以概括，形成了内容与形式紧密结合的"庙算"概念。

——于泽民

◎萨尔浒大战◎

努尔哈赤建立后金后，又花了两年多时间整顿内部，发展生产，扩充兵力。1618年，努尔哈赤召集八旗首领和将士誓师，宣布跟明朝有七件事结下了冤仇，称为"七大恨"。第一条就是明朝无故挑衅，害死了他的祖父和父亲。为了报仇雪恨，决定起兵征伐明朝。

第二年，努尔哈赤亲自率领二万人马进攻抚顺。他先写信给抚顺明军守将，劝他投降。守将李永芳一看后金军来势凶猛，临阵怯战，没有抵抗就投降了，后金军俘获了人口、牲畜共计三十余万口。明朝的辽东巡抚派兵救援抚顺，也被后金军在半路上打垮。努尔哈赤命令毁了抚顺城，带着大批战利品回到赫图阿拉。

消息传到北京，明神宗大怒，决定派杨镐为辽东经略，讨伐后金。杨镐经过一番紧张的调兵遣将，才集中了十万人马。1619年，杨镐分兵四路，由四个总兵率领，进攻赫图阿拉。中路左翼是山海关总兵杜松；中路右翼是辽东总兵李如柏；北路是开原总兵马林；南路是辽阳总兵刘铤。为了扩大声势，号称四十七万。杨镐坐镇沈阳，指挥全局。

那时候，后金八旗军兵力，合起来不过六万多。一些后金将士得到情报，不免有点害怕，来找努尔哈赤，要他拿主意。努尔哈赤胸有成竹地说："别怕，管他几路来，我就是一路去。"

经过侦察，努尔哈赤得知杜松率领的中路左翼是明军主力，且其

努尔哈赤发展生产，扩充兵力。

已经从抚顺出发打了过来，努尔哈赤就集中兵力，先对付杜松。

杜松是一员身经百战的名将。从抚顺出发的时候，天正下着大雪，杜松想抢头功，不管气候恶劣，急急忙忙冒雪行军。他先攻占了萨尔浒（今辽宁抚顺东）山口；接着分兵两路，把一半兵力留在萨尔浒扎营，自己带了另一部精兵攻打后金的界藩城（今新宾西北）。

努尔哈赤一看杜松分散兵力，心里暗暗高兴，集中八旗的兵力，一口气攻下萨尔浒的明军大营，截断了杜松的后路。接着，又急行军援救界藩。正在攻打界藩的明军，听到后路被抄，军心动摇。驻守在界藩的后金军从山上居高临下地压下来，把杜松军杀得七零八落。努尔哈赤率领大军赶到，把明军团团围住。杜松左右冲杀想要突围，突然一箭飞来，正射中他的头部，杜松从马上栽下来就死了。部下明军被杀得尸横遍野，血流成河。一路人马先覆灭了。

北路的马林从开原（今辽宁开原）出兵，刚刚到离萨尔浒四十里的地方，得

刘铤寡不敌众。

到杜松兵败的消息，吓得急忙转攻为守，就地依山扎下营垒，挖了三道壕沟，准备防守。努尔哈赤率领八旗兵从界藩马不停蹄地赶来，攻破明军营垒。马林没命地逃奔，才回到开原，第二路明军又被打散了。

坐镇沈阳的杨镐，正在等待各路明军的捷报，哪想到一连两天接到的竟是两路人马覆灭的坏消息，把他惊得目瞪口呆。他这才知道努尔哈赤的厉害，遂连忙派快马传令另外两路明军立刻停止进军。

中路右翼的辽东总兵李如柏本来胆小，行动也特别迟缓，接到杨镐命令，便急忙撤退。山上巡逻的二十来名后金哨兵远远望见明军撤退，大声鼓噪，明军兵士以为后面有大批追兵，争先恐后地逃跑，自相践踏，也死了不少人。

剩下的一路是南路军刘铤。杨镐发出停止进军命令的时候，刘铤军已经深入到后金军阵地，各路明军失败的情况，他一点也不知道。刘铤是明军中出名的猛将，他使用一把一百二十斤的大刀，运转如飞，外号叫"刘大刀"。刘铤军军令严明，武器火药也多。进入后金阵地以后，连破几个营寨。

努尔哈赤知道刘铤骁勇，不能与之硬拼，于是他选了一个投降过来的明兵，叫他冒充杜松的部下，送信给刘铤，说杜松军已经到达赫图阿拉城下，只等刘铤军去会师攻城。

刘铤没接到杨镐命令，不知道杜松军已经覆灭，信以为真，他怕让杜松独得头功，下令火速进军。这一带道路险狭，兵马不能够并行，只好改为单列进军。刘铤带兵走了一阵，忽然杀声四起，漫山都是后金伏兵，向明军杀来。刘铤正在着急，努尔哈赤又派一支后金兵穿着明军衣甲，举着明军旗帜，装扮成杜松军前来接应。刘铤毫不怀疑，把人马带进假明军的包围圈里。后金军里应外合，四面夹击，明军阵势大乱。刘铤虽然勇敢，挥舞大刀，杀退了一些后金兵，但是毕竟寡不敌众，他左右两臂都被砍伤，终于倒下被俘。

这场战役从开始到结束，只有五天时间，杨镐率领的十万明军损失了一大半，文武将官死了三百多人。这就是历史上著名的"萨尔浒之战"。

⊙名家论《孙子兵法》

战略，是指导战争全局的方略，也是战争中的一种实践活动。战略概念则是对这种社会实践的抽象和概括，是战争发展到一定历史阶段，即形成战略理论的时候才出现的。在我国，孙子首先赋予战略以明确的概念——"庙算"。

记载西周及其以前战争的残存文献，已经反映出当时就有对战争全局的谋划，但都属于个别的、经验型的认识，所以还不可能有高度概括战略活动的概念。

春秋战国初期，是我国古代战争和军事理论大发展时期，战略理论也比较系统地形成了。其重要标志是《孙子》这部具有划时代意义的"战略论"的问世和第一个战略概念"庙算"的提出。

之所以说"庙算"是战略概念，理由之一，它是对古代战略决策的实践活动的抽象和概括。理由之二，它具备战略的基本内涵。理由之三，古代的兵论始终把"庙算"置于战略地位。理由之四，"庙算"的使用具有普遍性。

以"庙算"表达战略是先秦的时尚。秦汉以后在庙堂里谋划战争这种陈旧的形式逐渐被打破，人们开始寻求新的表达方式。那就是首先甩掉"庙"，再以"略"取代"算"，又在"略"前冠之以"兵"。因此"兵略"就成了秦汉时代的战略概念。当时的两部兵书《淮南子·兵略训》和《三略》就是这样处理的。西晋以后一些史学家和兵著者又把"兵略"改为"战略"，如西晋司马彪著有《战略》、北周隋初有《战略》二十六卷，等等。

——于泽民

"兵圣"孙武

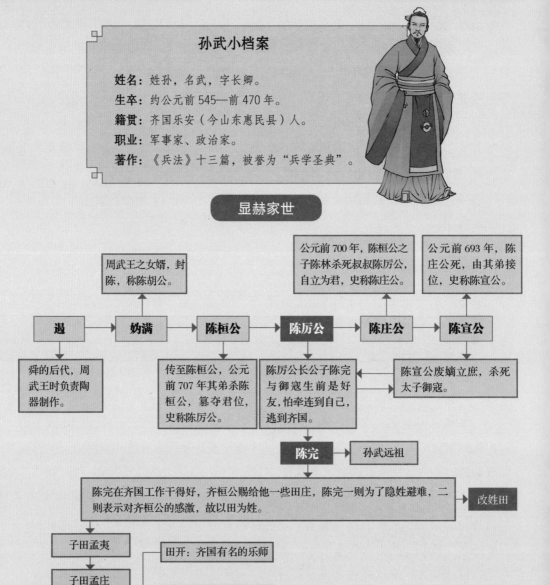

孙武小档案

姓名：姓孙，名武，字长卿。
生卒：约公元前545—前470年。
籍贯：齐国乐安（今山东惠民县）人。
职业：军事家、政治家。
著作：《兵法》十三篇，被誉为"兵学圣典"。

显赫家世

周武王之女婿，封陈，称陈胡公。

公元前700年，陈桓公之子陈林杀死叔叔陈厉公，自立为君，史称陈庄公。

公元前693年，陈庄公死，由其弟接位，史称陈宣公。

遏 → 妫满 → 陈桓公 → 陈厉公 → 陈庄公 → 陈宣公

舜的后代，周武王时负责陶器制作。

传至陈桓公，公元前707年其弟杀陈桓公，篡夺君位，史称陈厉公。

陈厉公长公子陈完与御寇生前是好友，怕牵连到自己，逃到齐国。

陈宣公废嫡立庶，杀死太子御寇。

陈完 → 孙武远祖

陈完在齐国工作干得好，齐桓公赐给他一些田庄，陈完一则为了隐姓避难，二则表示对齐桓公的感激，故以田为姓。 → 改姓田

子田孟夷

田开：齐国有名的乐师

子田孟庄

田乞：齐国大夫

子田文子须无

子田桓子无宇

田书：齐景公朝官至大夫。后因齐景公赐姓孙，改姓名为孙书。 → 改姓孙

子孙凭：齐景公朝中为卿。

孙武

辉煌一生

六艺之射

8岁，入"庠序"（公办学校），自小喜爱兵书，以祖父孙书、叔父田穰苴为榜样，想成为驰骋疆场的大将军。

21岁，漫游天下，博览群书，研究历代战争兵法理论。

考察战场

著书

30岁，写出《兵法》十三篇。

31岁，在伍子胥帮助下入吴，献《兵法》十三篇，被吴王阖闾拜为将军。

献书

西破强楚

33岁，入吴第三年，公元前512年，开始为西破强楚做准备。

39岁，公元前506年，孙武率3万精兵，出其不意逼近楚国都郢城，与楚军五战五胜，打败20万楚军，仅用10天就攻占了郢都，楚昭王逃亡云梦泽。

心灰意冷

归隐山林

享誉古今

49岁，公元前496年，吴王阖闾在吴越槜李战役中受伤致死。夫差接位后骄心日盛，奢侈腐化，重用奸佞，诬陷忠良，独断骄横。孙武和伍子胥渐不被重用。

61岁，公元前484年，伍子胥被陷害自刎而死。孙武隐退。孙武退隐到终老，一直没有离开吴国。公元前472年，吴亡；公元前470年，75岁的孙武卒，死后葬在吴都郊外。

孙武和他的军事思想享誉古今、蜚声中外，对后世影响极为深远。后人尊称他为孙子、百世兵家之师、东方兵学的鼻祖。

◎吴楚柏举之战◎

关于"兵贵胜，不贵久"这一基本战略思想，孙子本人在公元前506年的吴楚柏举之战中为我们做出了最恰当的示范。

公元前515年，吴国公子光夺得吴国王位，他就是吴王阖闾。阖闾即位后，立志要称霸天下。他励精图治，整军经武，任用了伍子胥、孙武等杰出人才，吴国的国势因此而蒸蒸日上。

公元前512年，吴王阖闾先后灭掉了依附于楚国的小国徐国和钟吾国。之后，阖闾听从了伍子胥和孙武的建议，没有接着深入攻打楚国，而是采取分兵多路，轮番侵扰楚国的策略。楚军一年到头疲于应付吴军的肆意侵扰，搞得人困马乏，国力虚弱。

公元前506年，楚国令尹囊瓦率军围攻已归附吴国的小国蔡国，蔡国于是向吴国求救。吴国便打着兴师救蔡的旗号，由吴王阖闾亲自挂帅，孙武、伍子胥为大将，倾全国三万水陆之师直趋蔡境。囊瓦见吴军来势凶猛，不得不放弃对蔡国的围

孙武弃舟登陆。

攻，回师防御本土。

当吴军与蔡军会合后，另一小国唐国也主动加入吴、蔡二军行列。于是，吴、蔡、唐三国组成联军，溯淮水浩荡西进。在淮水中行进一段后，孙武突然决定舍舟登陆，直插楚国纵深腹地。伍子胥不解其意，便问孙武："吴军习于水性，善于水战，为何改从陆路进军呢？"孙武回答说："用兵作战，贵在神速。要做到出敌之不意，攻敌之不备。逆水行舟，行进缓慢，吴军优势难以发挥，而楚军则有时间加强防备，这样就难以攻破他们。"伍子胥听完，连连点头称是。就这样，孙武挑选了三千五百名士卒作为前锋，身披坚甲，手执利器，以迅雷不及掩耳之势穿过楚国北部大隧、直辕、冥阨三道险关，挺进到汉水东岸。

楚昭王得知吴军已经抵达汉水东岸，急派令尹囊瓦和左司马沈尹戍，倾全国兵力，赶至汉水西岸，与吴军对峙。左司马沈尹戍向令尹囊瓦建议：由囊瓦率楚军主力沿汉水西岸正面设防。而他本人则率部分兵力迂回到吴军的侧后，毁其战船，断其归路。而后与囊瓦实施前后夹击，一举消灭吴军。这本是楚军击败吴军的上策。囊瓦起初也同意了沈尹戍的建议。可是沈尹戍率部出发之后，囊瓦担心沈尹戍抢了战功，于是在沈尹戍还未到达指定位置的时候，便传令三军，渡过汉水，主动向吴军发起进攻。

楚军的主动出击，正中了吴军的下怀。吴军主动由汉水东岸后撤，边撤边与楚军作战，在从小别（在今湖北汉川东南）至大别（今湖北境大别山脉）的这一段距离里与楚军三次交战，三战三捷，最后在柏举与楚军决战。由于楚军此时已是疲惫不堪，士气低落，再加上上下异心，结果在此战中被吴军一举击溃，囊瓦弃军逃往郑国。楚左司马沈尹戍得知囊瓦主力溃败，急率本部兵马赶来救援。吴军先锋夫概部在沈尹戍部突然进击之下，损失惨重。吴军主力赶到后，孙武指挥部队迅速将沈尹戍部包围。尽管沈尹戍左冲右突，拼命厮杀，但始终无法冲出包围，无奈之下，沈尹戍命令其部下割下自己的首级回报楚王。柏举之战以吴国的胜利而告终。

柏举之战是春秋末期一次规模宏大、影响深远的战役。在柏举之战中，孙武以区区三万兵力击败楚国二十万大军，创造了中国战争史上以少胜多、快速取胜的光辉战例。战国时期军事家尉缭子曾赞道："有提九万之众，而天下莫能当者谁？曰：'桓公也。'有提七万之众，而天下莫敢当者谁？曰：'吴起也。'有提三万之众，而天下莫敢当者谁？曰：'武子也。'"由此可见，孙武及其《孙子兵法》绝非纸上谈兵，而是在实战中总结出来的，并在实战中得到了验证。

经典战例：攻取陈留

公元前208年，刘邦带兵开赴咸阳。公元前207年，军队因粮食不足，转而进军高阳。谋士郦食其建议刘邦："不如先攻打陈留，因为陈留是交通要道，存粮和兵员都十分充足，进退自如。"刘邦采纳了他的建议，攻下陈留，解决了粮草供应的问题。后来，刘邦借助陈留这个基地，迅速攻克咸阳，使得秦朝灭亡。

"务食于敌"的精髓

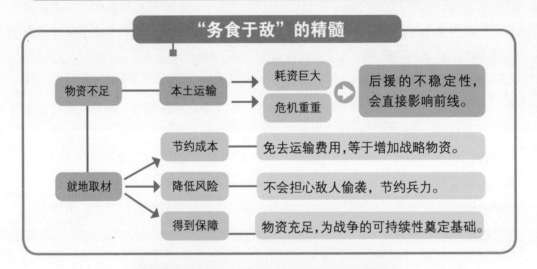

物资不足 → 本土运输 → 耗资巨大 / 危机重重 → 后援的不稳定性，会直接影响前线。

就地取材 → 节约成本 —— 免去运输费用，等于增加战略物资。

就地取材 → 降低风险 —— 不会担心敌人偷袭，节约兵力。

就地取材 → 得到保障 —— 物资充足，为战争的可持续性奠定基础。

经典战例：神算难敌粮草

三国时，诸葛亮曾经六出祁山，北伐曹魏，始终为粮草的运输问题而操心。后来，他发明木牛流马，但也不能有效地解决运输困难的问题。231年，诸葛亮五出祁山，这一次他采用"务食于敌"的策略，命先发部队出陈仓，经过剑阁；然而魏将司马懿料定诸葛亮会"割陇西的小麦，用来充当军粮"，于是率军到天水诸郡护粮。由于司马懿扼守险要关头，导致蜀军缺粮，最后不得不退兵。

经典案例：蚂蚁战大象

20世纪60年代，哈勒尔与宝洁公司有一场经典战役。面对强大的宝洁公司，哈勒尔采用巧妙的战术。宝洁公司在丹佛试销一种称为"新奇"的清洁喷液时，哈勒尔则从丹佛撤出名为"配方409"的同类产品，使宝洁公司的新产品大获全胜。同时，哈勒尔把他的十六盎司装的"配方409"投入市场，以低廉的价格销售，忽然之间占领了大量市场，使宝洁公司新产品的销售情况大幅下跌。最后宝洁不得不从货架上撤回该项新产品，而哈勒尔也终于获得最终的胜利。

赏的艺术

刘邦

刘邦用人很有一套，有功则赏是他的一大原则。凡是有功的将士，都会根据规章制度做出奖励。因此，很多人才，例如张良、萧何、陈平等人都愿意随他出生入死，最后成为了西汉帝国的开国元老。

项羽

项羽表面上体恤下属，士兵受伤都会亲自慰问。然而他却不懂得奖赏的艺术，有时将帅立了战功，本应该封侯，但是他却将封侯的印章放在衣兜里，迟迟不肯给别人，以至于印章的四个角都被磨圆了。

激励士气的好处

激励的方法 → 物质奖励 / 精神奖励 → 提高士气 →

- 把个人的利益和团队的利益结合起来，提高员工的积极性。
- 员工认同的奖励机制，可以让他们获得归属感，提高忠诚度。
- 即便没有得到奖励的员工，也会以此为目标，不断挖掘自己的潜力。

经典案例：将企业效益和员工利益结合

美国有一家罗伯德家庭用品公司，为了充分激发员工的积极性，而采取了"利润分成"的激励措施；也就是公司把每年赚得的利润，按事前规定的比例分配给每一个员工，公司的利润越高，员工分到的越多。这个措施充分激发员工的积极性，公司的业绩迅速增长。在短短几年内，该公司就成长为一家大型企业。

让员工成为公司的一分子，以提高其积极性。

经典战例：尴尬的胜利

皮洛士是古希腊伊庇鲁斯的国王，公元前279年，皮洛士入侵阿普里亚，在阿斯库路姆战役中击败罗马军队，但是自身也损失惨重。部下在对他表示恭贺时，皮洛士说："如果这种胜利再发生一次，你我都无法回国了。"后人称这种得不偿失的胜利为"皮洛士式的胜利"。

人才的重要性

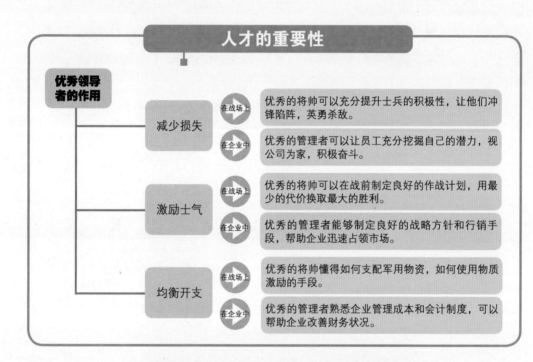

优秀领导者的作用

减少损失

在战场上 优秀的将帅可以充分提升士兵的积极性，让他们冲锋陷阵，英勇杀敌。

在企业中 优秀的管理者可以让员工充分挖掘自己的潜力，视公司为家，积极奋斗。

激励士气

在战场上 优秀的将帅可以在战前制定良好的作战计划，用最少的代价换取最大的胜利。

在企业中 优秀的管理者能够制定良好的战略方针和行销手段，帮助企业迅速占领市场。

均衡开支

在战场上 优秀的将帅懂得如何支配军用物资，如何使用物质激励的手段。

在企业中 优秀的管理者熟悉企业管理成本和会计制度，可以帮助企业改善财务状况。

用兵的技巧

范仲淹

宋朝时，范仲淹与韩琦同任陕西经略副使。仁宗庆历元年（1040），西夏进犯边境。韩琦主张讨伐西夏，而范仲淹则认为应当首先注重农桑、减轻赋税、整顿武力，不可贸然举兵。然而韩琦贪功急进，导致好水川之战大败，损兵折将；而范仲淹则积极发展生产、整顿武备、养精蓄锐，被称为"胸中自有十万甲兵，不战而降西夏"。

商业案例

◎卡西欧和夏普的"以速取胜"之道◎

卡西欧公司一贯奉行的生产与行销策略是："在产品成长期赚钱，而不是在成熟期赚钱！"

每当新产品上市后没多久，公司就尽量把价格压低，然后迅速推出新的产品，最大限度地缩短产品的更新周期。即使有对手想分一杯羹，面对这种速战速决的营销策略，也会觉得竞争起来非常吃力。因为这一策略要求一个企业能及时对市场和消费者需求（包括现实的和潜在的两方面）做出非常敏锐的反应，这样才能迅速抓住稍纵即逝的商机。

以生产电子产品为主的卡西欧公司竟把电波的原理运用于销售中：他们在"波谷"到"波峰"之间赚钱，而且"周期"很短。这种销售方式逐渐形成了一种声势，使其获得了许多"短线"的利润。

而吉列在与夏普较量中的失败案例也从侧面向我们证明了"兵贵神速"的正确性。

20 世纪 60 年代，美国的埃弗·夏普公司仅有 2000 万资产。一种新型的不锈钢剃刀问世之后，夏普公司敏锐地嗅到了其中蕴藏的商机，于是当即决定投资生产。而吉列公司当时已经是著名的大公司，占据了碳钢剃刀市场 90% 以上的份额。然而这一次，吉列公司的大脑却突然失灵了，只是一边反复论证该种新产品的成本与市场前景，一边采取了谨慎观望的态度，结果在犹豫中让机会白白溜走。

6 个月后，夏普公司的新型不锈钢剃刀投入市场，掀起了一股销售热潮，吉列公司无力与之抗衡，白白丢掉了不锈钢剃刀 70% 的市场。

作为市场防御者，必须具备能迅速识别竞争者的意图和及时做出反应的能力，这样才能防患于未然；否则贻误了商机，就会造成重大的甚至是致命的损失。

◎黑松的强力经销网◎

商场虽然如战场，但企业经营与真正的战争相比还是有所不同，"兵贵胜，不贵久"，一个企业固然在每一次的市场竞争中讲求速战速决，总体上却需要持续发展、长久经营，既贵胜又贵久，这样才能不断成长壮大。下面黑松汽水的经营案例，就充分说明了这一道理。

作为台湾最老牌的汽水厂商，"黑松汽水"数十年来一直是汽水界名牌中的常青树。而黑松之所以能长久地立于不败之地，除了针对市场需求不断做出调整，及时生产出各款符合消费者口味的新产品外，它强有力的经销商网同样居功至伟。

黑松共有两百多家经销商，而其中大型经销商的营业额高达每年一亿元以上。为了保持与经销商这种持久而深厚的关系，并不断进行强化，黑松公司每年都要在高档的饭店或景色明媚的风景区隆重款待各位经销商，同时根据瞬息万变的市场，

【点评】

在《作战篇》中，孙子着重论述了战争给国家带来的影响。

孙子所在的年代，生产力低下，维持一支庞大的军队和进行旷日持久的战争往往会给国家和人民带来难以估量的负担和损失。因此，如何认识战争给国家带来的利与害，如何最大限度地减少战争给国家经济带来的不利影响，也就成了兵家的探究方向和追求的根本。

孙子着重论述战争给国家带来的影响。

在《作战篇》中，孙子在分析了战争的持久可能给国家带来的一系列损害之后，提出了速胜的军事思想，认为用兵宁可"拙速"，不能"巧久"。接着，他又讲到了减少战争负担的具体方法，也就是"因粮于敌"，尽量在敌人的地盘上解决自己军队的吃用问题，将敌人的战车和士兵转化成为自己的力量，以实现"以战养战"的目的。

后人将"兵闻拙速，未睹巧之久也"概括为"巧久不如拙速"的战争原则，历代兵家把它奉为圭臬。从战争所造成的损失和伤害来说，这无疑是正确的，尤其是普通人，与战争相伴随的鲜血与伤痛更是挥之不去的梦魇，而战争的代价最后也会转嫁到他们头上，自然会不遗余力地反对统治者穷兵黩武。

但就我们每个人来说，人生中有些事情着急是没用的，一个人的成长需要岁月的磨砺，知识需要长期学习、积累和不断更新，远大目标的实现更是需要坚持不懈的奋斗，等等。这就是"心急吃不了热豆腐""一口吃不成胖子"等俗语中所蕴含的深刻道理。

现代生活的节奏越来越快，社会的普遍心态也越来越浮躁，不少人一心只惦记着挣大钱、升高位，恨不能一夜暴富或者立马攀上世界之巅，或是不费吹灰之力就实现了人生的全部梦想。然而，这终究是不现实的，人生虽如白驹过隙，但终究是由一分一秒、一朝一夕慢慢累积起来的，要实现理想和目标，一定要有耐心，不要怕"巧久"，要使生活中的每一秒都变得充实起来。

向从各地赶来的销售商提供各种新的经营与行销训练，使其能迎接各种新挑战。

与黑松合作的经销商大都只经销黑松品牌的饮料，而不与其他饮料品牌合作，一般经销商的利润大约为5%。正因为黑松与经销商之间形成了一种亲密无间的联系，所以在饮料界数十年来的市场竞争中，黑松能在各种行销战中取得最后的胜利，即使多次遭遇食品安全问题的冲击，也能很快渡过难关，屹立不倒。

而黑松企业能又"胜"又"久"的一个重要原因，就是做到了"卒善而养"——用优厚的待遇来留住经销商，鼓励他们为自己更加努力地工作，用少量的付出赢得了更长久的发展，这就是"胜敌而益强"。

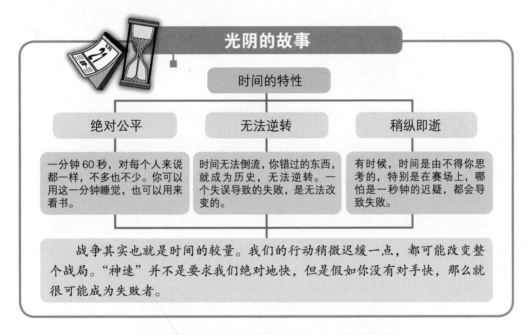

光阴的故事

时间的特性

绝对公平	无法逆转	稍纵即逝
一分钟60秒，对每个人来说都一样，不多也不少。你可以用这一分钟睡觉，也可以用来看书。	时间无法倒流，你错过的东西，就成为历史，无法逆转。一个失误导致的失败，是无法改变的。	有时候，时间是由不得你思考的，特别是在赛场上，哪怕是一秒钟的迟疑，都会导致失败。

战争其实也就是时间的较量。我们的行动稍微迟缓一点，都可能改变整个战局。"神速"并不是要求我们绝对地快，但是假如你没有对手快，那么就很可能成为失败者。

经典案例：时间银行

一天，一位教授问一个学生："如果有一家银行，每天早上都在你的账户里存入86400元，但每天的账户余额都必须在当日用掉，不能转到明天，遇到这种情况，你会怎么做呢？"

学生回答："我认为最佳的选择是每天将这些钱全部提现。"

教授说："对，我们是应该这样，不过你可能不知道，其实我们每个人都有这样的一个银行，它的名字是时间。每天早上时间银行总会为每一个人在账户里自动存入86400秒，一到晚上，它也会自动把你当日虚度的光阴全部删除，没有一分一秒可以留到明天。"

战略物资的重要性

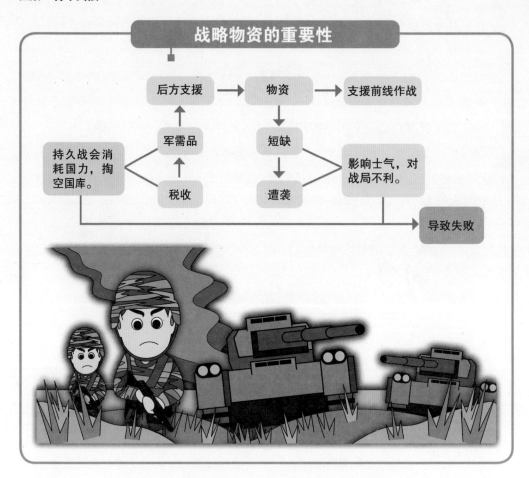

持久战会消耗国力，掏空国库。

后方支援 → 物资 → 支援前线作战

物资 → 短缺 → 遭袭

军需品 ← 税收

短缺、遭袭 → 影响士气，对战局不利。

→ 导致失败

经典案例："因粮于敌"的化妆品

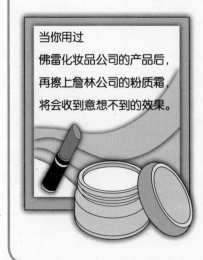

当你用过
佛雷化妆品公司的产品后，
再擦上詹林公司的粉质霜，
将会收到意想不到的效果。

　　20世纪50年代，美国的佛雷化妆品公司在美国黑人化妆品市场上处于垄断的地位。当时，该公司的推销员乔治·詹森离职后，成立了詹森黑人化妆品公司。这个只有500美元资金、3个员工的小公司，无论在财力、人力还是物力方面都远远不及佛雷化妆品公司。后来，詹森研制了一种雪花膏。在推销该产品时，他做了一则这样的广告："当你用过佛雷化妆品公司的产品后，再擦上詹森公司的粉质霜，将会收到意想不到的效果。"很快，詹森公司的产品就被消费者接受，不到几年时间，其产品就将佛雷公司挤出市场，在50年代末独占美国黑人化妆品市场。

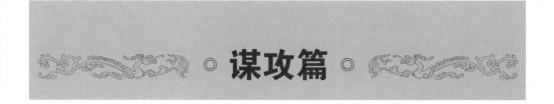

◎ 谋攻篇 ◎

【导读】

　　本篇名为"谋攻"，强调的是以谋胜敌，着重论述了谋划进攻的问题，提出了"不战而屈人之兵"和"上兵伐谋"的原则，以及"必以全争于天下，兵不钝而利可全"的战略指导思想，揭示了"知彼知己，百战不殆"的著名军事规律。

【原文】

　　孙子曰：凡用兵之法，全国为上，破国次之①；全军为上，破军次之；全旅为上，破旅次之；全卒为上，破卒次之；全伍为上，破伍次之②。是故百战百胜，非善之善者也③；不战而屈人之兵，善之善者也。

　　故上兵伐谋④，其次伐交⑤，其次伐兵⑥，其下攻城。

　　攻城之法为不得已。修橹轒辒⑦，具器械，三月而后成，距闉⑧，又三月而后已。将不胜其忿而蚁附之⑨，杀士三分之一而城不拔者，此攻之灾也。

　　故善用兵者，屈人之兵而非战也⑩，拔人之城而非攻也，毁人之国而非久也，必以全争于天下，故兵不顿而利可全⑪，此谋攻之法也。

　　故用兵之法，十则围之⑫，五则攻之，倍则分之，敌则能战之⑬，少则能逃之，不若则能避之⑭。故小敌之坚，大敌之擒也⑮。

【注释】

①全国为上，破国次之：以自己的实力为后盾，完整地使敌方降服为上策；而通过战争，攻破敌方城池则稍逊一筹。全，全部、完整。国，春秋时主要指都城，有时也包括外城及周围地区。②军、旅、卒、伍：都是古代军队的编制单位。旧说一万二千五百人为军，五百人为旅，百人为卒，五人为伍。不过，春秋以后，各诸侯国军队编制不完全一样。③非善之善者也：是不好中最好的。④上兵伐谋：用兵的

全国为上。

最高境界是用谋略战胜敌人。上兵，上乘的用兵之法。伐谋，以谋略攻敌赢得胜利。伐，进攻、攻打。谋，谋略。⑤伐交：指通过外交途径，分化瓦解敌人的盟友，巩固扩大自己的同盟，使敌人陷入孤立的境地，最后不得不屈服。⑥伐兵：以武力战胜敌人。⑦修橹轒（fén）辒（wēn）：制造大盾和攻城用的四轮大车。修，制作、制造。橹，这里指藤革等材料制的大盾牌。辒，攻城用的四轮大车，是以桃木制成，外蒙生牛皮，可以容纳十余人。⑧距闉（yīn）：指为攻城做准备而堆积的高出城墙的土山。闉，同"堙"，土山。⑨蚁附之：指士兵像蚂蚁一样爬梯攻城。⑩非战：指不用交战的办法，而用"伐谋"、"伐交"等方法迫使敌人屈服。⑪顿：同"钝"，这里是疲惫、挫折的意思。⑫十则围之：有十倍于敌人的兵力，就要四面包围它。⑬敌则战之：指敌人兵力相等时，要设法战胜敌人。敌，这里指兵力相当、势均力敌。⑭不若则能避之：指当各方面条件均不如敌人时，要设法避免与敌交战。⑮小敌之坚，大敌之擒：力量弱小的军队，如果一味固守硬拼，就会为强大的敌人所俘虏。

【译文】

孙子说：大凡用兵的指导法则，使敌国完整地降服为上策，击破它就次一等；使敌军完整地降服为上策，击破它就次一等；使敌人全旅完整地降服是上策，击破它就次一等；使敌人全卒完整地降服为上策，击破它就次一等；使敌人全伍完整地降服为上策，击破它就次一等。因此，百战百胜，还不算是高明中的高明；不出战就能使敌人屈服的，才是高明中的高明。

上兵伐谋，其次伐交。

所以，用兵的上策是用谋略来战胜敌人，其次是在外交上封锁、孤立敌人，再次是直接出兵击败敌人，下策是攻打敌人的城池。

选择攻城是迫不得已的办法。建造攻城用的大盾和四轮大车，准备攻城的器械，费时三个月的工夫才能完成。而构筑攻城用的土山，又要花费三个月才能完成。如果主将不能控制自己愤怒焦急的情绪而驱使士兵们像蚂蚁一般爬梯攻城，士兵伤亡了三分之一，而城池未能攻克，这就是攻城所带来的灾难。

所以，善于用兵的人，使敌军屈服不是靠交战，夺取敌人的城池不是靠强攻，灭亡敌人的国家不是靠久战。一定要用全胜的谋略争胜于天下。这样，军队不会劳累疲惫，又能取得完满的胜利。这就是以谋略攻取敌人的法则。

所以，用兵的法则，拥有十倍于敌人的兵力就包围敌人；拥有五倍于敌人的兵力，就主动进攻；拥有两倍于敌人的兵力就设法分割敌人；兵力同敌人相当的，要设法战胜敌人；兵力少于敌人的，要设法摆脱敌人；各方面条件均不如敌人的，要设法避开敌人的锋芒。因此，弱小的军队如果一味固守硬拼，就会成为强大敌人的俘虏。

上兵伐谋

— 巧用谋略来取得胜利是用兵之道的最高境界。

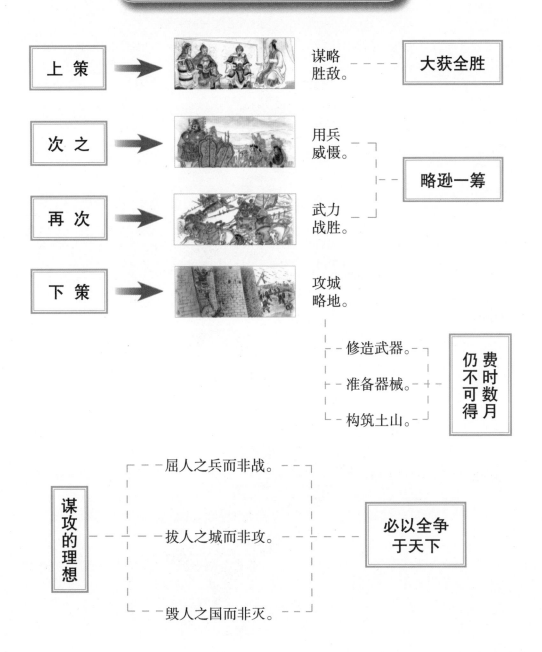

不战而胜的方法

| 上 策 | ➡ | | 谋略胜敌。 | ---- | **大获全胜** |

武力战胜。

用兵威慑。

次 之 → 用兵威慑。

再 次 → 武力战胜。 — 略逊一筹

下 策 → 攻城略地。

- 修造武器。
- 准备器械。 — 仍不可得 费时数月
- 构筑土山。

谋攻的理想
- 屈人之兵而非战。
- 拔人之城而非攻。 — 必以全争于天下
- 毁人之国而非灭。

● 小敌之坚，大敌之擒

弱小的军队如果只知坚守硬拼，就可能成为强大敌人的俘虏。实力悬殊时，要灵活应对、见机行事，才能成事。

用兵之法

包围－－十倍于敌。

五倍于敌。－－进攻

分散－－二倍于敌。

旗鼓相当。－－迎战

摆脱－－稍逊于敌。

实力悬殊。－－避敌

【原文】

夫将者，国之辅也①。辅周则国必强，辅隙则国必弱②。

故君之所以患于军者三③：不知军之不可以进而谓之进④，不知军之不可以退而谓之退，是谓縻军⑤。不知三军之事而同三军之政者⑥，则军士惑矣。不知三军之权而同三军之任⑦，则军士疑矣。三军既惑且疑，则诸侯之难至矣，是谓乱军引胜⑧。

故知胜有五：知可以战与不可以战者胜；识众寡之用者胜；上下同欲者胜⑨；以虞待不虞者胜⑩；将能而君不御者胜⑪。此五者，知胜之道也。

故曰：知彼知己者，百战不殆⑫；不知彼而知己，一胜一负；不知彼，不知己，每战必殆。

【注释】

①辅：辅助，这里引申为助手。②隙：缺陷、漏洞。③患：危害。④谓：告诉，这里是命令的意思。⑤是谓縻（mí）军：这叫作束缚军队。縻军，束缚军队，使军队不能相机而动。縻，束缚、羁縻。⑥同：共，这里是参与、干预的意思。政：这里指军队的行政。⑦权：权变、权谋。任：统率、指挥。⑧引：引导、导致。⑨同欲：同心、齐心。⑩以虞待不虞者胜：指自己在有准备的情况下对付没有准备的敌人就能获胜。虞，有准备。⑪御：驾驭，这里是牵制、干预的意思。⑫殆（dài）：危险，失败。

辅周则国必强。

【译文】

将帅，是国君的助手。如果辅助周密得力，国家就必定强盛；如果辅助上有缺失疏漏，国家就必定衰弱。

国君可能对军队产生危害的情况有三种：不知道军队不能前进而强令军队前进，不知道军队不能后退而强令军队后退，这叫作束缚军队；不懂得军中事务而去干预军队的行政，就会使将士们产生迷惑；不懂得军事上的权谋机变而去干涉军队的指挥，就会使将士们产生疑虑。军队既迷惑又心存疑虑，那么其他诸侯乘机进攻的灾难就随之来临了，这就叫作扰乱自己的军队而导致敌人的胜利。

夫将者，国之辅也。

所以，能够预知胜利的情况有五种：知道什么情况下可以打，什么情况下不能打的，能够取得胜利；懂得根据兵力多寡而采取不同战法的，能够取得胜利；上下一心的，能够取得胜利；事先有所准备来对付事先没有准备的，能够取得胜利；将帅贤能而国君不掣肘的，能够取得胜利。这五条，就是预知胜利的方法。

所以说，既了解敌人，又了解自己的，百战百胜；不了解敌人而了解自己的，胜负参半；既不了解敌人，又不了解自己的，每战必败。

实用谋略

◎韩信尺书平燕地◎

孙子强调打仗时应以谋胜敌，提出了"不战而屈人之兵"和"上兵伐谋"的原则。"韩信尺书平燕地"的事例，集中体现了这些军事原则。

公元前204年，韩信率军攻赵，赵军在井陉设防，准备迎击韩信。由于赵将陈余不听谋士李左车的建议，没有发兵袭击韩信的粮草辎重，后反被韩信设计诱出，二十万赵军遭到全歼。战后，韩信悬赏千金捉拿李左车。

韩信发出悬赏令后只过了几天，就有人报告说已经生擒了李左车，韩信下令把李左车押入帐中，诸将侧立两旁，旁人都以为这只是在斩李左车之前行个仪式罢了。谁知李左车进来后，韩信竟站起身来相迎，并亲自为李左车解开绳索，还叫人为李左车搬来椅子，自己则在旁边陪坐，就仿佛弟子见了老师一般，态度格外恭敬。

韩信极为客气地问李左车："在下想要向北攻燕，再向东伐齐，如何才能取得成功？"李左车皱着眉头说："我一个亡国大夫，不期待着苟活于人世，还是请将军另择高明吧！"

韩信说："在下听说百里奚在虞国的时候，不曾拯救虞国的危亡；等到了秦国，却辅佐秦穆公成就了霸业，这并非不是他为虞国献出的谋略拙劣，为秦国献出的谋略巧妙，只是用与不用、听与不听的问题罢了，所以才导致先后结果不同。要是陈余听从了您的计策，现在被捆着的恐怕就是在下了。如今在下是虚心求教，请您不要推辞了。"

李左车听完这番话很受感动，他对韩信说："将军渡过西河，俘虏了魏王，擒了夏说；又东下井陉，仅仅半天的时间，就破了二十万赵军，诛杀了赵王，威震天下，这是将军的长处。但经过连续作战，军队已经疲惫不堪，不能再战了。如今您要引军攻燕，燕人如果凭城固守，您会陷入欲战不得、日久粮尽的尴尬境地。燕国不能攻克，齐国又在东面称强，两国相对峙，那么刘邦和项羽谁胜谁负，就很难说了，这是继续进攻的短处。自古以来，良将用兵都是用长击短，切不可用短击长啊。"

韩信听了，连连称是，又接着问："那么现在应当用什么策略？"李左车说："我为将军谋划，不如先安兵息甲，镇抚赵民，犒赏将士，鼓舞士气。再暗中派一名能言善辩的谋士，拿着您的书信去拜见燕王，向他详陈利害，燕王畏惧将军的威名，想来不敢不从。等到燕国归降，再向东进攻齐国。齐国到时已然孤立，不亡还等什么！即使有智谋之士，也无法挽救其危亡了。这就是'不战而屈人之兵'的战法，请将军赶紧决定吧。"

韩信听了，不禁鼓掌叫好，立即派一名说客，持书赴燕。不出李左车所料，燕王臧荼畏威乞降，马上写了降书，让使者带回来。韩信得了燕王的降书，便派人报知刘邦，并且请求加封张耳为赵王，自己则整军备战，准备攻齐。韩信平燕正是借助"谋攻"不战而胜的典型例子。

韩信向李左车请教。

● 将者，国之辅也

将帅是国君的左膀右臂，将帅能力的强弱、与君主关系的亲疏，都会影响国家的兴衰。

辅臣优劣可影响国家运势

良 将	庸 臣

辅佐周全	辅佐不周		与君主亲密	与君主疏离

五种可赢得胜利的情况

— 掌握合适的战机。

— 了解双方兵力。

— 全军一心，同心协力。

— 随时备战，攻敌不意。

— 重用和信任有才的将领。

国君危害军队的三个可能

扰乱己军　助敌获胜

不了解军队行军状况而下令行军，致使军队受束缚。

使军队士兵困惑不知道军队事务而干涉内务。

使军队士兵疑虑不知道用兵的权谋而干涉军队的指挥。

◎苏秦谏齐王伐宋◎

孙子认为，在外交上孤立封锁敌人，是战胜敌人的一种计谋。"苏秦谏齐王伐宋"的事例就是对孙子这一思想的最好证明。

战国中后期，燕国发生内乱，齐国趁机派兵攻燕，仅五十余天就占领燕国全境。后来，赵武灵王护送燕公子职回国，立为燕昭王。

燕昭王即位后，广纳贤士，积极准备对齐国进行大规模的报复行动。这时，洛阳人苏秦来到燕国，得到燕昭王的重用。

此时，齐、秦并称为东、西二帝，并且两国准备合力攻打赵国。如果赵国被打败，土地就会被齐、秦瓜分，到时齐国的国力就更强大，这对燕国来说，是极为不利的。燕昭王担心不能复仇，所以心里很忧虑。

苏秦猜到燕昭王的心意，因此主动请缨，请求出使齐国，实施对齐国的报复计划。燕昭王很高兴，于是派苏秦出使齐国。

苏秦来到齐国，见到齐王，开门见山地说道："齐、秦并称二帝，天下人是尊齐，还是尊秦呢？"

齐王说道："秦国强大，天下人自然是尊秦。"

苏秦又问："那么齐国放弃帝号，天下是爱齐呢，还是爱秦？"

齐王道："当然是爱齐了。"于是，齐王有心放弃帝号。

苏秦猜透了齐王的心思，便瞅准时机，又继续说道："两帝并立，共约伐赵，与齐军独自攻宋，哪一个更有利呢？"

齐王回答："当然伐宋有利！"

苏秦接着劝齐王道："如果我们同秦一样称帝，天下只尊秦国；如果我们放弃帝号，天下就爱齐而憎秦，共约伐赵又不如单独伐宋。因此，我主张您放弃帝号以顺应民心。"

齐王听从苏秦的建议，联合赵国在阿地会盟，约定共同抗秦，秦、齐关系交恶。

不久，苏秦又鼓动齐国进攻秦国的盟友宋国，最终灭掉宋国，但齐国的实力也遭到严重

苏秦谏齐王伐宋。

的削弱。燕昭王看准时机，联合各国诸侯，以乐毅为统帅，一起讨伐齐国。最终，燕国不但成功复仇，还连克齐国七十多座城池，并掠走齐国大量金银财宝。

燕昭王以苏秦游说齐国，苏秦劝齐王去掉帝号，挑拨齐、秦的关系，又力劝齐王伐宋，以削弱齐国国力，为燕昭王复仇创造了条件，这则故事真可谓是"伐交"的典型范例。

⊙ **名家论《孙子兵法》**

"谋"在《孙子》书中主要是指"计"。这个"计"字，现在人们往往已不了解其本义。实际上它的本义是指计算，即出兵前在庙堂上使用一种叫算或筹、策的古老计算工具进行计算。

——李零

◎赤壁之战◎

"谋攻"的思想主要包含两个层次：一个是"不战而屈人之兵"，另一个是在不得已而用兵作战的情况下，尽可能减少损失，实现破中求全。赤壁之战中，孙、刘联军在敌强我弱不得已而用兵的情况下，巧施计谋，最终击败了强大的曹操。

曹操基本统一北方之后，于建安十三年（208）正月回到邺城（在今河北临漳西南），开始着手准备南征事宜。

为了解决后顾之忧，曹操一方面逼汉献帝封自己为丞相，进一步巩固了自己的地位；另一方面又上表天子册封驻守关中地区的马腾和马超父子，又令马腾及其家属迁至邺城作为人质，减轻了来自后方的威胁。

同年七月，曹操挥师南下，攻打荆州（约今湖北、湖南一带）。八月，荆州牧刘表病死，其子刘琮继位。当时，刘备依附于刘表，又三顾茅庐请诸葛亮出山，率军驻扎在樊城，准备抵御曹军的进攻。刘琮无能，唯恐不敌曹军，便背着刘备偷偷降了曹操。直到曹操大军抵达宛城时，刘备才意识到刘琮已降，心中又惊又怒，为了避免陷入孤立，只能弃城南逃。

刘琮手下不少人和荆州的百姓听说刘琮打算投靠曹操，于是纷纷归附刘备，随他一起逃走，结果大大延缓了刘备军队的行进速度。有人劝刘备扔下百姓先走，刘备心中不忍，断然拒绝，最后被曹军精骑追上。刘备兵微将寡，不敌曹军，只带着张飞、赵云、诸葛亮等数十骑逃走。曹军夺得刘备的军马、辎重不计其数。

此时，孙权盘踞江东已久，当时还击败江夏守将黄祖，攻克夏口，占领了江夏数县，打开了西入荆州的门户，正相机吞并荆、益二州。听闻曹军南下，孙权遂派鲁肃前往荆州，劝说刘备与己方联合。此后，刘备与关羽水军会合，加上刘表长子刘琦所部一万余人，一起退守下口。

曹操操练水军。

十月，曹操留曹仁驻守江陵，自己亲率大军南下。诸葛亮见形势危急，于是主动向刘备请求出使东吴，然后与鲁肃一同前往柴桑（在今江西九江西南）。刘备也移师长江南岸，驻军樊口。

来到东吴后，诸葛亮故意用激将法刺激孙权，发现他并不愿受制于曹操，只是他看到对方人多势众，担心无法与之匹敌。于是诸葛亮就当前形势向孙权进行了详细分析，指出曹军有几项弱点：劳师远征，连续作战，士卒疲惫；曹军多为北方人，不习水战；时值初冬，粮草缺乏；水土不服，必生疾病。并表示只要利用好曹军的这些弱点，再联合刘备抗曹，是可以取胜的，孙权终于答应联刘抗曹。

曹操占领荆州之后，派人给孙权送来一封劝降书，其中隐含着恐吓之意。孙权立即召集群臣商议对策，以张昭为首的文官主降，而以老将黄盖为代表的武官坚决主战，两派各持己见，争论不休。孙权一时也难以决断，鲁肃则告诉孙权说，如果他自己投降曹操，还可继续为官，而孙权本为一方之主，即使投降，也不会为曹操所容，那些主张投降的人都是只顾自己利益，不足以采信。孙权认同了鲁肃的看法。

驻守鄱阳的周瑜听说此事后，星夜赶回，在孙权面前就曹军弱点逐一进行了分析，与诸葛亮的观点大致相同；继而指出来自中原的曹军不过十五六万，而且久战之下多已疲惫，而曹军中的荆州降卒七八万人与曹操并不同心，不会为曹操卖命死战。最后，周瑜表示只要自己统率五万精兵就可以战胜曹操。

至此，孙权终于下定抗曹决心，并当众拔剑砍下桌角，说："诸将吏敢复有言当迎操者，与此案同！"于是任命周瑜和程普为左右都督，命其率三万精锐水师与刘备共同抗曹，孙权本人则亲为后援，替大军运输辎重粮草。

十二月，周瑜率军与刘备在樊口会合，两军总共五万人一起逆流而上，行至赤壁，与正在渡江的曹军相遇。当时曹军中瘟疫流行，新编水军与荆州水军配合尚不默契，士气也较为低落，结果双方刚一交战，曹军即大败而回。初战不利，曹操不得不将战船停靠在长江北岸，继续操练水军，等待良机。周瑜则把战船停靠在南岸，隔长江与曹军对峙。

由于江面上风急浪颠，曹操军中的北方士兵晕船现象极其严重，更不要提作战了，曹操便下令用铁索将舰船首尾相连，中间搭上木板，这样，人马在船上行走如履平地。黄盖于是向周瑜建议说，如今敌众我寡，难以战胜敌人，现在曹军船舰首尾相连，正可采用火攻将其消灭。周瑜采纳了这一计策，并与黄盖上演了一出"苦肉计"。黄盖写信向曹操诈降，骗取了他的信任。

准备就绪后，黄盖率艨艟（一种用于快速突击的小战船）、斗舰数十艘，上面满载干草，浇以油脂，并插上旌旗龙幡巧加伪装，乘着风势快速驶向曹军战船，曹军官兵毫无防备，还在引颈观望。在距离曹军二里处时，黄盖下令点燃柴草，自己则登上后面的战船，然后解开绳索，小船顺着大风如箭一般直接冲入了曹军水寨，风助火势，火借风威，曹军舰船被铁索相连，无法解开，霎时间变成了火海，大火还顺势蔓延至岸上的营寨，曹军人马烧死、溺死的不计其数。

对岸的孙刘联军趁机擂鼓向前，横渡长江，曹军士兵不敢恋战，纷纷逃命，曹操眼见败局已定，当即烧毁剩下的战船，引军从华容小道（今湖北监利北）退走，周瑜、刘备军队水陆并进，一直尾随追击。此战中曹军伤亡过半，孙刘联军取得了

火烧赤壁。

赤壁之战的胜利。

　　赤壁之战后，曹操失去了在短时间内统一全国的可能性，而孙刘两家则凭借此次大胜开始发展壮大各自的势力。可以说，赤壁之战对确立三国鼎立的局面具有决定性意义。

　　实力上处于劣势的孙刘联军，能正确分析形势，针对曹军弱点综合运

曹操败走华容道。

用《孙子兵法》所提出的"伐谋""伐交""伐攻""用间""火攻"等策略，最终成就了这场以少胜多、以弱胜强的著名战役。

● 知彼知己，百战不殆

　　既要掌握敌军情报，也要清楚己军情况，这样才能做到百战百胜。

掌握全面信息才可制胜

战机的判断。	军队规模和战术。	上下团结一致。	万全的准备。	有能力的将领。

	认识状况		结　果
	对方（敌方）	自己（己方）	
1	○	○	百战百胜。
2	✕	○	一胜一败。
3	✕	✕	一败涂地。

选拔人才的"五力"

无论是军队还是企业选拔人才，都有一套考核的标准，整体来说，可以概括为五个方面。作为一个优秀的管理人员，具备这五种能力，才能"辅国""强兵"。

专业能力
这是最基本的能力，只有具备足够的专业技巧，才能够胜任基础的工作。

团队组织能力
光是拥有优秀的专业能力还不够，作为一个领导者，必须带领自己的团队执行各种任务。

人际交往能力
不善于和众人打交道的人，是不可能得人心的，不服众的领导，又怎么可能发挥自己的特长呢？

沟通能力
良好的沟通，是确保部下准确执行任务的前提，如果部下无法了解领导者的意思，那么就会导致失误。

抗压能力
抗压性是领导者的必备素养，面对压力要指挥若定，这样才能带领团队取得胜利。

最高境界的战略

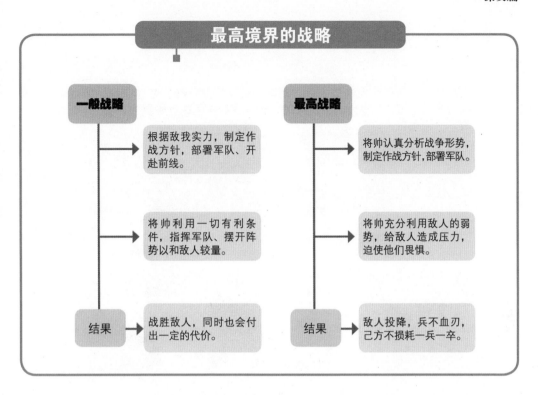

一般战略

→ 根据敌我实力，制定作战方针，部署军队、开赴前线。

→ 将帅利用一切有利条件，指挥军队、摆开阵势以和敌人较量。

结果 → 战胜敌人，同时也会付出一定的代价。

最高战略

→ 将帅认真分析战争形势，制定作战方针，部署军队。

→ 将帅充分利用敌人的弱势，给敌人造成压力，迫使他们畏惧。

结果 → 敌人投降，兵不血刃，己方不损耗一兵一卒。

经典战例：烛之武退秦师

秦穆公三十年（公元前630），晋国和秦国一起讨伐郑国。郑国的使者烛之武对秦穆公说："郑国灭亡了，其实对秦国一点好处也没有，一是帮助晋国扩大了地盘，增加了实力；二是秦国虽然对晋国有恩，但晋国却有恩不报，修筑城池，时时刻刻都把秦国当成敌人；三是晋国贪得无厌，郑国灭亡后必然会攻打秦国。"烛之武的一番话，使得秦国和郑国反敌为友，缔结盟约，而晋国也只好罢兵。

预知胜利的五大法宝

看清形势

制定战略

提高士气

积极备战

指挥得当

经典战例：王霸用兵

  汉光武帝刘秀（公元前6—57），字文叔，汉景帝后裔，东汉王朝的建立者。刘秀执政时期，以节俭为原则，发展生产、兴建太学、提倡儒术，使得国力强盛。刘秀在位三十三年，谥号光武，即光绍前业之意，庙号世祖。

　　东汉初年，刘秀的部将马武被敌军苏茂、周建打败，向王霸求救。而王霸说："敌军人多势众，出兵必然失败。"所以坚持不发兵。众人不理解王霸的这种做法，王霸对众将士说："敌人众多，如果不坚守就不能避其锋芒。我之所以表现出不救的样子，就是为了使敌人松懈，敌人必然会贸然进攻。而马武没等到援兵，一定会越战越勇。等敌人疏忽的时候，我再进攻，那么必定会大败敌人。"苏茂、周建见王霸按兵不动，果然出兵攻打马武。而王霸等到敌军疲惫时，忽然发兵，苏茂和周建腹背受敌，最后败走。

经典案例：项羽的弱点

　　楚汉战争时期，刘邦一直想消灭实力强大的项羽，但一直苦于没有很好的计策。韩信对刘邦分析了他可以打败项羽的几大原因："项羽这个人，有很多缺点。一是有勇无谋，二是背信弃义，三是目光短浅，四是赏罚不分，五是不得人心，残暴刚愎。而我军纪律严明，深得民心，所以一定可以打败他。"刘邦采纳韩信的建议，逐渐反败为胜，最后击败了项羽。

第二次世界大战时，日本军队的胜败关键

　　第二次世界大战时，有两次著名的战役，偷袭珍珠港和中途岛海战。日本人一胜一败，这其中到底有什么奥妙呢？

偷袭珍珠港成功的原因	中途岛海战失败的原因
日军得到可靠情报，了解美军的一举一动。	日军想在太平洋战争中取得决定性胜利，于是制定战略计划。
根据敌我情况，制定了偷袭计划。	日军情报被美军破译，日军的所有行动美军都了如指掌。
1941 年 12 月 7 日，日军发动突袭，重创美国太平洋舰队，偷袭成功。	1942 年 6 月 4 日，美军发动攻击，一举击沉"赤城""加贺""飞龙""苍龙"四艘日本航空母舰，取得了中途岛海战的决定性胜利。

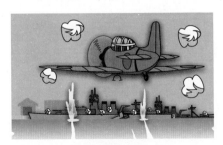

偷袭珍珠港

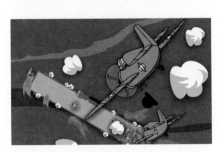

中途岛海战

商业案例

◎ "戴尔"的不战而屈人之兵策略 ◎

"戴尔"是 PC（个人计算机）业的一个传奇，它成立于 1984 年，然而仅仅用了 17 年时间，就成功超越了"康柏"，成为全球 PC 业的头号供应商。而戴尔的成功，正是与它采用"不战而屈人之兵"的谋略有着很大关系。

戴尔刚刚成立的时候，PC 业的发展前景并没有想象中那么乐观，它正面临着一个难题：PC 市场的每一次变化，都会导致原有库存的大幅贬值，如果一个企业库存过多，必然会造成巨额损失，甚至还会断送企业的前途。对于戴尔来说，企业刚刚成立，产品还没有经过市场检验，产量保持在多少，才不至于积压过多库存呢？这实在难以预料。

为此，戴尔制定了一种新型的运营模式，即摒弃库存，将产业中传统上以供给来决定需求的模式，转变为以顾客订单的时间、数量来决定供给的模式。

通过运转这一模式，戴尔可以随时获得准确而即时的需求信息，从而大大提升了生产效率。而当市场出现变化的时候，戴尔也能比竞争对手更快地把握市场变化趋势，将新技术、新产品迅速推入一个利润空间更大、竞争压力更小的市场。这时，其他竞争对手也接受了戴尔的运作方式，自愿与戴尔保持同步，成为戴尔运营体系中的一个环节，从而形成一个强势的战略联盟，而戴尔无疑成为这一联盟的主宰。

战略联盟形成后，对于每一次的产品升级和市场变化，戴尔都能以 PC 业中最快的存货流通速率创造时间差，形成先发优势，使自己在一定时间内处于无竞争状态，实现了"不战而屈人之兵"的目的，在这种情况下，戴尔的胜出也就不足为奇了。

◎ 麦当劳旋风 ◎

所谓"以全争胜于天下"，运用在商场上，就是传达了运用谋略的重要性，麦当劳的营销方式正是其中的典范。

麦当劳是大型的连锁快餐集团，在全世界六大洲百余个国家均设有分店，主要出售汉堡包、炸鸡、薯条、沙拉、水果、汽水、冰品等。对于很多人来说，提到快餐店，第一反应就是麦当劳和肯德基，其品牌之深入人心可见一斑。

1940 年，麦当劳兄弟——迪克·麦当劳和马克·麦当劳在加州洛杉矶附近成立了第一家餐厅，然后迅速壮大，席卷全球。

如今，麦当劳在全世界的连锁店达三万多家，营业额更达上百亿美元。代表麦当劳的标志性金色拱门，早已成为各大城市街头的醒目标识。平均下来，每17个小时就有一家新的麦当劳连锁店在美国及世界各地开张。

各连锁店内干净卫生、明亮整洁，加上优雅的旋律，更能让人放松心情，在享用美食的同时，或者让身心尽情休憩，或者与朋友欢快谈笑，或者安静地看书上网。

总之，进入麦当劳，让人感觉是一种享受。正因如此，麦当劳每天都能吸引大批顾客上门，其中又以小朋友与年轻人居多。不过，麦当劳并不因目前的业绩感到满足，它们还在不断开发各种新口味的食物和饮品，希望以更优质的服务来留住客人，并争取更广大的市场。它的经营方式也逐渐推广开去，为其他各类快餐店所效仿。

【点评】

在《谋攻篇》当中，孙子提出了"上兵伐谋，其次伐交，其次伐兵，其下攻城"的战略思想，在整部《孙子兵法》中，到处都渗透着孙子对于"全胜"的追求。将战争的成本降至最低，而将战争的收益扩至最大，这可以作为"全胜"的另外一种诠释。实际上，无论是"伐谋""伐交""伐兵"，还是"攻城"，都是"谋攻"的具体表现形式，是谋略的作品。战之万变，皆在谋中，而善用谋者，总能以最小的损失换得最大的胜利，最终达到"以全争于天下"的目的。

在军事领域中，"伐谋"关系着将士的生死、国家的存亡；在经济领域中，"伐谋"关系着企业的兴衰；在个人事业中，"伐谋"关系着事业的成败乃至人生价值的高低。要想建立事业、实现个人价值，务必要善于伐谋、精于伐谋，只有如此方能达到"不战而屈人之兵"的效果。

在《谋攻篇》的最后，孙子提出了一条战争中最为真实朴素的规律，即"知彼知己，百战不殆"。所谓"知彼知己"，就是把敌我双方的各方面条件加以估计比较，以探求战争胜败的形势。具体的分析方法便是《计篇》当中的"五事"和"七计"，这实际上是战争前不可逾越的一步，战争双方哪一方能够更加深入地去"知己"和"知彼"，哪一方的胜算也就更大。

而现在，这一原则早已超越了军事范畴，成为指导人们进行实践活动的基本规律。

用于商业，它要求全面了解对消费者的定位是否准确，自己的产品是否适应市场需求，主要竞争对手的情况等；用于求职，它要求全面了解自己的长处和短处、招聘单位的性质，以及面试时考官的真实意图等；用于交际，它指导我们更全面地认识彼此，以免错失良友或遇人不淑；等等。我们甚至可以说，生活中时时处处都需要牢记"知彼知己，百战不殆"这条真理。

知彼固然不易，真正知己却更难，知己知彼自然难上加难，需要的是智慧、决心和勇气，还有最重要的实践。

《孙子兵法》的灵魂——战略思想

何谓战略

兵贵胜，不贵久……

将军对作战有什么看法？

孙武

阖闾

战略，是指在形势混沌复杂、扑朔迷离的情况下，选择一种成本最小、效益最大，同时具有可操作性的最佳应对方略。《孙子兵法》被认为是中国最早对战略进行全局筹划的著作。

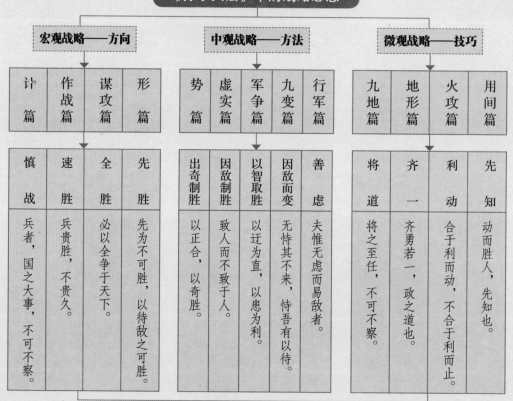

《孙子兵法》中的战略思想

宏观战略——方向

计篇	作战篇	谋攻篇	形篇
慎战	速胜	全胜	先胜
兵者，国之大事，不可不察。	兵贵胜，不贵久。	必以全争于天下。	先为不可胜，以待敌之可胜。

中观战略——方法

势篇	虚实篇	军争篇	九变篇	行军篇
出奇制胜	因敌制胜	以智取胜	因敌而变	善虑
以正合，以奇胜。	致人而不致于人。	以迂为直，以患为利。	无恃其不来，恃吾有以待。	夫惟无虑而易敌者。

微观战略——技巧

九地篇	地形篇	火攻篇	用间篇
将道	齐一	利动	先知
将之至任，不可不察。	齐勇若一，政之道也。	合于利而动，不合于利而止。	动而胜人，先知也。

可以归结为两个字

算：战略规划、分析、预测、运筹。

诈：就是靠斗谋成功。

准备战争

实施战争

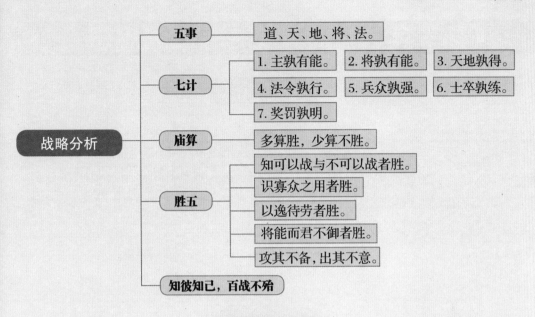

五事 —— 道、天、地、将、法。

七计
1. 主孰有能。　2. 将孰有能。　3. 天地孰得。
4. 法令孰行。　5. 兵众孰强。　6. 士卒孰练。
7. 奖罚孰明。

战略分析

庙算 —— 多算胜，少算不胜。

胜五
知可以战与不可以战者胜。
识寡众之用者胜。
以逸待劳者胜。
将能而君不御者胜。
攻其不备，出其不意。

知彼知己，百战不殆

战略选择

上策

伐谋。用谋略把敌人制服，兵不血刃。张仪说服诸侯连横亲秦，用嘴皮子（谋略）就把敌人制服了。

中策

伐交。次好的策略是用外交封锁、孤立敌人，迫使敌人屈服。苏秦合纵六国以抗秦，即是伐交的战略思想。

中下策

伐兵。如果以上两个策略不行，那就得直接出兵击败敌人。张仪说魏失败，秦国出兵攻打魏国，占领了魏国不少土地，魏国被迫亲秦。

下策

攻城。最下的策略是攻打敌人的城池，这是迫不得已的办法。公元前298年，齐约韩、魏合纵攻秦，赵、宋与秦联合，但赵、宋没有帮助秦国，齐、韩、魏经3年奋战才攻入秦函谷关，但三国也损失惨重，所谓"杀敌一千，自损八百"。

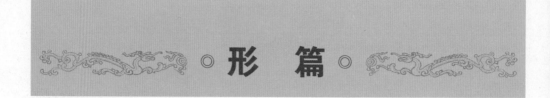

◎ 形 篇 ◎

【导读】

本篇主要论述攻守时的形势，提出"先为不可胜，以待敌之可胜"，即首先要确保自己立于不败之地，然后寻求敌人的可乘之隙，以压倒性的优势击败敌人，从而达到"自保而全胜"的目的。

【原文】

孙子曰：昔之善战者，先为不可胜[1]，以待敌之可胜[2]。不可胜在己，可胜在敌。故善战者，能为不可胜，不能使敌之可胜。故曰：胜可知而不可为[3]。

不可胜者，守也；可胜者，攻也。守则不足，攻则有余[4]。善守者，藏于九地之下；善攻者，动于九天之上[5]，故能自保而全胜也。

见胜不过众人之所知[6]，非善之善者也；战胜而天下曰善，非善之善者也。故举秋毫不为多力[7]，见日月不为明目，闻雷霆不为聪耳[8]。古之所谓善战者，胜于易胜者也。故善战者之胜也，无智名，无勇功。故其战胜不忒[9]，不忒者，其所措必胜[10]，胜已败者也。故善战者，立于不败之地，而不失敌之败也。是故胜兵先胜而后求战，败兵先战而后求胜[11]。善用兵者，修道而保法，故能为胜败之政[12]。

兵法：一曰度[13]，二曰量[14]，三曰数[15]，四曰称[16]，五曰胜。地生度，度生量，量生数，数生称，称生胜。故胜兵若以镒称铢[17]，败兵若以铢称镒。胜者之战民也，若决积水于千仞之谿者，形也。

【注释】

①先为不可胜：先创造条件，使敌人不能战胜自己。为，造就、创造。不可胜，指我方不致被敌人打败。②待：等待、寻找、捕捉。③胜可知而不可为：指胜利是可以预知的，但敌人是否会出现破绽从而被己方击败，则不是己方所能决定的。④守则不足，攻则有余：采取防守的办法，是因为自身的力量处于劣势；采取进攻的办法，是因为自身的力量处于优势。⑤九地、九天：九地极言深不可测，九天极言高不可测。⑥见：预见。不过：不超过。知：认识。⑦秋毫：用来比喻极轻微的事物。⑧闻雷霆不为聪耳：能够听到雷霆声算不上耳朵灵敏。聪，指听觉灵敏。⑨不忒 (tè)：意思是无疑误，确有把握。忒，失误，差错。⑩措：筹措、措置。⑪求胜：希求胜利，这里含有希望侥幸取胜的意思。⑫政：主其事叫作"政"，这里引申指决定、主宰。⑬度：度量土地幅员。⑭量：容量，这里指战场容量。⑮数：数

量，指计算兵员的多寡。⑯ 称：
权衡，这里指双方力量的对比。
⑰ 镒（yì）、铢（zhū）：都是古
代的重量单位。一镒为二十四
两，一两为二十四铢。这里用
来比喻两军实力的悬殊。

【译文】

　　孙子说：从前善于用
兵的人，先创造条件使自
己不被敌人战胜，然后等
待可以战胜敌人的时机。
不被敌人战胜的主动权掌
握在自己手里，能否战胜

先为不可胜，以待敌之可胜。

敌人则取决于敌人是否留下可乘之隙。所以，擅长作战的人，能（创造条件）使自
己不被战胜，而不能保证敌人一定为己方所战胜。所以说，胜利可以预见而不可强求。

不可胜者，守也。

不能战胜敌人的时候，就要加强防守；能战胜敌人的时候，就应该发起进攻。防守是因为取胜条件不足，进攻是因为取胜条件有余。善于防守的人，就像深藏于地下（而使敌人无从下手）；善于进攻的人，就像从九天之上发动攻击（而使敌人无从逃避）。如此，就能自我保全，从而大获全胜。

对胜利的预见不超过一般人的见识，不算高明中的高明；因为战胜而被天下人说好，不算高明中的高明。这就像能举起秋毫的不算力大，能看见日月的不算眼明，能听到雷霆之声的不算耳聪一样。古时候所说的善战之人，都是战胜那些容易战胜的敌人。所以那些善战之人即使胜利了，也不会留下智慧的名声，不会表现为勇武的战功。他们取得胜利是毫无疑问的。之所以毫无疑问，是因为他们所采取的作战方略和部署是合理的，战胜的是已经处于失败地位的敌人。所以善战之人，总是确保自己立于不败之地，而又不放过任何击败敌人的机会。因此，胜利的军队总是先从各方面寻求战胜敌人的条件，然后与之交战；失败的军队总是先与敌人交战，然后才希求侥幸获胜。善于用兵的人，能够从各方面修治"先胜"之道，确保"自保而全胜"

故其战胜不忒，不忒者，其所措必胜。

善守者藏于九地之下。

地生度，度生量。

70

的法度，因而能掌握战争胜负的决定权。

兵法上用五条法则来估计胜利的可能性：一是"度"，二是"量"，三是"数"，四是"称"，五是"胜"。根据战场地形的实际情况，做出利用地形的判断；根据对战场地形的判断，计算出战场容量的大小；根据战场容量的大小，计算出双方兵力的多寡；根据双方兵力的多寡，判断出双方军事实力的强弱；根据双方军事实力的强弱，判断出作战的胜负。所以，胜利的军队（对失败的军队），就好像以镒称铢（那样居于绝对优势的地位）；失败的军队（对胜利的军队），就好像以铢称镒（那样居于绝对劣势的地位）。胜利者在指挥军队作战时，就像决开了千仞之上的溪水（那样势不可挡），这就是所谓的"形"。

● 先为不可胜

善于用兵的人，先创造条件使自己不会被敌人战胜，然后等待可以战胜敌人的时机。

如何做到不可战胜

使自己立于不败之地

加强自身防务建设，形成牢固的防守形势。

战术上完善准备，使军队进可攻、退可守。

审时度势，对敌我双方实力进行综合对比。

整顿军纪，鼓舞士气，并对制度进行修整，使敌军没有可乘之机。

● 自保而全胜

确立优势地位，创造有利条件，先确保军队立于不败之地，再寻求敌人的可乘之机。

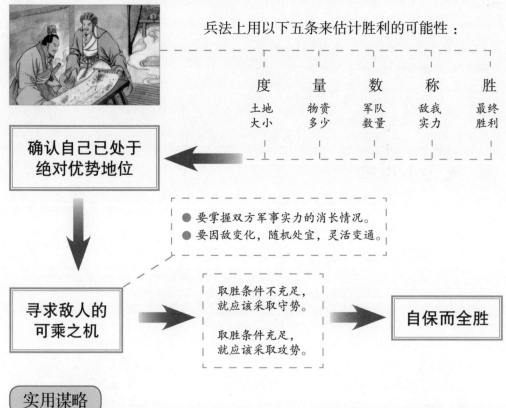

兵法上用以下五条来估计胜利的可能性：

度	量	数	称	胜
土地 大小	物资 多少	军队 数量	敌我 实力	最终 胜利

确认自己已处于绝对优势地位

● 要掌握双方军事实力的消长情况。
● 要因敌变化，随机处宜，灵活变通。

寻求敌人的可乘之机

取胜条件不充足，就应该采取守势。

取胜条件充足，就应该采取攻势。

自保而全胜

实用谋略

◎隋文帝先备后战灭陈国◎

孙子在论述攻和守时，强调首先要确保自己立于不败之地，然后寻求敌人的可乘之隙，最终在条件成熟的情况下，一鼓作气消灭敌人。隋文帝灭陈的事迹，便很好地体现了孙子的这一思想。

南北朝后期，当时的北周丞相杨坚受禅让而继帝位，建立隋朝，是为隋文帝。当时，南方陈

隋文帝与大臣商议灭陈大计。

隋军横渡长江天堑。

朝与隋隔江对峙，而北部尚有游牧民族突厥不时南侵。尽管新建的王朝力量单薄，但隋文帝胸怀大志，决心先灭突厥，后灭陈国，一统天下。

为了增强国力，隋文帝在政治、经济等方面进行了一系列改革，他精简政府机构，鼓励农耕，提倡习武，在他的精心治理下，隋朝政权巩固，社会安定，人口增长迅速。

开皇三年（583），隋军北上攻打突厥，为了稳住陈朝，以免其趁机进攻，导致自己腹背受敌，隋文帝对陈朝采取了十分"友好"的策略：每次抓获陈国间谍，不但不杀，反而以礼相待并送还；如果有人前来投靠，只要是陈国人，必定加以拒绝。

在击溃了突厥之后，隋文帝开始着手灭陈大计。但中间隔着长江天险，如果贸然进攻，很难一举成功。"不可胜者，守也"，隋文帝不急不躁，在耐心等待时机的同时，不断为自己创造获胜的条件。

每到收获季节，隋文帝就调集大军，集结于长江沿岸，并大肆制造过江攻陈的舆论。陈朝只能每次都紧急征调人马，结果不得不放弃田里的农活，延误了农时，影响了收成。江南的粮仓多是用竹木搭建而成，隋文帝就派间谍偷偷潜入陈国纵火，陈国的粮仓多次被焚毁。这样过了几年，直接造成陈朝国库空虚，军队疲惫，国力日渐衰弱。

"守则不足，攻则有余。"面对上述有利形势，隋文帝判断灭陈的时机已经成熟，"可胜者，攻也"，于是果断任命杨素为水军总管，日夜操练水军。隋军屯兵大江前沿，每次换防时都故意虚张声势。陈军惊惧不已，以为隋军要渡江进攻，急忙调大军来防。时间久了，陈军疲于应付，劳累不堪，然而始终不见隋军进攻，渐渐地就放松了警惕。渡江前夕，隋军这边又派出大批间谍潜入陈国进行骚扰、破坏，搅得陈国军民不得安宁，士气自然也变得低落。

开皇九年（589）大年初一，陈国正沉浸在节日的喜庆氛围之中，正是警惕性最低的时候，隋军却在大将贺若弼的率领下，于午夜时分悄然渡江，顺利登上京口城楼。另一大将韩擒虎也率领数百勇士摸黑渡江，占领了采石矶。隋军宛如从天而降的神兵，正是"善攻者，动于九天之上"。

而后，两军从东西两面沿长江向陈朝都城建康进军。南朝军队在战斗力上向来不及北方军队，加上疏于防备，一个个惊慌失措，不战而逃。隋军一路攻无不克，二十天后占领建康。至此，隋朝终于结束了西晋末年以来三百多年的分裂局面，统一了中国。

◎李牧养精蓄锐胜匈奴◎

李牧固守不出应对匈奴的侵扰。

善于用兵的人，先创造条件不被敌人战胜，然后等待战胜敌人的时机。李牧养精蓄锐胜匈奴的故事，就充分说明了这一点。

战国时，北方少数民族匈奴的力量已经非常强大，屡次派骑兵南下侵扰赵国边境，掠夺财物。赵国不堪其扰。匈奴骑兵兵强马壮，动作迅猛，赵军只能疲于奔命，却无计可施。为抵御匈奴，赵孝成王任命李牧为边将，率兵驻扎在雁门关一带。

李牧上任后，却并不急于与匈奴交战，而是按照自己的方式来设立官吏。

他把收上来的赋税全部入库，作为军费开支，每天宰杀牛羊，犒劳士兵；平日则加紧督促士兵操练骑射，精习武艺。他还命令士兵提高警惕，加强边境巡逻，完善烽火等报警设施，并派出许多间谍刺探匈奴人的动向。李牧不准士兵出去和匈奴人交战，命令全军："若匈奴来此侵扰，立即收拾财产，驱赶牛羊入城，严防死守。胆敢出战迎敌者，斩！"

匈奴每次来犯，军民便马上退入城中，不与匈奴交战，这样的情况一直维持了好几年，国家没有受到任何损失。可是匈奴人却认为是李牧畏惧与自己交战，即使是守卫边境的赵国士兵也认为自己的将领怯懦。

赵王将这些情况告诉了李牧，暗示他改变方略。李牧却不作改变，处理匈奴侵扰的态度依然如故。赵王见此，十分恼怒，于是将李牧召回，撤了他的职，改派他人指挥边防军民。此后一年多的时间里，匈奴每来侵扰，新上任的将领就出城迎击，却多次战败，死伤了不少人马，财物损失也极其严重，靠近边境的地方甚至不能正常地耕田放牧。

不得已之下，赵王又想起了李牧，打算派他重新镇守边疆。李牧则坚持称病不出，赵王没办法，只好强请李牧出山，李牧趁机对赵王说："大王要是真想用

李牧养精蓄锐胜匈奴。

李牧率军追击匈奴残兵。

我，我还是坚持原来的策略不变，只有你允许了，我才敢领命。"赵王同意了李牧的请求。

李牧复职之后，重申了以前与将士们的约定，还是采取敌人侵扰便退守的策略。匈奴来了不能和赵军交战，连续几年都没有重大战果，又掠夺不到任何东西，却始终认为李牧胆怯。李牧又经常奖赏将士，赏赐多了，将士们无功受禄，心中不安，宁愿不要赏赐犒劳，只想和匈奴痛痛快快地打上一仗。

眼见赵军上下士气高涨，李牧认为与匈奴大战一场的时机成熟，于是调集精锐部队准备作战。他精选了战车1300辆，战马1.3万匹，全身披甲、手持利刃的武士五万人，弓箭手十万人，每天率军操练，准备迎接即将到来的大战。

大战之前，李牧下令大开城门，将牛羊都驱赶到田野里。一时之间，牲畜、边民布满山野。匈奴人闻讯后，立即前来抢掠。李牧先是佯装不敌，节节败退，并且故意丢下数千人。匈奴单于见赵军不过如此，于是率领大军进入边境抢掠。

而李牧早已暗中布下奇阵，静候匈奴主力的到来。他命中军诱敌，以战车和弓弩手从正面迎击，实行防御作战，同时以骑兵和精锐步卒为预备队。匈奴骑兵受战车限制，早先来去如风的机动优势难以发挥，又受到弓弩手的射杀，损失惨重。李牧乘机指挥预备队从两翼夹击包抄匈奴大军，经过激烈交战，匈奴大部被歼，李牧斩杀十万余骑。李牧乘胜北进，迫使邻近的东胡、林胡等边疆少数民族政权臣服于赵国。此后的十余年时间里，匈奴不敢再犯赵国边境。

从李牧对付匈奴的策略中，我们不难看出，李牧命令军队坚守要塞，只求护民保物而不求与敌交战，在养精蓄锐数年之后才与匈奴人对决，这正与孙子的"先为不可胜，以待敌之可胜"的战略思想相合。

经典案例：守住自己的秘密

具有一百多年历史的法国米其林轮胎公司，被誉为欧洲最神秘的企业，因为米其林公司非常重视新技术的保密，他们下足了功夫，经常让同行业的企业摸不着头绪。1964 年，法国总统戴高乐准备参观米其林轮胎公司，但却遭到了拒绝。这种"藏于九地之下"的战略，正是米其林公司长盛不衰的秘诀。

动于九天之上：曹刿论战

曹刿

春秋时期，齐国派兵攻打鲁国，鲁庄公带兵在长勺和齐军作战。鲁庄公一上阵就要击鼓进军，曹刿说："不行！"齐军擂过三通战鼓后，曹刿说："可以进军了。"结果鲁军大败齐军。

打了胜仗以后，鲁庄公询问取胜的原因。曹刿答道："打仗靠的是勇气。第一次击鼓能振作士兵们的勇气；第二次击鼓时勇气减弱；到第三次的时候，敌军的勇气已经消失了。而此时，我方的士气正旺，所以才发动进攻。"

曹刿的进攻哲学

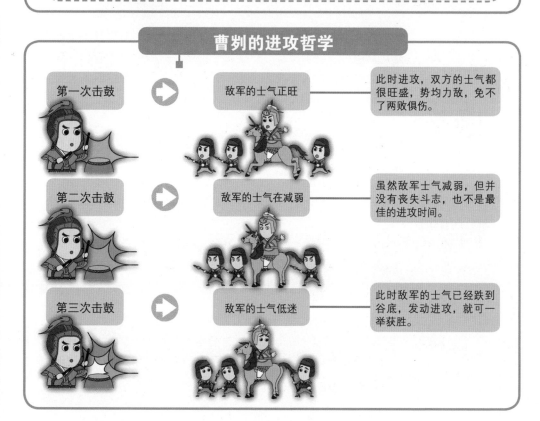

第一次击鼓	→	敌军的士气正旺	此时进攻，双方的士气都很旺盛，势均力敌，免不了两败俱伤。
第二次击鼓	→	敌军的士气在减弱	虽然敌军士气减弱，但并没有丧失斗志，也不是最佳的进攻时间。
第三次击鼓	→	敌军的士气低迷	此时敌军的士气已经跌到谷底，发动进攻，就可一举获胜。

饭店的"修道保法"

曼谷东方饭店以其一流的服务品质享誉世界。该饭店经营者提出了这样几条服务原则：1、顾客永远是对的，绝不允许任何一个工作人员与顾客起争执；2、满足顾客的一切正当要求，热情周到地为顾客排忧解难；3、要使顾客感到亲切、新鲜，顾客一到楼层，服务员立即上前打招呼。同时，饭店的管理十分严格，要求一切必须按照规章制度行事。该饭店编了一本《工作细则》，发给员工人手一册。细则内对于员工的言行举止和各个岗位的职责都做了明确规定，并载明各种不同情况的奖惩办法。对于有意顶撞顾客，对顾客表现出冷淡、粗鲁、傲慢、无理或败坏饭店名誉等21条严重错误，只要触犯其中一条，就会被开除。

吴起的治国之道

 吴起

吴起是战国初期著名的政治改革家，卓越的军事家。公元前383年，吴起离开魏国，到了楚国，被楚悼王重用，开始变法。

均爵平禄

楚国爵禄是世袭的，即先辈如有功可以受爵禄，后代子孙虽然无功，也可以继承爵禄。一些将士虽然在战争中立了大功，但却没有爵禄，这大大减弱了他们的积极性。吴起建议取消世袭的爵禄，用来奖励经过挑选的有功将士。

明法审令

精简国家机构，罢免无能的官吏，裁减无用的政府人员，然后颁布法令，建立了有效的监督机构，监督官员的行为，严禁结党营私和徇私舞弊。

耕战有功

吴起建立了一套有力的措施，用来奖励在战场上有功的将士，同时也奖励种田的农民，让人民安心从事农业生产，保证社会生产的发展和军需品的供应。

最终效果

吴起带兵在南边平定了百越；北面兼并了陈国和蔡国，并击退了韩、赵、魏的扩张；向西征伐了秦国。楚国实力空前强大。

"铢" "镒" 的辩证

数量上占优，并不代表一定取胜。创造压倒性的优势，必须要依靠策略、士气、地势等多方面的因素。有时候就算兵多，也未必获胜。

人数上处于劣势，并非就一定会失败。只要制定良好的策略，并在战场上把握好时机，一样可以击败数量强大的敌人。

在官渡之战中，曹操仅凭二万人马，战胜了袁绍的十余万大军。

在淝水之战中，东晋以八万人马，击溃前秦九十万大军。

"决积水于千仞之溪者"，就是要扬长避短，以我方的优势去打击敌方的弱势，这样才可以创造压倒性的胜利。

◎王翦灭楚◎

　　战国后期，秦国大将王翦用坚守之策，一方面韬光养晦，厉兵秣马；另一方面示敌以弱，让其麻痹大意，掉以轻心，最后一举灭掉了楚国这个强大的对手。这一事例也充分体现了孙子"先为不可胜，以待敌之可胜"的战略思想。

　　公元前225年，秦王嬴政在统一六国之战中终于要面对自己的最大的对手——楚国。一开始，嬴政询问老将王翦灭楚需要多少人马。王翦回答说，至少需要六十万。而这时，青年将领李信却扬言只要二十万人马就足以拿下楚国。嬴政听后，认为王翦年纪大了，不复当年之勇，心中非常失望，于是决定起用看上去更勇敢的李信为将军，蒙武为副将，率二十万兵马进攻楚国。王翦默不作声地退下，然后告老还乡。

　　李信初战告捷，心中更是轻敌，而后纵深挺进，深入楚国腹地。楚王派项燕为大将，领兵二十万，水路并进。两军会战于西陵。秦军遭遇埋伏，腹背受敌，猝不及防之下，大败而逃。项燕则乘胜追击，杀秦军都尉七人、士卒无数，直至平舆，收复了全部的失地，李信伐楚最终以惨败告终。

　　消息传回国内后，嬴政一怒之下削除了李信的官职，然后亲自登门请以病告退

军中王翦习读兵书。

还乡隐居的王翦出山。王翦无法推托，只好答应出兵，但他仍坚持原来的说法，非六十万人马不足以战胜楚军。

秦王不解，王翦解释说："列国互相争斗，都是以强凌弱、以多侵少。每次交战，杀人动辄数万，围城动辄数年，有些国家更是全民服兵役，军队人数剧增。想那楚国是大国，地域广阔，人口众多，资源丰富，只要楚王一声令下，很快就能动员百万之众参战。我们要想征服楚国，六十万兵马恐怕还嫌少呢。"嬴政听罢，心服口服，马上拜王翦为大将，命其率六十万大军征讨楚国。

王翦率军来到楚国边境后，楚军闻讯立即发兵。两军在边境上对垒，战事一触即发。然而出人意料的是，

王翦灭楚。

王翦只命令军队驻扎于天中山下，连营十里，不许出战，只能坚壁固守。项燕每日派人到阵前挑战，王翦任凭对方如何挑衅，都高挂免战牌置之不理，军士一概不许应战。就这样日复一日，项燕也认为王翦年事已高，胆怯无用，惧怕楚军，于是他渐渐重蹈李信骄傲轻敌的覆辙，这种情绪在整个军营中逐渐弥漫开来。

与对外表现出的安静截然相反，秦军军营内部完全是另外一番景象：王翦命人每天改善士兵饮食，而且将军与士兵同吃同住，上下同心，亲如一人。王翦一面禁止部下出战，一面却教导士卒进行投石和跳跃的训练。楚军听到这一消息后，对秦军更加蔑视，认为他们不思进取、玩物丧志，实际上，王翦正是用这种巧妙的方式来帮助士兵增强体质，提高战斗技能，同时麻痹了楚军。此外，王翦还命令秦军不许越过楚国边界去砍柴，抓获楚国边境百姓要用酒肉热情款待，然后释放回家。没过多久，秦军怯战和"友好"的讯息，在楚国边境一传十，十传百，楚国百姓的心情从一开始的对抗与恐惧，逐渐转为亲近与安定。

如此相持了一年多，项燕求一战而不可得，于是戒备松懈，士兵慵懒，疏于防备和操练，对战争毫无警觉。而秦军休整操练一年有余，精力旺盛，士气高昂。王

翦见此，认为伐楚的时机已经到来，此时出击必胜无疑。

于是，在某一天，王翦突然下令向楚军发起全面进攻。他选出两万精兵作为先锋，又分兵数路同时向楚军发起猛攻，并命令部队打败敌人后各自为战，向楚国纵深进攻。有备而来的秦军势如破竹，所向披靡。楚军毫无防备，仓皇应战，一触即溃，士兵纷纷逃散，曾经强大的楚军如今竟不堪一击。王翦乘胜追击，在短短几个月内就先后攻占了淮北、淮南、江南等地，一举攻破楚都寿县（今安徽曹县西南），最后俘虏了楚王负刍，大将项燕被迫自杀。

当时有句俗语言道："横则秦帝，纵则楚王。"可见楚国实力与秦国不相上下，然而从公元前225年到公元前223年，秦国仅用了三年时间，就灭掉了楚国。撇开政治经济等一系列更为深刻的历史背景不谈，单是灭楚之战的经过就颇值得后人深思。

商业案例

◎《华府邮报》的成功◎

先保证自己不被打败，再争取打败对手，这一思想不仅适用于军事领域，也适用于商业领域。《华府邮报》的成功，就很好地证明了这一点。

《华府邮报》是一份中文报纸，主要发行区域为美国首都华盛顿及其邻近地区，于1983年3月创刊。《华府邮报》之所以发展迅速，主要有以下几个原因：

一、以华盛顿地区华人为主要消费群体，经常以华人或地区的社团活动为新闻主题，而将美国或其他国际新闻放在次要地位。

二、重视读者的生活需求，如开辟儿童版，登载医疗、税务、移民、房地产，还有电影电视、武侠小说、婚丧喜庆等各种贴近生活的新闻，读者觉得有亲切感，自然购买更加踊跃。

三、用低价招揽广告，然后将各类广告归并起来，并协助广告商进行美工设计。拥有这些优厚的条件，报纸在创办之初广告就蜂拥而至，有时广告太多，不得不临时增加一个版面。发展到后来，出现了这样一种情况：哪家商号不在《华府邮报》上刊登广告，就好像它不是当地的华人商店，尤其以诊所、饭店、杂货店等最为明显。

四、报纸以周报的方式发行，发行量在5000份到10000份之间，而且报纸就摆在超市里免费赠送，也接受订阅，一年只收10美元的邮费。

五、尽量降低成本。全天工作人员只有五六人，公司的股东会帮忙送报纸，主要是去超市或送小孩上中文学校时顺便代劳。拉广告等事宜则由几位兼职业务员负责，虽然没有薪酬，但可以从广告中抽成。

美国的华人很多，有这样庞大的消费群体，华文报纸数量自然不少，竞争激烈，此起彼落。而《华府邮报》之所以能在竞争中保持稳固的态势，主要是靠"先为不可胜"来巩固自己，尤其懂得突破传统中文报的格局，将办报方针定位在满足读者需求上，如广告太多需要增加版面，但往往会出现剩余，这时候就干脆整版登载武侠小说。这样的报纸或许"格调"不够高，却牢牢抓住了读者心理，很多人看完后都大呼过瘾，欲罢不能。

办报作为一项文化服务事业，首先必须具备为文化服务的热忱，抱着这种信念才能有所发展。当然，有了利润，报纸才能长久维持下去，而广告是报社最大的财源，但有一点必须弄清楚，只有报纸能够吸引到足够多的读者，厂商才会考虑在上面投放广告。归根结底，报纸本身的水准才是最关键的。如果一心只想着赚钱，就是本末倒置了。

◎国际商业贸易中的"胜于易胜者"◎

20 世纪 90 年代，我国正处于市场经济发展的初级阶段，与发达国家相比较，重工业产品如机床、工程机械等较为落后，只能出口到非洲等不发达地区，而很难进入欧美、日本等发达国家和地区的市场。

因为在不发达地区，我国的重工业产品在人力资源、价格上拥有很大优势，容易击败发达国家较贵的重工业产品。但我国出口到日本和西方国家的以自行车居多而汽车极少，因为我国的汽车在当地无论是价格还是质量，基本上毫无优势，自行车则价廉物美，深受消费者的欢迎。出口到俄罗斯的以轻工业产品为主，因为俄罗斯的工业本身发展极不平衡：重工业非常发达，轻工业则落后得多，我国的轻工业产品在价格、样式上与其他国家相比，可说是占有绝对优势。

中国的工业起步较晚，基础比较薄弱，与日本和西方国家的差距并非短时间内所能弥补，这种客观存在的先天不足决定了我国一开始无法与发达国家相比，在这种情况下，策略的选择就非常重要。正是靠着"胜于易胜者"这一销售方式，中国的经济逐渐发展起来了，为我国由制造大国逐渐转向制造强国创造了有利的条件。

【点评】

　　《形篇》实际上是孙子"全胜"思想的一种延伸。在这里，孙子指出，胜利者与失败者在战争之前所处的形势就已经不同了。在战争中能够取得胜利的一方，往往在军事实力、外部环境、战前筹划等各方面都比对手高出一截，所以在开战之前就已经处于胜利的地位。

　　诚然，在历史上，以少胜多、以弱胜强的例子屡见不鲜，但《孙子兵法》讨论的是战争中的普遍规律，即实力决定了战争的主动权。实力的强大就像"决积水于千仞之溪者"，一旦倾泻下来，便势不可当。

　　然而，对于战争的胜负是否就完全由实力决定，孙子的态度还是十分谨慎的，他没有打保票，只是告诉我们："不可胜在己，可胜在敌。"是不是能够打败敌人，这是由诸多因素决定的；但是，我们至少先要保证使自己立于不败之地。

　　战胜对手、获得荣誉当然令人神往，但其间的难度正如孙子所言："胜可知而不可为。"做一件事到底能不能成功，除了自身的因素外，还要取决于其他因素。比如你可以通过刻苦学习，巩固并提高知识水平，但是当你走进考场之后，同学的水平也是会变化的，而考试过程本身也会出现不确定因素，因此是否能取得理想的名次或者成绩是没有绝对把握的。

　　客观地讲，没有人能绝对立于不败之地，因为你会这样想，对手也会这样想，甚至比你做得更好。但我们不必悲观绝望，凡事先打好基础，充分利用一切条件，尽最大努力，这样，成功的概率就大多了；即便是失败了，也可以问心无愧。

孙子谈兵。

《孙子兵法》对竞争取胜之道的启示

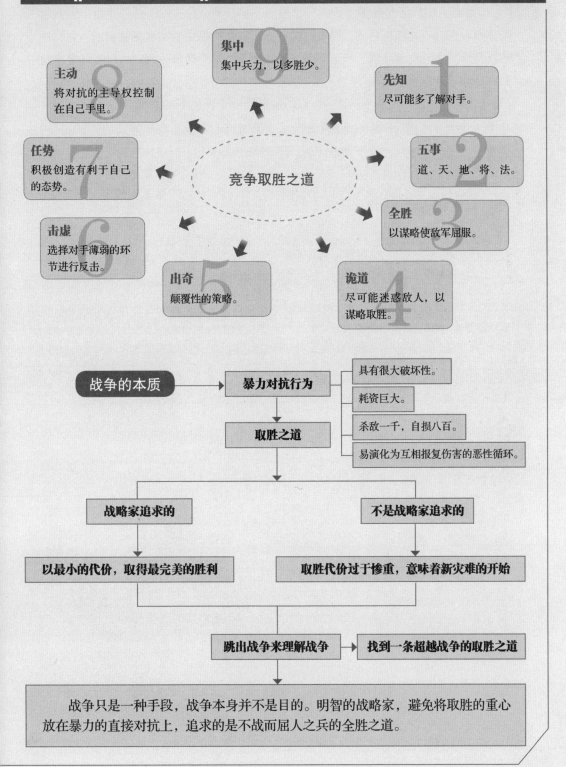

集中 9
集中兵力，以多胜少。

主动 8
将对抗的主导权控制在自己手里。

先知 1
尽可能多了解对手。

任势 7
积极创造有利于自己的态势。

竞争取胜之道

五事 2
道、天、地、将、法。

击虚 6
选择对手薄弱的环节进行反击。

全胜 3
以谋略使敌军屈服。

出奇 5
颠覆性的策略。

诡道 4
尽可能迷惑敌人，以谋略取胜。

战争的本质 → **暴力对抗行为**
- 具有很大破坏性。
- 耗资巨大。
- 杀敌一千，自损八百。
- 易演化为互相报复伤害的恶性循环。

取胜之道

战略家追求的

不是战略家追求的

以最小的代价，取得最完美的胜利

取胜代价过于惨重，意味着新灾难的开始

跳出战争来理解战争 → **找到一条超越战争的取胜之道**

战争只是一种手段，战争本身并不是目的。明智的战略家，避免将取胜的重心放在暴力的直接对抗上，追求的是不战而屈人之兵的全胜之道。

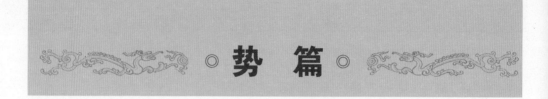

◎ 势 篇 ◎

【导读】

本篇主要论述在军事实力的基础上，如何发挥将帅的指挥才能："奇"与"正"相结合，使战术生生不息、变化无穷，还要善于选择人才，从而形成有利态势并善加利用，出奇制胜地打击敌人。

【原文】

孙子曰：凡治众如治寡①，分数是也②；斗众如斗寡③，形名是也④；三军之众，可使必受敌而无败者⑤，奇正是也⑥；兵之所加，如以碫投卵者⑦，虚实是也⑧。

凡战者，以正合⑨，以奇胜。故善出奇者，无穷如天地，不竭如江河。终而复始，日月是也。死而复生，四时是也。声不过五，五声之变⑩，不可胜听也。色不过五，五色之变⑪，不可胜观也。味不过五，五味之变⑫，不可胜尝也。战势不过奇正，奇正之变，不可胜穷也。奇正相生⑬，如循环之无端⑭，孰能穷之⑮？

【注释】

①治众如治寡：管理人数众多的部队就如管理人数很少的部队一样。治，治理、管理。②分数：把整体分为若干部分，这里指军队的组织编制。③斗众：指挥人数众多的军队作战。④形名：指古时军队使用的旌旗、金鼓等指挥工具，这里引申为指挥。古代战场上投入的兵力多，分布面积很广，加上通信不发达，临阵对敌时，将士们无从知道主帅的指挥意图和信息，所以主帅便用高举的旗帜来让将士明白何时前进或后退等，用金鼓来节制将士进行或结束战斗。形，指旌旗。名，指金鼓。⑤必受敌：一旦遭受敌人进攻。必，一旦。⑥奇正：指古代军队作战的变法和常法，

凡治众如治寡。

常法为"正"，变法为"奇"。含义甚广，简
单来说，就是指常规战术和灵活变换的战术。
⑦碫（duàn）：磨刀石，泛指石块。⑧虚实：
指强弱、劳逸、众寡、真伪等，这里是以强
击弱、以实击虚之意。⑨合：会合、交战。
⑩五声：我国古代将宫、商、角、徵、羽五
个基本音阶称为五声。⑪五色：我国古代以
青、赤、黄、白、黑五种颜色为正色。⑫五
味：指甜、酸、苦、辣、咸五种味道。⑬奇
正相生：奇正之间相互依存、转化。⑭循环
之无端：指奇正变化转换，循环不止，永无

三军之众，可使必受敌而无败者。

尽头。循，顺着。环，圆环。无端，无始无终。⑮穷：穷尽。之：代指奇正相生变化。

【译文】

　　孙子说：要想做到管理人数众多的军队像管理人数少的军队一样，靠的是好的
组织编制；要想做到指挥人数众多的军队作战如同指挥人数少的军队作战一样，靠
的是指挥号令的有力贯彻；要想使三军将士，即使受到敌人的攻击也不会溃败，要
靠"奇、正"运用得当；要想使军队进攻敌人如同以石击卵一般，靠的是"以实击虚"
的战略战术运用得当。

　　大凡作战，都是以正兵当敌，以奇兵取胜。所以，善于出奇制胜的人，其战法
变化就如天地那样无穷无尽，如江河那样永不枯竭。周而复始，就像日月此起彼落；
死而复生，就像四季交替更迭。声音不过是官、商、角、徵、羽，然而这五个音阶
的组合变化，却产生了听不胜听的音调；颜色的正色不过是青、赤、黄、白、黑，
然而这五种颜色的配合变化，却产生了看不胜看的色彩；味道不过是酸、甜、苦、辣、
咸，然而五种味道的调配变化，却产生了尝不胜尝的味道。战势，不过奇、正两种，
然而这奇与正的变化，却无穷无尽。奇、正的变化，就像顺着圆环行走，没有起点
和终点，谁能穷尽它呢？

⊙ **名家论《孙子兵法》**

　　"虚实"和"奇正"都属于"有所有余，有所不足"的运用之妙。但这两个
概念又有所不同。"虚实"主要是指整个战局的兵力部署，即如何通过分散集结
的运动变化以造成预定会战地点上的我优敌劣（"我专而敌分"，"我众敌寡"）；
而"奇正"则是指投入实际战斗的兵力配置，即按先出、后出，正面接敌与侧
翼突袭，主攻和助攻等而对兵力所做的分配。范围各不相同。

——李零

● 治众如治寡

只要编制合理，号令得当，治理再大的军队也如同治理一个小军队一样简单。

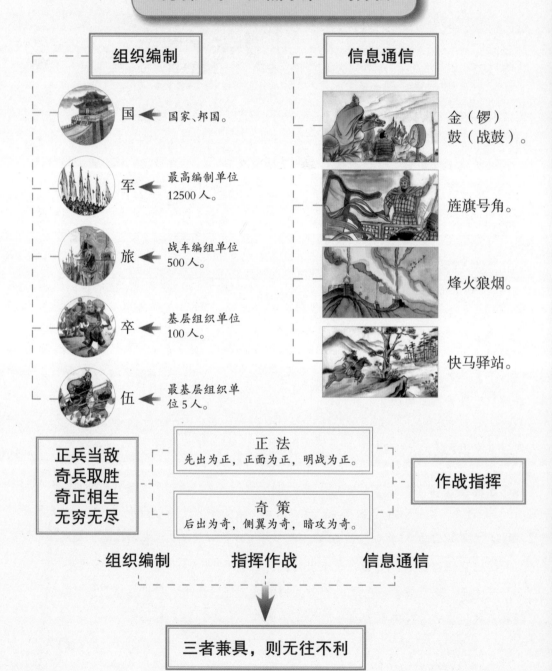

统领大军"如烹小菜"的方法

组织编制

国 ◄ 国家、邦国。

军 ◄ 最高编制单位 12500 人。

旅 ◄ 战车编组单位 500 人。

卒 ◄ 基层组织单位 100 人。

伍 ◄ 最基层组织单位 5 人。

信息通信

金（锣）鼓（战鼓）。

旌旗号角。

烽火狼烟。

快马驿站。

正兵当敌 奇兵取胜 奇正相生 无穷无尽

正 法
先出为正，正面为正，明战为正。

奇 策
后出为奇，侧翼为奇，暗攻为奇。

作战指挥

组织编制　　　指挥作战　　　信息通信

三者兼具，则无往不利

【原文】

激水之疾^①，至于漂石者，势也；鸷鸟之疾^②，至于毁折者，节也^③。是故善战者，其势险，其节短。势如彍弩^④，节如发机^⑤。

纷纷纭纭，斗乱而不可乱也^⑥；浑浑沌沌，形圆而不可败也^⑦。乱生于治，怯生于勇，弱生于强^⑧。治乱，数也^⑨；勇怯，势也；强弱，形也。故善动敌者，形之，敌必从之^⑩；予之，敌必取之。以利动之，以卒待之^⑪。

【注释】

①激水之疾：指湍急的水流以飞快的速度奔泻。疾，急速。②鸷（zhì）鸟：凶猛的鸟，如鹰、雕等。③节：节奏。④彍（guō）弩：指张满待发的弓弩。彍，把弓弩张满。⑤发机：触发弩机的机钮，将弩箭突然射出。机，弩机，古代兵器，"弩"的机件，类似于今天枪上的扳机。⑥斗乱：指在混乱的状态下作战。⑦形圆：指摆成圆阵，保持态势，部署周密，首尾连贯，与敌作战时应付自如。⑧乱生于治，怯生于

激水之疾，至于漂石者。

勇，弱生于强：关于这三句话有两种解释：一说，在一定条件下，"乱"可以由"治"产生，"怯"可以由"勇"产生，"弱"可以由"强"产生。一说，军队要装作"乱"，本身必须"治"；要装作"怯"，本身必须"勇"；要装作"弱"，本身必须"强"。这里取第一种解释。⑨治乱，数也：军队的治与乱，是由组织编制是否有序决定的。数，指军队的组织编制，即前面所说的"分数"。⑩形之，敌必从之：指用假象去迷惑敌人，敌人必定会判断失误而上当。形，即示形，将伪装的形态展示给敌人。⑪以利动之，以卒待之：指用小利引诱调动敌人，用伏兵等待敌并一举将其击破。

【译文】

湍急的流水以飞快的速度奔泻，以致能把石块漂移，这是由于它强大的水势；猛禽从空中突然疾速俯冲下来，以致能使目标毁折，这是由于它节奏的迅猛。因此，善于指挥作战的人，他所造成的态势是险峻的，他的行动节奏是短促的。这种态势，就像张满弓弩；这种节奏，就像扣发弩机。

旌旗纷乱，人马混杂，在混乱的情形下作战，要能使自己的军队整齐不乱；在

● 斗乱而不可乱也

即使再混乱的局面，都不能使己方变得混乱，要冷静沉着，以合适的谋略应对。

要擅于应对你的敌人

 治
有严整的组织。
→ 装作混乱示敌。
 乱

 勇
士卒勇猛有志。
→ 装作怯懦示敌。
 怯

 强
有强大的兵力。
→ 装作弱小示敌。
 弱

1. 整治或混乱，由编制的好坏决定。
2. 勇敢或怯懦，由战势的得失产生。
3. 强大或弱小，由兵力优劣而形成。

1. 用假象迷惑敌人，敌人一定会上当。
2. 用利益引诱敌人，敌人一定会被诱惑。

 用小利牵动敌人。
→ 用伏兵伺机掩击敌人。

擅于牵制敌人

战局模糊不清、势态混沌不明的情况下作战，要部署周密而能应付四面八方的情况，保持态势让自己立于不败之地。在一定条件下，严整可以转化为混乱，勇敢可以转化为怯懦，强大可以转化为弱小。军队的严整与混乱，是由组织编制是否有序决定的；勇敢与怯懦，是由军队所处的态势决定的；强大与弱小，是由实力决定的。所以，善于调动敌人的人，制造假象来迷惑敌人，敌人一定会被他调动；给敌人一些小利，敌人一定会前来夺取。用利益来引诱调动敌人，再埋伏士兵伺机打击它。

⊙ **名家论《孙子兵法》**

　　战法只有灵活多变，奇正相生，互为其根，做到出其不意、攻其无备，才能收到出奇制胜的功效。奇正的巧妙运用，又能创造出我实敌虚的有利态势。所以不仅虚与实、奇与正互为其根，而且奇正与虚实也是互相依存、互为条件。

　　　　　　　　　　　　　　　　　　——李零

【原文】

　　故善战者，求之于势，不责于人①，故能择人而任势②。任势者，其战人也③，如转木石。木石之性，安则静④，危则动⑤，方则止，圆则行。故善战人之势，如转圆石于千仞之山者，势也⑥。

【注释】

①不责于人：不苛求部属。责，苛求。②择人而任势：挑选适当的人才，充分利用形势。任，任用、利用。③战人：指挥将士作战。与《形篇》中"战民"的意义相同。④安：安稳，这里指地势平坦。⑤危：高峻、危险，这里指地势高峻陡峭。⑥势：指在"形"（军事实力）的基础上，发挥将帅的主观能动性，所造成的有利的军事态势和强大的冲击力量。

善战人之势，如转圆石于千仞之山。

【译文】

　　所以，善于指挥作

战的人，所寻求的是可以利用的"势"，而不会苛求部属，因而能选到合适的人去利用有利的形势。能够利用有利形势的人，他指挥将士作战，就像转动木头和石头那样。木头和石头的本性，放在平坦的地方就静止，放在高峻陡峭的地方就滚动；方形的木石容易静止不动，圆形的木石容易滚动。所以善于指挥作战的人所造成的有利态势，就如同把圆石从千仞的高山上推下来（那样不可阻挡），这就是所谓的"势"。

⊙名家论《孙子兵法》

我们要讲《孙子》的战术思想，首先要从中国古代战术学的名称"形势"说起。《孙子》书中有《形》《势》两篇，对"形""势"二字的含义有具体解释。

"形"，含有形象、形体等义，在《孙子》书中主要指战争中客观、有常、易见的诸因素。如《形》提到"胜可知而不可为"，这种"可知而不可为"之"胜"就是"形"。它主要是指实力的概念，即所谓"强弱，形也"（《势》）；而实力的概念又主要与军赋制度，即算地出卒之法有关。所以《形》要以"地生度，度生量，量生数，数生称，称生胜"作为全篇的总结。它是对应于战争认识过程的第一阶段，即定计过程。

"势"，含有态势之义，在《孙子》书中主要指人为、易变、潜在的诸因素。它与"形"相反，多指随机的、能动的东西，如利用优势，制造机变灵活（"势者，因利而制权也"）；利用环境，制造勇敢（"勇怯、势也"）。它是对应于战争认识过程的第二阶段，即计的实行过程。

"形"和"势"这两个概念在《孙子》书中有一定区别，但又可相互转化，有时显得含义无别。例如《虚实》所说"故形人而我无形"，"形兵之极，至于无形"。这种"形"很明显已经不是什么客观、有常、易见的"形"，而是人为造成的变化莫测之"形"，实际上也就是"势"。"形""势"两字连言，含义主要是指后者，即人为的态势。

银雀山汉简《奇正》说："有所有余，有所不足，形势是也。"它所指的主要就是"战斗的部属与实施"这一概念，所以在中国古代兵书分类中，"形势"也就成为战术学的代名词。

——李零

● 善战者，求之于势

善于指挥作战的人，会把精力专注于战势上。要善于创造和利用各种态势来制造胜利的机会。

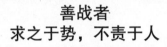

利用"势"赢得胜利

善战者
求之于势，不责于人

择人而任势

安则静。

任势者
其战人也，如转木石

危则动。

方则止。

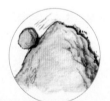

圆则行。

◎耿弇出奇制胜◎

行军打仗时，充分发挥将帅的指挥才能，使战术生生不息、变化无穷，这对战役的胜败起到非常关键的作用。"耿弇出奇制胜"的故事，就是一个很好的例子。

东汉初年，全国各地分布着大大小小的农民起义队伍和打着各色旗号的地主割据武装，刚刚称帝的光武帝刘秀仅占有司隶校尉部（今陕西中部、河南西部地区）和冀、幽、豫、并等州（今河北、山西大部，河南南部，安徽西北部地区），其余土地均为地方豪强所占据。

建武五年（29）十月，建威大将军耿弇奉光武帝之命率军东进，征讨割据势力张步。张步闻讯后，急令其大将军费邑率兵据守历下城，同时又分兵驻守祝阿，还在泰山、钟城等地列阵布兵，企图阻截汉军东进。

耿弇率军渡过黄河后，首先攻打祝阿，从早上开始攻城，还没到中午就将城攻了下来。耿弇还故意将包围圈打开了一个口子，让城中的守军得以逃往钟城。驻扎在钟城的军队听说祝阿已然陷落，人人惊恐，最后竟然弃城而四散逃走。此时，坐镇历下的费邑一面凭城固守，一面派自己的弟弟费敢率兵前往巨里驻守。耿弇分析

耿弇出奇制胜。

了当时的形势之后，决定进军巨里。到达巨里后他命士兵砍伐树木，说是要放火烧城。过了几天，有叛逃过来的人报告说：费邑听说耿弇要攻打巨里，想要前来救援。根据这一情报耿弇立即命令军队准备攻城器具，并且通告各部，三日后攻城，还暗地里释放捉来的俘虏，并且故意让俘虏得知攻城的日期。这些俘虏回到费邑那里，将耿弇攻城的日期告诉了费邑。

三日之后，费邑果然带了三万精兵前来救援。耿弇大喜，对诸将说："我所以准备攻城器具，就是想引诱费邑前来，如今他带兵来到这里，正是我所希望的。"随即留下了三千人马驻守巨里大营，自己带领精兵占据了附近的高地。费邑军到后，立即遭到了耿弇的伏击，耿弇的士兵从高地上俯冲下来，有如洪水一般，费邑的部队招架不住，很快就全军覆没了，费邑本人也被斩杀。耿弇命人将费邑的首级展示给巨里城中的守军观看，城中守军万分惊恐。费敢自知难以守住巨里，便带领军队逃到了张步那里。

此次耿弇与费氏兄弟的较量，便是对"奇、正"巧妙运用的最佳说明。耿弇准备攻城器具，这是攻城之前必须要做的工作，是极为常规的攻城之法，这就是"正"；而攻城是假，骗费邑前来救援才是真。屯兵高地之上，只等费邑一到便冲下破之，这就是"奇"。正与奇说来简单：一个是常规的，是一般的方法和原则；另一个是不常规的，讲求的是以奇兵制胜。然而奇正的搭配，却形成了千万种战法，衍生出千万条计谋。

◎泏水之战◎

大凡作战，都是以正兵当敌，以奇兵取胜。善于出奇制胜的人，其战法变化就如天地那样无穷无尽。东晋将领谢石在"泏水之战"中出奇制胜，便很好地体现了这一点。

东晋时，占据北方的前秦在贤臣王猛的辅佐下迅速强盛起来，秦王苻坚踌躇满志，一心想吞并偏安江南的东晋王朝。王猛去世前，再三告诫苻坚不要发兵攻打东晋。但没过多久，苻坚就把王猛的苦心叮咛抛在了脑后，欲以"疾风扫秋叶"之势一举荡平东南，完成大统。

383 年八月，苻坚不顾群臣反对，亲率步兵六十万、骑兵二十万、羽林军三万从长安南下；又命梓潼太守裴元略率水师七万从巴蜀顺流东下，向建康进军。苻坚骄狂地宣称："以吾之众旅，投鞭于江，足断其流。"意思是把队伍里所有的马鞭投到江里，就能截断水流。

在这生死存亡的危急关头，东晋王朝中以丞相谢安为首的主战派决意奋起抵御。晋帝任命谢安之弟谢石为征讨大都督，谢安之侄谢玄为先锋，率领战斗力较强的"北府兵"（东晋战斗力最强的主力军，是从北方的流亡移民中选拔精壮者，经过严格训练而建立起来的一支军队）八万迎击秦军主力；派胡彬率领水军五千火速增援战略要地寿阳（今安徽寿县）；任命桓冲为江州刺史，率十万晋军于长江中游地区阻截顺江东下的秦巴蜀军。

十月十八日，苻坚之弟苻融率前锋部队攻占寿阳，并俘虏了守将徐元喜。苻坚一到寿阳，就派原东晋降将朱序前往晋军大营劝降。然而，令苻坚万万想不到的是，朱序到晋营后不但没有劝降，反而向谢石提供了秦军的情况，并献策说："秦军虽有百万之众，但还在进军之中，如果兵力集中起来，晋军将难以抵挡。应该趁秦军尚未全部抵达的时机，迅速发起进攻，只要能击败其前锋部队，挫其锐气，就能击破前秦百万大军。"谢石认为朱序的分析很有道理，便采纳了他的建议，改变先前制定的坚守不战、待敌疲惫再伺机反攻的作战方针，决定转守为攻，主动出击。

十一月，谢玄派刘牢之率精兵五千奔袭洛涧，揭开了淝水之战的序幕。秦将梁成率部五万在洛涧边上列阵迎敌。刘牢之分兵一部迂回到秦军阵后，切断其归路；自己则亲率士兵强渡洛水，猛攻秦阵。秦军不敌，勉强抵挡了一阵便土崩瓦解，死伤达一万五千余人，主将梁成战死，余下的官兵争先恐后渡过淮河逃命去了。

洛涧大捷令晋军士气空前高涨。谢石趁势水陆并进，直抵淝水（今淝河，在安徽寿县南）东岸，在八公山边扎下大营，与寿阳的秦军隔岸对峙。苻坚在寿阳城上，看到晋军军容严整，行阵整齐，心中有些惊慌，误把淝水东面八公山的草木也当成是晋兵了。他对弟弟苻融说："这是劲敌！怎能说他们是弱敌呢？"于是命令部队坚守河岸，等待后续援军的到达。

谢石看到敌众我寡，知道只能速战速决；但秦军紧

东晋降将朱序前往晋军大营。

淝水之战。

逼淝水西岸布阵，晋军无法渡河交战，此时他心生一计，便派使者去见苻融说："将军率军深入晋地，却紧逼河岸布阵，难道是想长久相持，而不打算速战速决吗？不如你把阵地稍稍向后移，空出一块地方，让我军渡过淝水，双方一决胜负，如何？"

秦军诸将都表示反对，但苻坚认为己方可以将计就计：先让军队稍向后退，等到晋军渡河渡到一半时，突然以骑兵冲杀，晋军进退两难，又无法组织起有效的抵抗，必败无疑。这也是兵法上常用的一招。

苻融对苻坚的计划表示赞同，于是答应了谢石的要求，指挥秦军后撤。但秦兵人数众多，加上多是被强行征至前线卖命，士气低落，结果一后撤就失去了控制，阵势大乱。谢玄率领八千多骑兵，趁势抢渡淝水，向秦军发起了猛烈的进攻，这正是"善战者，其势险，其节短。势如弩，节如发机"。

与此同时，身处秦军阵后的朱序大声喊道："秦兵败了！秦兵败了！"周围的秦兵信以为真，纷纷转身奔逃。后军的动摇就像滚雪球一样蔓延到了前军。苻融眼见大事不妙，急忙骑马前去阻止，企图稳住阵脚，不料战马被乱兵冲倒，还没从地上起来，就被晋军的追兵杀死。

失去主将的秦兵越发混乱，没多久便彻底崩溃。前锋的溃败自然引起后部的惊恐，秦军后方主力也随之溃逃，最后全军向北败退。秦军溃兵宛如惊弓之鸟，一路只顾逃命，不敢稍作停留，听到风声和鹤的鸣叫声，都以为是晋军追兵的呼喊声，吓得心胆俱裂。晋军乘胜追击，一直到达寿阳附近的青冈。秦兵慌不择路，人马自相践踏，死尸遍野，苻坚本人也中箭负伤，最初的近百万人马逃回洛阳时仅剩十余万。

淝水之战，前秦军被歼和逃散的共七十多万，苻坚统一南北的希望彻底破灭。

淝水之战是中国历史上以少胜多的著名战例，它对后世兵家的战争观念和决战思想产生了深远的影响。

◎孙膑示形诱敌大破魏军◎

在《势篇》中，孙子第一次提到了"形"的概念。形就是故意摆出某种态势，使敌人受到误导，从而受制于我，让己方牵着鼻子走。"取"与"予"，在军事上就是用行为迷惑敌人，用小利引诱敌人，然后用精锐之师等待敌人。战国中期著名的军事家和军事理论家孙膑就曾以此法大破魏军。

孙膑受刑。

孙膑是孙子的后代，出生于齐国。他青年的时候曾与庞涓一起向鬼谷子学习兵法。后庞涓投奔魏国，得到魏惠王的赏识，被任命为大将军。庞涓自忖才能不及孙膑，害怕孙膑到魏国影响自己的前程，更担心他到别国后成为自己的对手，于是将孙膑骗到魏国，说是要举荐孙膑为官。孙膑不知是计，欣然答应；到魏国后不料庞涓诬陷孙膑私通齐国，魏惠王听信了庞涓的谗言，对孙膑处以膑刑（古代一种挖掉膝盖骨的酷刑），使之终身残疾。又在孙膑脸上刺字，意欲使他

孙膑示形诱敌。

终身不能在外领兵，且羞于见人。孙膑为了逃离魏国，佯装癫狂，从而暂时躲过了庞涓对他的进一步迫害。后齐国大将田忌得知孙膑是一位不可多得的人才，此时又身处险境，便想方设法把孙膑带回到齐国。孙膑到了齐国之后，为齐威王所器重，被任命为齐国的军师。

公元前341年，魏国发兵进攻韩国，韩国向齐国求救。此时齐威王已经去世，齐宣王继承了君位。齐宣王采用孙膑"深结韩之亲而晚承魏之弊"的主张，答应救援韩国，却不急于发兵。目的是想要在韩、魏交战，两国皆受到损耗之后齐国坐收渔翁之利。韩、魏交战，韩军五战五败，魏军也实力大损。齐宣王这才于次年以田忌为将，孙膑为军师，发兵救韩。孙膑率齐军直驱魏都大梁。庞涓闻讯，暴跳如雷，大骂孙膑狡猾，发誓与齐军决一死战，遂率兵十万回击齐军。

鉴于此次魏军气势旺盛，并且是有备而来，孙膑决定因势利导，利用魏军求胜心切的弱点，采取诱敌深入、伺机伏击敌人的战略。齐军前锋与魏军稍一接触，便佯装不能抵挡，向东撤退。在撤退途中，齐军还有意制造出士兵逃散的假象：第一天造了十万人吃饭用的灶，第二天造了五万人吃饭用的灶，第三天只造了三万人吃饭用的灶。庞涓与孙膑交手，本来是万分谨慎的，可看到齐军留下来的灶大幅度地减少，便认为是齐军胆怯，士兵都逃亡了，于是丢下了步兵和辎重，自己带领轻骑日夜兼程地追赶，想趁此全歼齐军，擒获孙膑。

齐军退至马陵（今河南范县西南）后，孙膑决定在马陵道设下埋伏。马陵道是夹在两山间的峡谷，进易出难，两旁树木茂盛，适合隐藏军队，且不易被人发觉。孙膑计算行程，判断魏军将于日落后追至这里，于是派士兵砍伐树木堵住道路，又挑选了一万名弓弩手埋伏在道路两侧的山上，约定天黑后见到火光就一齐放箭，最后命人将路中央的一棵大树剥去树皮，写上"庞涓死于此树之下"八个大字。

日暮时分，庞涓果然率军追到马陵，他发现道路被堵住了，大喜过望，说："齐军堵住道路，说明畏惧我们追赶，我们离他们不会很远了，传令继续前进！"等军队全都进入了狭窄的马陵道，有军士禀报说前面有棵大树上隐隐约约有字迹，庞涓于是来到树前，命士卒点燃火把，亲自上前辨认字迹。待火把点燃，他往树上一瞧，大惊失色，喊道："我中孙膑之计了。"话音未落，只见两侧山上万弩齐发，杀声四起。庞涓带来的十万士兵，都被射死在峡谷之中，庞涓本人也因羞愤而自杀。齐军随即乘胜进攻魏军的后续部队，全歼了魏军主力，俘获魏军主将太子申。

齐威王、宣王知人善任，重用孙膑，使得齐国在军事上取得了一系列的胜利。

庞涓败于马陵道。

善于用势：到底该选哪个呢？

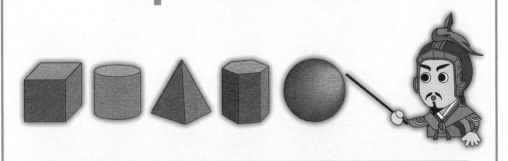

战争需要什么形状？

在战场上，最需要的是一种可以破击敌军的气势，而这种气势就需要良好的战术支援。那究竟该采用何种战术呢？这就要根据实际情况来判断了。并非你站在高处，就一定要用火攻；并非你在低处，就没有获胜的可能。

"奇正"和"虚实"的妙用

192 年，黄巾起义的规模逐渐扩大，东汉王朝岌岌可危。在镇压黄巾起义的过程中，军阀割据局面逐步形成。其中皇甫嵩、朱儁、曹操等人精通韬略，善用奇正，以夜袭、火攻等法，大大打击黄巾军，最终扑灭了起义的燎原之火。

263 年，魏国派三路大军进攻蜀国。蜀将姜维集中兵力退守剑阁，使得魏军受阻，魏将邓艾西出剑阁，偷越阴平，从七百里无人之境直插蜀国都城，飞兵抵达成都，迫使蜀国后主刘禅投降。

意想不到的坦克杀手

1941 年，英军在埃及向德军发起代号为"战斧计划"的反攻。进攻前，英军了解到德军三十七毫米反坦克炮对马蒂尔达坦克无能为力。6 月 15 日，英军坦克大摇大摆地向德军阵地冲去。然而激战了三天，英军损失了九辆坦克，寸步难行。后来一位被俘的英军少校从德军处得知，德军将领隆美尔利用八十八毫米高炮进行平射，对付英军的坦克。

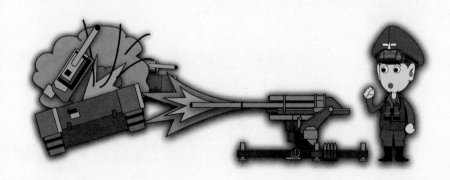

经典案例：用石油之势创造财富

20世纪70年代的石油危机，造成国际市场原油价格猛涨，就在大家都愁眉苦脸的时候，美国人弗莱德曼认真分析了局势，果断地买下一家小型机械厂，开始生产石油机械设备。果然不出他所料，由于石油价格上涨，许多国家准备自行开采境内的石油，竞相购买石油开采设备，弗莱德曼因此借由这个机会大赚了一笔。弗莱德曼对市场需求变化有准确的判断，他抓住了态势顺势而上，终于获得成功。

"势节"之道

势 ▶ 所谓摧枯拉朽，就是在创造"势"的前提下，给敌人造成巨大的压力，一击将其即破。

节 ▶ 所谓张弛有道，就是把握了良好的进攻节奏，看准时机出击、势不可挡。

张齐贤的奇兵

张齐贤（943—1014），字师亮。北宋名相，政治家、军事家。为宋朝的政治、军事、外交等做出了很大贡献。

986年，辽军派兵攻打宋朝，进军代州。知州张齐贤向潘美求救，潘美发兵援救，但是在途中又接到皇帝的命令撤军。张齐贤了解辽军只知道潘美发兵，而不知他已经撤退，所以命令二百士兵举起旗帜，在城西三十里外设置疑兵，又沿途埋伏了二千精兵。辽军见火光四起，以为宋朝援兵已到，立即撤退。此刻，张齐贤开城迎敌，伏兵四起，辽军大败，解了代州之围。

  虚张声势，让敌人误认为援军到达。

  趁敌人撤退时，发动攻击，用伏兵打击敌人。

经典案例：盛极而衰的企业王国

王安公司在进军电脑行业之初，因为不断地创造和推陈出新，事业蒸蒸日上。1986 年前后，王安公司达到鼎盛时期，年收入达 30 亿美元，在美国《幸福》杂志所排列的 500 家大企业中名列 146 位，在世界各地雇佣了 3.15 万名员工，足以和当时的蓝色巨人 IBM 媲美。但后来，王安公司在经营上故步自封，判断力趋向迟钝，以惊人的速度衰败，最终不得不申请破产。

"慎战"的智慧

明代杰出的军事家戚继光说："大战之道有三：有算定战，有舍命战，有糊涂战。"

算定战
经过谋划和精心准备发动的战役。

舍命战
没有胜利的把握，通过拼杀决胜负。

糊涂战
没有战略，没有准备，完全凭运气打仗。

战前认真观察敌我双方的实力，根据具体情况做充分的准备，在有把握的情况下出战。

虽然对比过敌我实力，但却没有取胜的策略，为了达到目的，只有让士卒舍命拼杀。

忽略战前准备和策略的制定，没有认真思考就将士兵派上前线，胜负完全是未知数。

将领认真谋划

士卒舍命拼杀

士兵昏昏沉沉

经典案例：福特用人，力挽狂澜

福特汽车公司是美国第二大汽车公司，在国际上享有很好的声誉，但它的发展并非一帆风顺。当亨利·福特一世决定退休，由亨利二世接任时，福特公司已经陷入了困境。亨利二世为了扭转高级管理人员匮乏的情况，不惜高薪聘请管理人才。以桑顿为首的十名年轻人组成的"桑顿小组"具有非凡的运筹能力，但他们要求的年薪却很高。亨利二世认为，这种高级人才必然对公司的发展有利，便将他们全部请进公司，并委以重任。20世纪40—60年代，这十名人才中产生了四位公司高级主管，为福特公司的发展做出很大的贡献。他们施展才能，让福特公司焕然一新，起死回生。

任势而择人

商汤气数已尽，商纣王不得人心。虽然时势成熟，但还必须依靠睿智的人，才可以取得天下。

周文王渭水得姜尚
借助姜尚，让周的实力发展壮大，最后推翻了商朝，建立周朝。

刘邦当时势力不强，且屡屡被项羽所败。刘邦若要战胜项羽而夺得天下，就需要统兵的人才。

萧何月下追韩信
韩信为刘邦建立西汉王朝立下了汗马功劳，成为开国元勋之一。

天下群雄并起，众多军事势力都在互相争夺。要在这个乱世有所作为，就必须依靠善于谋划的人才。

刘备三顾茅庐
诸葛亮帮助刘备建立了蜀汉，三足鼎立的态势形成。刘备曾说："我得孔明，如鱼得水。"

商业案例

🟦◎史玉柱"主动还债"◎🟦

2001 年 1 月 30 日，《珠海特区报》上登出了一条名为"收购珠海巨人大厦楼花（楼花，指尚未竣工的商品房在完工达 25% 以上时就推向市场销售。买楼花即预购房屋，卖楼花即预售房屋）"的公告，称将以现金方式收购珠海巨人集团在内地发售的巨人大厦楼花，收购者为一家名为"士安"的公司。

士安公司是什么来历，为何要这么做？后来人们才知道，这一收购行动，从头到尾都是巨人集团的总裁史玉柱在幕后一手导演的。

1994 年初，史玉柱领导的巨人集团斥巨资建造"巨人大厦"，原计划盖 38 层，后来决定加到 54 层。然而发展到最后，大厦竟然被加高到 72 层。史玉柱将筹码押在了卖"楼花"上。但市场总是瞬息万变，等到巨人集团卖楼花的时候，国家宏观调控已经启动，对卖楼花开始做出限制。1996 年，巨人大厦最终因为资金链断裂而停工，先期购买了大厦楼花者纷纷要求退款。而巨人集团又在此时爆发财务危机，陷入了困境，可谓是雪上加霜。

史玉柱的主动还债之举造成了巨大的反响，尽管不少人质疑他是在为新产品——脑白金进行炒作，但客观来看，这一举动既实践了当初的诺言，重塑了重信守诺的形象，又使企业和他本人重新成为人们关注的焦点，轻轻松松就赢得了巨大的广告效益，可以说一举两得。

【点评】

孙子说"治众如治寡"，又说"斗众如斗寡"，多寡通吃，举重若轻，这样高深的境界，看上去普通人是难以企及了。其实不然，只要讲求方法，复杂的事情也能迎刃而解。生活中遇到的情况和问题更加复杂，但无论问题是大是小、是多是少，总是"万变不离其宗"，只要方法对头，总是能够解决的。孙子又说："以利动之，以卒待之。"这一作战原则向我们阐述了应该如何面对"取舍"与"得失"。古往今来，凡成大事者，无不有大气魄、大胸怀，为了长远的利益，可以暂时放弃某些小利；为了掌握全局，可以舍弃局部；为了换取更大的胜利，可以付出牺牲的代价。《老子》上说："将欲取之，必先予之。"可以说是孙子示形动敌，以利诱敌思想的本源。

经典案例：标新立异的好处

在美国，每出售的四块手表中，就有一块是泰麦克斯公司的产品。该公司成功的原因，除了产品价廉物美之外，就要归功于奇特的行销创意了。泰麦克斯公司的推销员在销售展示时，竟把手表往墙上猛摔，然后再放入水中，以证明其防水抗震的能力，公司也因其奇特的"拷打实验"而在国内外享有盛誉。

建立完善的管理制度的好处

法制而非人治
一个组织，必须有法规和制度加以约束和规范，才能保持良好的运转。

约束个人行为 ●● 每个人的习惯都不相同，有人爱吸烟，有人爱大声说话，但只要到了公共场所，这些习惯都有所收敛。这就是法规的约束性，以保证一个良好的环境和氛围。

确保分工明确 ●● 分工合作是一个组织良好运转的前提，负责销售的人就该用心推销产品；而负责管理的人，就应该思考每一个环节的调配。各司其职，才能人尽其才。

提高运转效率 ●● 在良好制度的管理下，每一项指令的下达，都可以得到有效的执行，就像电脑运行一个程式一样，只要其中一个环节出了问题，那么都可能导致错误。

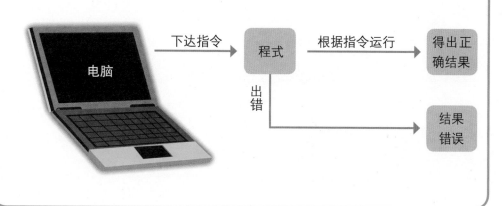

经典案例：银行的奇招

日本的金融界竞争异常激烈，大阪的池田银行为了扩大自己的业务，想出了一个绝妙的主意。它开办一个世界存钱筒博物馆，博物馆里陈列着来自世界五十六个国家的八千多种存钱筒，顾客可以免费参观。借此机会，池田银行向顾客大力宣传自己的理财产品，使得银行的效益扶摇直上。

"奇正"：变幻无穷

古希腊哲学家赫拉克利特有句名言："人不能两次踏入同一条河流。"

万事万物都在变化之中，世界上没有两片完全相同的叶子。因此，我们必须根据事物的变化随机应变，如果拘泥于教条，那么就会停滞不前，或得到失败的教训。

四季更替，也是一种变化。春天的花草和冬天的花草截然不同，如果照样用春天的眼光去看待冬天，那么你将不知所措。

哇！这个地方怎么这么冷？

拜托！去年你是春天来的，现在是冬天……

《孙子兵法》语言艺术浅析

"词约而意丰，自古以兵著书者罕所及。"

——苏轼

简练 《孙子兵法》突出之语言风格，言简意明、言简意深、言简意畅。

"兵者，诡道也。……利而诱之，乱而取之，实而备之，强而避之，怒而挠之，卑而骄之，佚而劳之，亲而离之。"

——《计篇》

《孙子兵法》语言艺术在一定程度上甚至可以和《诗经》相媲美。

韵化 一般来讲，在先秦时代，诗必押韵，文章则多不用。但是，为了使文章悦耳动听易诵，可把文章尽量韵化，《孙子兵法》就是这样。

"……佯北勿从，锐卒勿攻；饵兵勿食，归师勿遏；围师必阙，穷寇勿迫。"

——《军争篇》

灵活而广泛的修辞运用

比喻	"故其疾如风，其徐如林，侵掠如火。"《军争篇》
排比	"木石之性，安则静，危则动，方则止，圆则行。"《势篇》
夸张	"故善出奇者，无穷如天地，不竭如江河。"《势篇》
对偶	"亡国不可以复存，死者不可以复生。"《火攻篇》
递进	"知彼知己，百战不殆；不知彼而知己，一胜一负；不知彼，不知己，每战必殆。"《谋攻篇》
反复	"多算胜，少算不胜，而况于无算乎！"《计篇》
蝉联	"地生度，度生量，量生数，数生称，称生胜。"《形篇》

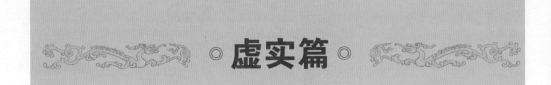

◎ 虚实篇 ◎

【导读】

本篇主要论述如何"致人而不致于人"。交战之前，应"先处战地而待敌"，抢先完成作战部署，以逸待劳。作战时，要善于隐藏和伪装自己，做到"我专而敌分"；还应根据实际情况的变化，主动灵活地采用相应的战术，"避实而击虚"，"因敌而制胜"。

【原文】

孙子曰：凡先处战地而待敌者佚①，后处战地而趋战者劳②。故善战者，致人而不致于人③。能使敌人自至者，利之也；能使敌人不得至者，害之也。故敌佚能劳之，饱能饥之，安能动之。

出其所不趋④，趋其所不意。行千里而不劳者，行于无人之地也。攻而必取者，攻其所不守也；守而必固者，守其所不攻也。故善攻者，敌不知其所守；善守者，敌不知其所攻。微乎微乎⑤，至于无形，神乎神乎，至于无声，故能为敌之司命。

进而不可御者，冲其虚也；退而不可追者，速而不可及也。故我欲战，敌虽高垒深沟，不得不与我战者，攻其所必救也；我不欲战，画地而守之，敌不得与我战者，乖其所之也⑥。

故形人而我无形⑦，则我专而敌分；我专为一，敌分为十，是以十攻其一也，则我众而敌寡；能以众击寡者，则吾之所与战者约矣⑧。吾所与战之地不可知，不可知，则敌所备者多；敌所备者多，则吾所与战者寡矣。故备前则后寡，备后则前寡，备左则右寡，备右则左寡，无所不备，则无所不寡。寡者，备人者也；众者，使人备己者也。

【注释】

①凡先处战地而待敌者佚：指在作战的时候，如果能率先占据阵地，就能使自己处于主动地位，以逸待劳。处，占据。佚，通"逸"，安逸、从容。②后处战地而趋战者劳：指在作战的时候，如果后来占据战地，仓促应战，就会疲劳被动。趋战，这里指仓促应战。趋，奔赴。③致人而不致于人：调动敌人而不为敌人所调动。致，招致、引来。④出其所不趋：出兵要指向敌人无法救援的地方，即击其空虚。出，出击。不，这里当"无法""无从"讲。⑤微：微妙。⑥乖其所之：指调动敌人，把它引向别的地方去。乖，违背、背离，这里有改变、调动的意思。之，往、去。⑦形人而我无形：指使敌人现形而我方隐蔽真形。形人，使敌人现形。我无形，即我无形迹。⑧能以众击寡者，则吾之所与战者约矣：能够以众击寡，那么我想要攻击的敌人必定

弱小有限，难有作为。约，
少而弱。

【译文】

凡先处战地而待敌者佚。

孙子说：凡是先占据阵地而等待敌人前来的就从容主动，后到达阵地而且仓促应战的就疲劳被动。所以，善于指挥作战的人，能调动敌人而不为敌人所调动。能使敌人自投罗网的，是用利益引诱它的结果；敌人不肯前来，是因为让它感受到了威胁。所以，敌人休整得好，就要使它疲劳；敌人粮草充足，就要使它饥饿；敌军驻扎安稳，就要使它移动。

出兵要指向敌人无法救援的地方，行动于敌人意料不到的方向。部队行军千里而不觉得疲困，是因为行进在没有敌人防守的区域里。只要发起进攻就必然能够夺取，是因为攻击的是敌人没有防守的地方；只要防守就必然固若金汤，是因为防守

仓促应战者被动。

的是敌人不敢进攻或不宜进攻的地方。所以，善于进攻的人，能使敌人不知道该怎样防守；善于防守的人，能使敌人不知道该如何进攻。微妙啊，微妙到看不出一点形迹；神奇啊，神奇到听不见一点声息。因此能够成为敌人命运的主宰。

想要进攻，敌人就无法抵御，因为攻击的是敌人防备虚弱的地方；想要撤退，敌人就无法追击，因为行动速度让敌人追赶不及。所以，己方如果想交战，敌人即使据守深沟高垒，也不得不出来与己方交战，这是因为己方攻击的是敌人必须援救的地方；己方如果不想交战，即使只是在地上画了座城池进行防守，敌人也无法与我交战，这是因为我诱使敌人改变了进攻方向。

所以，要设法使敌人暴露形迹而使我军不露痕迹，那么我就可以集中兵力，而敌人不得不分散兵力处处防备。我将力量集中于一处，敌人的力量却要分散于十处，这样，我以十倍的力量去攻击它，从而造成我众而敌寡的局面；能做到以众击寡，与我正面交战的敌人就会减少。我所要进攻的地方敌人无法得知，无法得知，敌人需要防备的地方就会很多；敌人需要防备的地方多了，我所要进攻并与之交战的敌人就会相对减少。所以，防备了前面，后面的兵力就会减弱；防备了后面，前面的兵力就会减弱；防备了左翼，右翼的兵力就会减弱；防备了右翼，左翼的兵力就会减弱；处处防备，就会处处兵力薄弱。兵力之所以处处薄弱，是由于处处防备的缘故；兵力之所以强大，是迫使敌人分兵防备我们的结果。

先占据阵地而等待敌人前来的就掌握主动权。

● 出其所不趋，趋其所不意

向敌人来不及救援的地方出兵，向敌人想不到的地方行军。避实而击虚，才是战胜之道。

攻

向敌人不急于进兵的地方出兵，向敌人意料不到的方向行进。

守

走千里长途却不困乏的是走在没有敌人出没的地方。

攻击敌人不设防的地方必然能得手

避实击虚的作战方法

防守敌人不进攻的地方必然牢固

善攻者
敌不知其所守

善守者
敌不知其所攻

进

己军想要决战，敌人就不得不作战，因为进攻了它必须要救援的地方。

退

己军不想决战，敌人就无法来作战，因为已将它牵引到别的地方去。

● 致人而不致于人

抢先占据战场的主动权，不为敌人所牵制，才能主动灵活地争取战争的胜利。

调动敌人行动以制胜

致人而不致于人

	致 人	致于人
战机（天时）	先行而主动。	受牵制而被动。
地势（地利）	抢占有利地形。	落入敌军的陷阱。
军容（人和）	从容备战。	疲惫应战。

先据战地以待敌人来战的安逸
后据战地以趋敌就战的疲劳

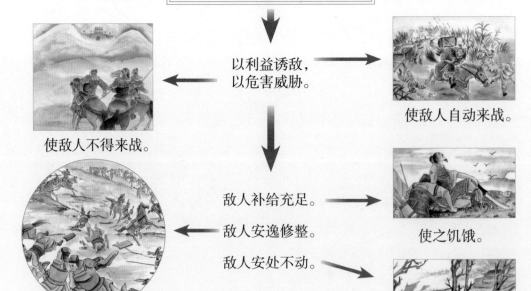

以利益诱敌，
以危害威胁。

使敌人不得来战。

使敌人自动来战。

敌人补给充足。

敌人安逸修整。

敌人安处不动。

使之饥饿。

使之疲劳。

使之被调动。

● 形人而我无形

以示形的方式诱敌暴露其目的，而不使自己暴露行迹。以"虚"掩"实"，巧妙运用战术战胜敌人。

以虚对实的战略方法

形人而我无形	与战之地不可知

诱敌暴露企图而我军隐藏

己军集中而使敌军分散

己军进攻敌方而不让敌军知道

敌军处处防备则兵力分散

并非我军真的势众，而是通过战术使敌军分散而无法聚合。

我军势众而敌军势寡

【原文】

故知战之地，知战之日，则可千里而会战。不知战地，不知战日，则左不能救右，右不能救左，前不能救后，后不能救前，而况远者数十里，近者数里乎？以吾度之^①，越人之兵虽多，亦奚益于胜败哉^②？故曰：胜可为也。敌虽众，可使无斗。

故策之而知得失之计^③，作之而知动静之理^④，形之而知死生之地^⑤，角之而知有余不足之处^⑥。故形兵之极，至于无形；无形，则深间不能窥^⑦，智者不能谋。因形而错胜于众^⑧，众不能知；人皆知我所以胜之形^⑨，而莫知吾所以制胜之形。故其战胜不复^⑩，而应形于无穷。

夫兵形象水^⑪，水之形，避高而趋下；兵之形，避实而击虚。水因地而制流，兵因敌而制胜。故兵无常势，水无常形；能因敌变化而取胜者，谓之神。故五行无常胜^⑫，四时无常位^⑬，日有短长，月有死生^⑭。

【注释】

①度（duó）：忖度、推测、推断。②越人之兵虽多，亦奚益于胜败哉：指越国军队虽然人数众多，然而不懂得众寡分合的运用，对战争的胜败又有什么帮助呢？奚，疑问词，何、岂。益，补益、帮助。③策：筹算，策度。得失之计：指敌人计谋的优劣得失。④作：兴起，这里是挑动的意思。动静之理：指敌人的行动规律。⑤死生之地：指敌人的优势所在或薄弱致命环节。⑥角：较量，这里指进行试探性进攻。⑦深间不能窥：指即使有深藏的间谍，也无法探知我方的真实情况。窥，偷看。⑧错胜于众：指将胜利摆在众人面前。错，同"措"，放置。⑨形：形态，这里指作战的方式方法。⑩战胜不复：获胜的方法不重复，意思是作战方法机动灵活。⑪兵形：用兵的规律。⑫五行无常胜：指金、木、水、火、土五种元素相生相克而没有定数。古人认为，金、木、水、火、土是构成万物的基本元素，它们彼此间是"相生相胜"的关系。所谓"相生"，即木生火，火生土，土生金，金生水，水生木。所谓"相胜"，又叫"相克"，指金克木，木克土，土克水，水克火，火克金。⑬四时无常位：指春、夏、秋、冬四季推移变化永无止息。四时，四季。常位，指一定的位置。⑭日有短长，月有死生：指白昼因季节变化而有长短的变化，月亮因循环而有盈亏的变化。日，这里指白昼。死生，这里指盈亏晦明的月相变化。

用兵要根据敌情来制定不同的取胜方法。

故知战之地，知战之日。

【译文】

所以，能够预知交战的地点，能够预知交战的日期，那么即使相隔千里也可以前去与敌人交战。如果不能预知交战的地点，不能预知交战的日期，就会导致左军救不了右军，右军救不了左军，前军救不了后军，后军救不了前军，何况远的多达几十里，近的也要相隔几里呢？据我分析，越国的士兵虽多，可是对决定战争的胜败又有什么帮助呢？所以说，胜利是可以争取的。敌人虽然众多，但可以使它无法与我交战。

所以，要通过分析筹算来推知敌人作战计划的优劣得失；要通过调动敌人来了解敌人的活动规律；要通过佯动示形的方式来探明敌人生死命脉之所在；要通过试探性的进攻来掌握敌人兵力的虚实强弱。所以，佯动示形以诱敌的战术运用到极致，就进入了"无形"的境界。没有了形迹，即使有深藏的间谍，也无法窥知我方的真实动向；即使是老谋深算的敌人，也想不出对付我方的计策。即使把根据具体情况灵活运用战术而取得的胜利摆在众人面前，众人还是看不出其中的奥妙所在。人们都知道我军取胜的战略战术，却不知道我军所用战术必然克敌制胜的奥妙。因为每一次取胜所采用的方法都不是简单的重复，而是针对不同的情况灵活运用、变化无穷。

用兵的规律就像水。水流动的规律，是避开高处而流向低处；用兵打仗的规律，是避开敌人的坚实之处而攻击其薄弱的地方。水根据地势的高低而不断改变其流向，用兵则要根据敌情来制定不同的取胜方法。所以，用兵打仗没有固定不变的方式方法，就像水流没有一成不变的形态一样。能够根据敌情的变化而灵活取胜的，就可以叫作"用兵如神"了。五行相生相克而没有定数，四季交替更迭而没有一定的位置，白昼有短有长，月亮有缺有圆（用兵的规律和自然现象一样，永远处于变化之中）。

● 形兵之极，至于无形

示形诱敌的方法运用到极致，便能使人无所循迹，这就是所谓的以虚对实，以无形取胜。

侦察敌情的四个步骤

估计敌情	挑动敌军	观察地形	战斗侦察
明了敌军作战计划之优劣。	了解敌军活动之规律。	摸清敌军所在地形之利弊。	探明敌军兵力部署之虚实。

间谍无法探取我方虚实，谋士不能献计对付我方。

侦察敌人的虚实并运用虚实之秘才能以无形制胜。

实用谋略

◎司马懿平定辽东◎

孙子指出，善于作战的人，一定要善于调动敌人，而不要为敌人所调动。司马懿在平定辽东时，没有直接强攻敌人的城池，而是把敌人调动出来，最终将其歼灭。

魏明帝景初二年（238），魏明帝曹睿把太尉司马懿从长安召回京师洛阳，命他率军去征讨雄踞辽东的公孙渊。

司马懿计平辽东。

魏明帝问司马懿："行军四千里远征作战，虽说要用奇谋取胜，但也要有足够的兵力，不应当过分计较军费开支的多少。据你推测，公孙渊将采取什么样的对策？"

司马懿回答说："放弃城邑而预先逃走，这是上策；凭据辽水以抗拒我军，这是中策；坐守襄平而单纯防御，这是下策。"

明帝又问："这三种计策，公孙渊将会采用哪一种呢？"

司马懿答道："只有贤明的人才能正确估量敌我双方的力量，并能预先对所用计策做出正确取舍，而这并不是公孙渊所能做到的。"

明帝又问："此次出征往返将用多少天？"

司马懿回答说："前往辽东需要一百天的时间，班师回朝需要一百天的时间，与公孙渊作战也需要一百天的时间，再用六十天的时间进行休整。这样，一年时间足够了。"

于是，司马懿率军向辽东进发。公孙渊派遣大将军卑衍、杨祚率领数万步骑兵进驻辽隧，构筑围墙堑壕二十余里，以此抵御司马懿的进攻。魏军诸将都想立即发起攻击，但司马懿说道："敌人构筑坚固的防御工事，这是想长期与我军对峙，企图把我军拖垮。要是现在去进攻，那正好落入他们的圈套。再说敌人主力集中在这里，他们的老巢必定空虚。我军舍此不攻而直捣襄平，就一定能够大破公孙渊。"

于是，司马懿命令魏军多插旗帜，伪装成要进攻敌人阵地南端的样子，自己却率领大军偷偷渡过济水，向北直取襄平。驻守在辽隧的卑衍、杨祚发觉己方中计，就迅速率本部人马救援襄平。军队行至首山的时候，公孙渊又命令回军截击魏军，司马懿率军迎战，大破公孙渊军队。魏军随即前来围攻襄平。

魏军大营浸泡在洪水之中。

当时正逢秋雨连绵之际，辽水暴涨，船只能够借着雨水一直行到襄平城下。雨下了一个多月还没有停，长久在雨水中浸泡的魏军士卒军心开始动摇。很多人提出来要找高处重新扎营。司马懿此时却传令下去："有敢再言要移营者斩。"都督令史张静违反了命令，司马懿毫不留情地将他斩首示众，军队这才安定下来。

而襄平城中的公孙渊军，凭借着大水的阻隔，竟然还能在魏军包围圈的缺口处放牧打柴。魏军诸将再也不能忍受了，都要求对其进行攻击，司马懿则根本不听。随军司马陈珪提出疑问说："当年您率军攻打上庸的时候，八支人马一齐攻城，昼夜不息，因而只用了十五天便将城攻破，杀了孟达。如今您长途跋涉而来，却变得谨慎而多有顾虑，对此，我实在有些迷惑不解。"

司马懿说："上庸之战，孟达兵少而粮食却够吃一年，我军兵力相当于孟达四倍，但粮食却不够吃一个月，以仅有一个月的存粮来对抗敌人一年的存粮，怎能不求快速制胜？用四倍于敌的兵力去攻打敌人，即使损失一半兵力，只要城攻破了，还是值得的。这种情况之下是不去计较人员伤亡的，而只是从敌我粮食多少这一情况出发。如今的形势是敌众我寡，敌饥我饱，加之大雨不停，攻城器械未备，急忙进攻又能有什么作为？我军从京师远道而来，不怕敌人进攻，只怕敌人逃走。现在敌人的粮食将尽，而我军的合围却还没有完成，如果现在去抢他们的牛马，抄取他们的柴草，这是催他们逃跑啊。战争是一种诡诈的行为，做将帅的要善于根据具体的情况制定出相应的策略。现在敌人虽然饥饿，但还不肯束手就擒。我们应当伪装成无能为力的样子稳住他们。要是因为贪求小利而使他们逃走，那能算是好的策略吗？"

不久，雨过天晴，司马懿令部队制造攻城器械，挖掘地道，堆起攻城的土山，

司马懿令士卒挖掘地道。

开始日夜不停地攻城。城中的公孙渊军疲于应对，又陷于粮尽的窘困境地，甚至出现了人吃人的现象，城中的很多将领士兵都出城投降。这样，没过几日，襄平城便被攻破了。公孙渊和他的儿子公孙修带领着几百骑兵向东南方向突围，被魏军追上，皆被斩杀。司马懿就这样平定了辽东。

平定辽东之役中，司马懿决定不攻重兵防守的辽隧，转攻兵力薄弱的敌人老巢襄平，而辽隧的军队得知这一消息，也从深沟高垒里跑了出来，去救援襄平，半途为魏兵所败。司马懿避实击虚、引蛇出洞的战术，正应了孙子的"故我欲战，敌虽高垒深沟，不得不与我战者，攻其所必救也"的思想。

在这次战役中，司马懿还运用了示形诱敌的战术。秋雨连绵无法速攻之际，故意摆出无所作为之态，以求稳定住敌人，不使其仓皇逃窜。"形"是《虚实篇》中所详细阐述的一个重要概念。形就是表象，这种表象可以是敌人的，可以是自己的；可以是真的，可以是假的。通过表象看到本质，使敌人暴露真形是制胜的关键；而隐藏自己的真实意图，做出种种假象迷惑敌人同样也很重要。孙子所说的"策之而知得失之计，作之而知动静之理，形之而知死生之地，角之而知有余不足之处"，就是为了看清敌人的真实意图和具体情况所进行的周密而详细的探知活动，然后才能制定出有效的克敌之法，使力量有所专攻。至于"形人而我无形"的境界，则是在使敌人暴露的要求之上又加上了隐藏自己一条。能够将自己的真实情况和真实意图隐藏起来，敌人对己方也就无从下手，不知道对己方应该防备些什么，最终对己方处处进行防备，形成了"我专而敌分"的局面。

◎虎牢之战◎

孙子说，两军交战时，一定要做到"致人而不致于人"，也就是"先处战地而待敌"，善于隐藏和伪装自己，避实而击虚。虎牢之战，便是避实击虚、避锐击惰的成功战例。

隋朝末年，统治日趋腐朽残暴，隋炀帝横征暴敛，荒淫无道，刑罚酷烈，兵役苛繁，结果弄得民不聊生，社会矛盾激化，最终导致爆发了轰轰烈烈的农民大起义。到617年初，出现了三大起义军中心：李密瓦岗军转战于河南地区，窦建德起义军活跃于河北一带，杜伏威起义军崛起于江淮地区。

与此同时，隋朝的一些贵族和官吏也纷纷起兵反隋，从太原起兵的李渊父子便是其中一支。

李渊父子起兵后，先后消灭一批割据势力，很快攻入长安。

618年，李渊在长安称帝建国号为唐，他就是唐高祖。此后，李渊开始着手进行统一全国的战争，他首先选择进攻洛阳的王世充。王世充在洛阳与唐军苦战半年，不能退敌，便向窦建德求助。

窦建德充分意识到，王世充若被消灭，那么唐军的下一个进攻的目标就是他了。正所谓"唇亡齿寒"，自己岂能隔岸观火，坐视不救？因此决定先联合王世充击唐，然后相机消灭王世充，进而夺取天下。于是窦建德在兼并了山东地区的孟海公起义军之后，于621年春亲率十余万兵马西援洛阳。窦军连下管州（今河南郑州）、荥阳、阳翟（今河南禹州市）等地，很快进抵虎牢以东的东原

李渊起兵。

唐军将领商议应对窦建德军之策。

一带（即河南荥阳东北广武山）。

虎牢为洛阳东面的战略要地。早在武德四年（621），唐军王君廓部就在内应的协助下，先行袭占该地。李世民在洛阳久攻未下，窦军又偷袭虎牢的不利形势下，于青城宫召开前线指挥会议，商讨破敌之策。

会上，大多数唐军将领主张暂时先退兵以避敌锋，但唐宋州（治所在今河南商丘南）刺史郭孝恪、记室薛收等人却反对这么做。他们认为，王世充据守洛阳坚城，兵卒善战，其困难在于粮草匮乏；窦建德远来增援，兵多势众。如果让王、窦联手合兵，窦以河北粮草供王，就会给唐军制造很大的麻烦，也将使李唐的统一事业受挫。因此，他们主张在分兵围困洛阳孤城的同时，派唐军主力扼守虎牢，阻止窦军西进，先消灭窦建德军，届时洛阳城就能不攻自下。李世民采纳了这一建议，立即将唐军一分为二，令李元吉、屈突通等将继续围攻洛阳；自己则率精兵三千五百人，于三月二十四日先期出发，进据虎牢。

李世民抵达虎牢的次日，即率精骑五百东出二十余里，侦察窦建德军的情况。他派徐世勣、秦叔宝、程知节等人率兵埋伏于道旁，自己则与尉迟敬德等向窦建德军营进发。在距窦军军营六里地处，李世民故意暴露自己的行踪，引诱窦建德出动骑兵追击。等窦军骑兵进入预先设伏的地点之后，徐世勣等及时向窦军发起攻击，击败窦军追兵，歼敌三百余人。这次战斗规模虽小，却挫伤了窦军的锋芒，对窦军的虚实也有了了解。

窦军被阻于虎牢东，一个多月不得西进，几次战斗又都失利，士气开始低落。四月间，窦军的粮道被唐军截断，窦军大将张青特被俘，这使得窦军的处境更加不利了。此时，国子祭酒凌敬劝窦建德改变作战计划：率主力渡黄河，攻取怀州、河阳，再翻越太行山，入上党，攻占汾阳、太原，然后攻下蒲津（今山西永济西）。并指出这样做有三个好处：这些地方唐军防守薄弱，窦军有必胜把握；拓地收众，可以极大增强窦军的实力；威胁关中，迫使唐军回师援救，以解洛阳之围。

窦建德认为凌敬的话有道理，准备采纳，但这时王世充频频遣使告急，部将又多受王世充使者的贿赂，主张直接援救洛阳，于是窦建德被迫放弃凌敬的合理建议，而与唐军对峙于虎牢一线，处境越来越被动了。

不久，李世民得到情报：窦军企图乘唐军草料用尽，到河北岸牧马的机会，袭击虎牢。李世民将计就计，遂率兵一部过河，南临广武，在观察了窦军动静后，故意在河渚留马千余匹，诱使窦建德军出战。

次日，窦军果然中计，出动全部主力，在汜水东岸布下阵来。窦军的阵形北依大河，南连鹊山，正面宽达十多公里，摆出一副进攻的架势。李世民正确地分析了形势，指出窦军没有经历过大战，现在摆出一副咄咄逼人的阵势，显然有轻视唐军之意。于是他决定暂时按兵不动，等待窦军疲惫之后，再行出击，届时一举消灭窦军。这样，李世民一面严阵以待，使窦军无隙可乘；一面派人召回留在河北岸的诱兵，准备出击。

窦建德轻视唐军，仅遣三百骑过汜水向唐军挑战，李世民派部将王君廓率二百长矛兵出战。两军往来交锋数次，未分胜负，各自退回本阵。战斗呈现胶着状态。

窦建德沿汜水列阵，自辰时直至午时，士卒饥饿疲乏，支撑不住，都瘫倒在地上。李世民看到这些迹象后，即派遣宇文士及率领三百精骑先进行试探性攻击，并且指示说：如果窦军严整不动，即撤回军队；如其阵势有动，则可引兵继续东进。宇文士及至窦军阵前，窦军的阵势开始动摇。李世民见状，当机立断，下令出战，并亲率骑兵先行出动，渡过汜水后，直扑窦建德的大营。

当时，窦建德正欲召集群臣议事，唐军骤然而至，群臣均惊慌失措，纷纷四处溃逃，窦建德急忙下令骑兵出战，但是为时已晚，唐军已经冲入窦建德的营帐之中。窦建德被迫向东撤退，为唐军窦抗部所截，陷入进退两难的境地。接着，李世民所率的精骑也突入窦军大营，双方展开激战。李世民命秦叔宝、程知节、宇文歆等部截住窦军的后路，对窦军实施分割包围。窦军见大势已去，遂惊慌溃逃。唐军乘胜追击十五公里，俘获窦军五万余人。窦建德本人也负伤坠马被俘，其余军卒大部溃散，仅窦建德妻率数百骑仓皇逃回河北。至此，窦军基本被歼灭。

唐军取得虎牢之战的胜利后，主力回师洛阳城下。王世充见窦军被歼，而自己也陷入内外交困、走投无路的绝境，遂于绝望之中献城投降。

虎牢之战，唐军消灭窦建

唐军大破窦建德军。

德主力部队十万人，接着又迫降了洛阳王世充的残余守军，夺取了中原的大部分地区，取得"一举两克"的重大胜利。虎牢之战是我国古代"围城打援"的著名战例，也是李唐统一全国的最关键一战。至此，唐王朝的统一事业基本完成。

虎牢之战中，李世民采用围城打援、避锐击惰、奇兵突袭、一举两克的策略，其卓越的指挥才能发挥得淋漓尽致。具体说来，李世民之所以取得虎牢之战的胜利，除了凭借唐军自身的强大实力外，还与他正确运用战略战术有莫大关系。李世民在这一战中的指挥才能表现为：

一、先期占据战略要地虎牢，形成了有利于已、不利于敌的态势。

二、注重观察和分析敌情，并在此基础上制定正确的作战方针，灵活机动地打击窦军。

三、临机应变自如，将计就计，捕捉战机，利用窦军骄傲轻敌、兵疲将惰等弱点，及时发起突袭，给窦军以意想不到的打击。

四、在采取突袭行动时，正确选择主攻方向，集中兵力攻打窦军统帅部，造成其指挥中枢的瘫痪。并注重战术配合，运用穿插、迂回、分割等手段，将窦军各部逐一击破。

五、突袭得手后，适时展开战场追击，穷追猛打，以扩大战果。

王世充投降唐朝。

经典案例："铱星"的陨落

　　1991 年，摩托罗拉公司启动"铱星计划"，这是在技术革新上的一次大胆尝试。摩托罗拉公司利用近地卫星，可以使手机的通话质量大大提高。1998 年 11 月 1 日，在耗资 1.8 亿美元的广告宣传之后，铱星公司开展了通信卫星电话服务。虽然铱星电话在技术上全面领先对手，但手机的价格却高达 3000 美元，每分钟通话费 3—8 美元。到 1999 年 4 月，公司仅剩余 1 万个用户。面对着微乎其微的收入和每月 4000 万美元的贷款利息，公司陷入了巨大压力之中。最后由于资不抵债，铱星公司宣布破产。

经典战例：朱棣智败鞑靼

　　明永乐八年（1410）四月，明成祖朱棣率五十万大军亲征鞑靼，到达兴和（今河北张北县）。鞑靼军队想诱敌深入，但朱棣没有上当，他下令军队休整，五月到了胪朐河（今克鲁伦河）。此时鞑靼分兵两路，本雅失里和阿鲁台各率一支部队引诱明军分兵。朱棣集中兵力向西追歼本雅失里，到达兀儿札河（今勒吉河）后，下令留下辎重，亲率二万轻骑兵，终于在斡难河（今鄂嫩河）南岸追上本雅失里，打败鞑靼军，本雅失里慌忙逃窜。接着朱棣率军回到胪朐河，趁胜追击阿鲁台。六月初，朱棣指挥大军将阿鲁台包围在一个山谷里，阿鲁台大败，最后慌忙北逃。

致人
占据主动，就能让敌人处于被动，但关键在于如何营造主动的态势。

不致于人
如果主动权在敌人手里，那么硬拼无疑是下策，此时需要化被动为主动。

将敌人包围在山谷中

山谷下的士兵利用风势，发动火攻，攻击山顶上的敌人

创造主动权的方法

诱敌

在战场上，形势可谓千变万化，敌我双方在战前都会制定作战计划，但为了实现我军的方案且必须让敌军的计划失效，最好的办法就是诱敌，然后围而歼之。

疲敌

疲劳战术，就是把主动权从敌人手里夺回来的妙计。如果敌军准备充分，就等着和我军决斗；如此一来，就是"两虎相争必有一伤"，但如果先把对手变为"累虎"，那么获胜的几率就大大增加了。

耗敌

打仗最怕遇到持久战，因为双方兵力都比较强盛，粮草也十分充足。在这个情况下，想要战胜敌人就要想办法让敌人的粮草损耗得很快。

乱敌

敌人阵型整齐，驻扎安稳，貌似无懈可击。此时的敌人是想以静制动、以逸待劳，那么我方就必须想尽办法打乱敌人的阵脚，将"安稳"的主动权转移到我方。

经典案例：另辟蹊径的胜利

　　日本的SONY公司是音响设备的大型制造企业，擅长以集中制造超高级产品战略取得成功。SONY公司创业仅四年，就成功地甩掉很多竞争对手，在高级扩音器市场上独占鳌头。该公司成功的原因之一，就是在许多大企业尚未涉足的领域展开竞争，把有音乐素养的音乐爱好者当作对象，以五百亿日元的扩音器市场的十分之一作为目标。

　　当时，这一领域属于市场的盲点，其他的大企业不太可能集中精力争夺。由此，SONY公司透过这种正确的市场定位，加上一流的产品性能和一流的售后服务，一举占领了高级扩音器市场。

经典战例：声东击西

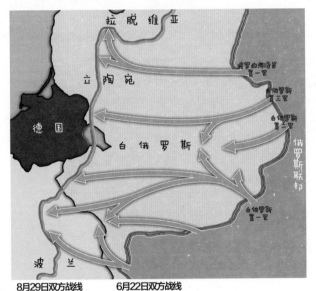

　　第二次世界大战中，苏联军队在发动白俄罗斯战役时，为了隐藏战役企图，采取天然伪装，扰乱德军的视觉和听觉，使之难以发现。

　　同时，苏军在战线南翼波罗的海沿岸地区，利用游击火炮从假阵地内射击，并出动歼击机巡逻，制造假象。由于计划相当周密、行动隐蔽，虽然伪装的规模很大，但一直没有露出很明显的破绽。

8月29日双方战线　　6月22日双方战线

　　结果，这个计策蒙骗了德军，德军一直以为苏军主力在南翼而不在白俄罗斯，这大大地分散了德国在白俄罗斯的兵力。

　　白俄罗斯战役爆发后，苏军出其不意地突破德军防御，迅速攻进白俄罗斯和立陶宛、拉脱维亚的一部分，将战线向前推进五百五十至六百公里，一路逼近东普鲁士边境地区。

善攻者	善守者
将领根据实际情况，打乱敌人的阵势，像一把尖刀，直刺敌人的心脏。	将领不惧敌人的攻势，采用良好的防守战略，让敌人无懈可击。

经典战例：围魏救赵

庞涓

孙膑

　　公元前 353 年，魏国以庞涓为将，率兵八万伐赵，很快打到了赵国首都邯郸，赵国抵挡不住，遣使向齐国求救。齐威王命田忌为大将，孙膑为军师，率兵八万救赵。刚开始，田忌主张直接进军邯郸与魏军主力决战，配合赵国里应外合夹击魏军。可是，孙膑认为不可与魏军死战。田忌不解地问："赵国邯郸危在旦夕，除了直接前去解救之外，还有更好的办法吗？"孙膑说："现在魏国的精兵强将都调到邯郸城下，国内只剩些老弱残兵。我们可以直接攻打魏国国都大梁，乘虚而入，庞涓必然率军回救，撤离邯郸。这样既可解邯郸之围，又可趁魏军回撤之际狠狠攻击，岂不是一举两得吗？"田忌听后，连声赞叹："好计！好计！"于是立刻改变计划，直扑大梁。庞涓听到这个消息，心急如焚，立即撤军回救。魏军长期攻城作战，又长途奔走，人困马乏，疲劳不堪。当行至桂陵之时，遭到齐军伏击，几乎全军覆没。

知彼的四技

策划 ── 经过仔细的观察和分析就可以判断出敌人作战策略的优点和缺点。

伏在山崖上观察敌情

挑动 ── 通过挑动敌人行动，我军就可以看出敌人的活动规律。

一小部分人去挑动敌人

示形 ── 通过一小部分的部队去示弱，就可以弄清楚当下的地形是否对敌人有利。

引诱敌人追赶

交锋 ── 通过一次攻击，就可以探清敌人兵力布置是怎样的。

两军对垒

经典案例：绿巨人的红脸

美国绿巨人罐头食品公司在产品进军市场时，决定以身披树叶的绿巨人作为企业形象。代表健康的绿色巨人，给顾客留下深刻的印象。产品上市不到一年，绿巨人几乎家喻户晓，绿巨人罐头的销售量也直线上升；但由于市场需求量太大，公司产量有限，无法满足市场需求，于是公司又做了一则"红脸绿巨人"图案的广告，再配上弦外之音："很抱歉，因为我们的产品供不应求，所以感到难为情。"这则幽默又贴切的广告深得消费者喜爱，使绿巨人平安渡过难关，奠定了罐头业的霸主地位。

经典战例：好水川之战

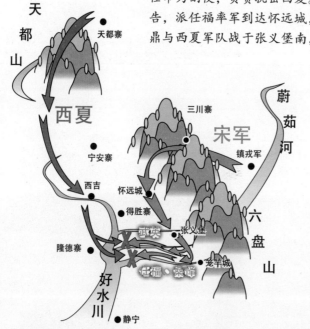

宋仁宗时期，西夏日益强盛，于是韩琦、范仲淹被任命为副使，负责抗击西夏。韩琦不听范仲淹固守的劝告，派任福率军到达怀远城，鼎与西夏军队战于张义堡南，正遇上镇戎军西路巡检常鼎，杀死几千西夏人马。西夏军诈败，任福不知是计，尾随追击。于是宋军孤军深入，造成粮草不继，人困马乏。到达好水川后，遭遇西夏军队主力的伏击，宋军将士战死一万余人。任福身负重伤，刘进劝他投降，任福大声喊道："我是大将，打了败仗，就该以死殉国！"于是自杀。任福的儿子任怀亮，以及部将桑怿、刘肃、武英、王圭、赵津、耿傅都英勇战死。最后，宋军仅有几千人逃脱。

任福之败

没有掌握水无常形的道理
翻山越岭，孤军深入，本就危机重重，再加上粮草不足，导致士气低下。而此时如果和敌人交战，更是凶多吉少。如果能探悉敌军动向，谨防偷袭和埋伏，或有取胜之机；然而一成不变的应敌策略，则导致宋军成了待宰的羔羊。

商业案例

◎异军突起的苹果计算机◎

无论是用奇还是用正，现代商战都强调掌握主动权，而掌握主动权的标志就是占领市场，"先处战地"，而后制定市场准入标准，达到"致人而不致于人"的目标。

1982年，美国《幸福》杂志公布了美国企业500强名单，名不见经传的苹果计算机公司首次入选，名列第411位。更为厉害的是，苹果计算机公司年仅5岁，是500强中最年轻的。仅仅过了一年，苹果计算机公司跃升到了第291位，营业额高达9.8亿美元。

究竟是什么让苹果计算机公司在短时间内异军突起的呢？

1976年，美国的许多计算机厂家都把研究和生产大型计算机作为重点，而对个人计算机不屑一顾，认为个人计算机前途不大、利润不高。这时，21岁的史蒂夫和26岁的沃兹尼克却认为个人计算机必定有很好的消费市场，所以决定在大家都忙着搞大型计算机的时候，另辟蹊径，终于成功研制出"苹果"个人计算机。从此，美国计算机界又多了一位呼风唤雨的巨人。

【点评】

"虚"与"实"是一对矛盾，而我们的世界正是由无数矛盾交织而成的，就像有白天就会有黑夜，有美丽就会有丑恶，有长处就会有短处。实际上，矛盾是世间万物内在联系和相对性的一种表现。《老子》里说："天下皆知美之为美，斯恶已。皆知善之为善，斯不善已。故有无相生，难易相成，长短相形，高下相倾……"可见，在很早的时候，人们就认识到了世间万物的关联性和相对性，进而又认识到了这种关联性和相对性也是随着环境和立场等因素的变化而不断变化的。

古希腊哲学家赫拉克利特有一句名言："人不能两次踏入同一条河流。"意思是说，河水是不停流动的，当人们第二次踏入同一河流时，他们所接触到的水流已不是原来的水流而是变化了的新水流了。这句名言揭示了一个真理：世间的一切事物都处在不断变化之中。

孙子的"兵形象水"同样印证了这一道理：战场上瞬息万变，因而选择作战方向、制定作战方针、实施作战计划都必须灵活机动。

人生的道路虽然不如战场凶险，但也充满了各种变数，所以人们常说"每天的太阳都是新的"，既然计划赶不上变化，那么，唯一的应对办法就是因势利导，具体问题具体分析。

经典案例：EMC 的成功

　　EMC 公司成立于 1979 年，做了十年记忆体制造，在 20 世纪 80 年代末看到网络的发展趋势，继而认识到网络经济的基石在于资讯（以资料形式存在），所以毅然决定把公司积累的资金和技术全部投向资料智慧储存领域，进而迎来了 EMC 的飞速发展。虽然 EMC 的创始人和 CEO 迈克·鲁特格斯是最早看到网际网络商机的少数人之一，但 EMC 进入资料储存领域之际，面临的并不是阳关大道，而是像超级巨人 IBM 那样的竞争对手。EMC 之所以能在这场力量悬殊的较量中获胜，关键就在于专精于一个领域。即使当 EMC 崭露头角，有很多公司找上门来希望与其合作时，EMC 也没有被网际网络上的商机所眩惑，仍坚持主攻资料智慧储存领域，进而确立在这市场的霸主地位。

韩信的"形人"策略

　　汉高祖五年(公元前 202)，刘邦用韩信之计，调集各路大军追击项羽至固陵(今安徽寿县)，与九江王黥布会合攻城父（今安徽涡阳东），一路由固陵向东，将项羽围在垓下，围得水泄不通。项羽兵少，而且缺粮、屡战不胜、士气低迷。到了晚上，刘邦派人在楚军四周高唱楚歌，项羽闻之大惊，以为汉军已攻占楚地，随即率八百骑兵突围，第二天天亮仅剩二十八个骑兵。最后汉军追至乌江，项羽势单力薄，只有自刎而死。

分化敌人兵力的好处

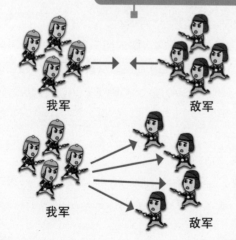

当势均力敌的时候，如果与敌人硬拼，那么必定损失惨重。所以，将领需要因势利导，想办法分散敌军的兵力。

将敌人的兵力分散之后，就形成了包围的态势，这样一来，兵力对比就发生了变化，我方可以集中优势兵力，将敌人各个击破。

我军　　敌军

我军　　敌军

运筹帷幄并非"神话"

很多人认为"神机妙算"不太现实，特别是很多故事里都带有迷信色彩，比如诸葛亮设祭坛借东风，而后来的学者分析，诸葛亮其实是掌握了气象学的原理，而摆弄一些道具，仅仅是做样子罢了。

东风 ——→ 被诸葛亮预知 ——→ 火烧赤壁

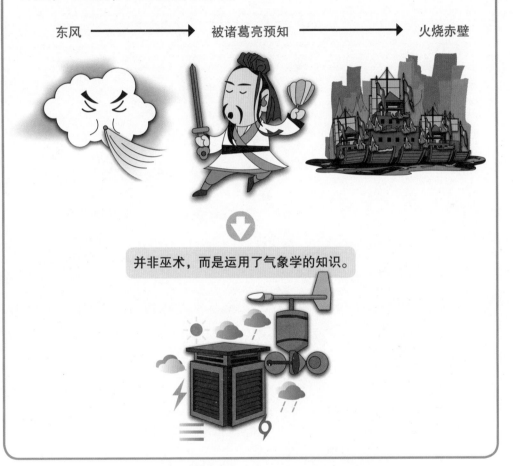

并非巫术，而是运用了气象学的知识。

经典案例：哈默的先见之明

美国著名的企业家哈默，在 1931 年从苏联回国后，曾对美国的政治局势进行了认真研究，他认定罗斯福一定会掌握美国政权，一旦罗斯福实行他的"新政"，那么 1920 年的禁酒令将会被废除。届时如果要解决全国对酒的需求，肯定需要相当数量的酒桶，而当时市场上却没酒桶出售。于是，哈默向苏联订购了几船桶板，并在纽约码头设立了临时桶板加工厂。当哈默的酒桶源源不断地制成时，正好赶上禁酒令的废除，酒厂的生产量大增，酒桶的需求量也跟着飞升。酒桶很快便被高价抢购一空，哈默也因此大赚了一笔。

《孙子兵法》常用名言

春秋后期三大圣哲

儒圣孔子

己所不欲，勿施于人。

道圣老子

水善利万物而不争，处众人之所恶，故几于道。

兵圣孙子

《计 篇》
将者，智、信、仁、勇、严也。

《作战篇》
故兵贵胜，不贵久。

《谋攻篇》
知彼知己，百战不殆。

《形 篇》
胜兵先胜而后求战，败兵先战而后求胜。

《势 篇》
善战者，求之于势，不责于人，故能择人而任势。

《虚实篇》
攻而必取者，攻其所不守也；守而必固者，守其所不攻也。

《军争篇》
善用兵者，避其锐气，击其惰归，此治气者也。

《九变篇》
故用兵之法，无恃其不来，恃吾有以待也；无恃其不攻，恃吾有所不可攻也。

《行军篇》
令之以文，齐之以武，是谓必取。

《地形篇》
知彼知己，胜乃不殆；知天知地，胜乃不穷。

《九地篇》
兵之情主速，乘人之不及，由不虞之道，攻其所不戒也。

《火攻篇》
主不可以怒而兴师，将不可以愠而致战。

《用间篇》
故三军之亲，莫亲于间，赏莫厚于间，事莫密于间。

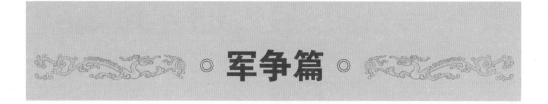

◎ 军争篇 ◎

【导读】

　　本篇比较系统地论述了军争的意义、利弊、原则和方法：要先于敌人占据要地，掌握有利战机，掌握战场主动权；不仅要看到军争的利，还要看到军争的害，更要学会趋利避害，并提出了"避其锐气，击其惰归"的著名军事原则。

【原文】

　　孙子曰：凡用兵之法，将受命于君，合军聚众①，交和而舍②，莫难于军争③。军争之难者，以迂为直，以患为利④。故迂其途，而诱之以利，后人发，先人至，此知迂直之计者也。

　　故军争为利，军争为危⑤。举军而争利，则不及；委军而争利，则辎重捐⑥。是故卷甲而趋⑦，日夜不处，倍道兼行⑧，百里而争利，则擒三将军⑨，劲者先，疲者后，其法十一而至⑩；五十里而争利，则蹶上将军⑪，其法半至；三十里而争利，则三分之二至。是故军无辎重则亡，无粮食则亡，无委积则亡⑫。

　　故不知诸侯之谋者，不能豫交⑬，不知山林、险阻、沮泽之形者⑭，不能行军，不用乡导者⑮，不能得地利。

【注释】

①合军聚众：指聚集民众，组成军队。合，聚集、聚结。②交和而舍：指两军剑拔弩张对垒而处。交，接，接触。和，即"和门"，指军门。③军争：两军争夺制胜的条件。④以迂为直，以患为利：指以迂回曲折的途径达到近直的目的，化不利为有利。迂，迂回、曲折。患，祸患、不利。⑤军争为利，军争为危：指军争是为了使形势对自己有利，但军争也是一件危险的事情。⑥委军而争利，则辎重捐：如果放弃笨重的物资器械而去争利，那么装备辎重将会遭受损失。委军，指丢弃笨重的物资器械，轻装前进。委，丢弃、舍弃。辎重，指行军时运输部队携带的物资，包括军用器械、营具、粮秣、被服等。捐，损失。⑦卷甲而趋：指卷起铠甲急速行进的意思。甲，铠甲。趋，快速前进。⑧倍道兼行：以加倍的速度昼夜不停地行军。倍道，行程加倍。兼行，昼夜不停地行军。⑨三将军：指上、中、下三军主帅。⑩十一而至：指部队仅有十分之一的兵力到位。⑪五十里而争利，则蹶（jué）上将军：奔赴五十里而争利，则前军将领很可能遭受挫败。蹶，失败、挫败。⑫无委积则亡：指军队没有物资储备作补充，就无法生存。委积，泛指物资储备。⑬不知诸侯之谋者，不能豫交：不知道诸侯列国的意图谋划的，不宜与其结交。⑭沮（jǔ）泽：水草丛生的沼泽地带。⑮乡导：即向导。

【译文】

　　孙子说：大凡用兵的法则，将帅接受国君的命令，从聚集民众结成军队，到开

合军聚众。

故不知诸侯之谋者，不能豫交。

赴前线与敌人对阵，这期间最困难的事情莫过于与敌人争夺制胜的条件。争夺制胜条件最困难的地方，又在于如何以迂回曲折的方法达到近直的目的，如何化不利因素为有利因素。所以，要使敌人的路途变得迂曲，用小利引诱误导敌人，这样，即使自己比敌人后出发，也能先敌人而到达。如此就算是掌握了"迂"与"直"的道理的人。

所以，争夺制胜条件是为了使形势对自己有利，但争夺制胜条件也常常是一件危险的事情。如果以整支军队去争利，往往因为行动迟缓而无法按时到达预定地点；如果放弃笨重的物资而去争利，辎重就会被丢下。因此，卷起铠甲急速行进，日夜不停，速度加倍地连续行军，赶到百里以外去与敌人争利，三军将帅很可能为敌人所擒，

强健的士兵先到达，疲困的士兵远远地落在了后面，这样的做法常常导致只有十分之一的兵力能够如期到达；奔行五十里去与敌人争利，前锋部队的将领很可能遭受

以迂为直。

挫败，这样常常导致只有半数的兵力能够如期到达；奔行三十里去与敌人争利，只有三分之二的兵力能够如期到达。须知军队没有辎重就会遭受失败，没有粮食就不能生存，没有物资储备就无以为继。

所以，不了解诸侯列国战略意图的，不能与其结交；不熟悉山林、险阻、沼泽等地形的，不能率众行军；不使用向导的，就不能得到地利。

● 军争之难者

两军争夺制胜的条件最难的是如何将自己的劣势加以利用，使之成为抵抗敌军的有利条件。

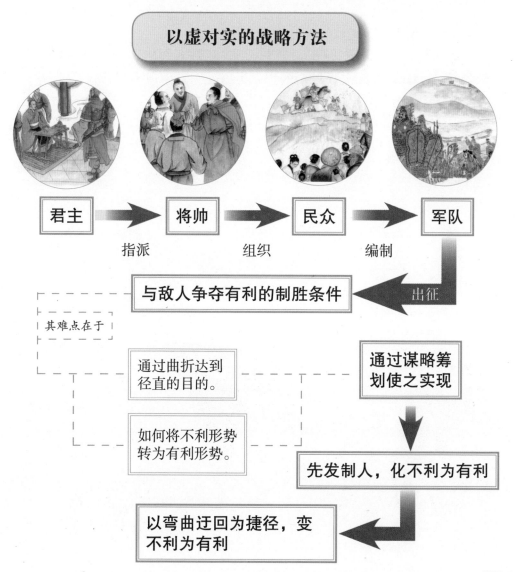

以虚对实的战略方法

君主 —指派→ 将帅 —组织→ 民众 —编制→ 军队

与敌人争夺有利的制胜条件 ←出征

其难点在于

通过曲折达到径直的目的。

如何将不利形势转为有利形势。

通过谋略筹划使之实现

先发制人，化不利为有利

以弯曲迂回为捷径，变不利为有利

【原文】

故兵以诈立①，以利动，以分合为变者也②；故其疾如风③，其徐如林④，侵掠如火，不动如山，难知如阴⑤，动如雷震；掠乡分众⑥，廓地分利⑦，悬权而动⑧。先知迂直之计者胜。此军争之法也。

《军政》曰⑨："言不相闻，故为金鼓；视不相见，故为旌旗。"夫金鼓旌旗者，所以一人之耳目也；人既专一，则勇者不得独进，怯者不得独退，此用众之法也。故夜战多金鼓，昼战多旌旗，所以变人之耳目也⑩。

故三军可夺气⑪，将军可夺心⑫。是故朝气锐，昼气惰，暮气归。故善用兵者，避其锐气，击其惰归⑬，此治气者也。以治待乱，以静待哗，此治心者也。以近待远，以佚待劳，以饱待饥，此治力者也。无邀正正之旗⑭，勿击堂堂之陈⑮，此治变者也。

故用兵之法，高陵勿向⑯，背丘勿逆⑰，佯北勿从⑱，锐卒勿攻⑲，饵兵勿食⑳，归师勿遏㉑，围师必阙㉒，穷寇勿迫㉓。此用兵之法也。

【注释】

①兵以诈立：指用兵打仗应当以诡诈多变取胜。②以分合为变：指用兵打仗应当视不同情况而灵活处置兵力。③其疾如风：指军队行动快速如风。④其徐如林：指军队行动缓慢时，犹如严整的森林。徐，缓慢。⑤难知如阴：指军队隐蔽时，犹如阴云遮天。⑥掠乡分众：指分兵数路，掠夺敌国乡邑。⑦廓地分利：指应当开疆拓土，扩大战

佯北勿从。

地，分兵占领扼守有利地形。廓，通"扩"，开拓、扩展。⑧悬权而动：指权衡敌我形势，相机而动。⑨《军政》：古兵书名。⑩变人之耳目：指根据不同情况变换指挥信号，以便适应士卒的视听能力，即让士兵的耳朵和眼睛更容易察觉下达的命令。变，适应。⑪夺气：指挫伤士气。夺，剥夺，这里指打击、挫伤。⑫夺心：指动摇将领的决心。古人在用兵时，很重视扰乱和动摇敌将的决心。⑬避其锐气，击其惰归：避开敌军的锋芒，等到敌军怠惰疲惫、士气低落时进行攻击。⑭无邀正正之旗：指不要正面迎击旗帜整齐、部署周密的敌人。邀，迎击、截击。⑮勿击堂堂之陈（zhèn）：指不要攻击士气旺盛、阵容严整的敌人。陈，古"阵"字。⑯高陵勿向：如果敌人已经占据高地，就不要去进攻它。陵，山陵。向，这里是仰攻的意思。⑰背丘勿逆：如果敌人背倚丘陵险阻，就不要正面迎击它。背，背靠、倚靠。逆，这里是迎击的意思。⑱佯北勿从：敌人如果是伪装败退，就不要追击。佯，假装。北，败北。⑲锐卒：锐气正盛的部队。⑳饵兵：诱兵，用来诱敌的小部队。㉑归师勿遏：敌军如果正在向其本国撤退，就不要去阻截它。遏，阻止、拦阻。㉒围师必阙（quē）：指在包围伏击敌人时，应当留出缺口，避免敌人走投无路而作困兽之斗。阙，通"缺"。㉓穷寇勿迫：已经陷入绝境的敌人，不要过分逼迫它。

是故朝气锐，昼气惰，暮气归。

【译文】

用兵打仗是建立在诡诈多变的基础上的，任何举措都要根据是否对自己有利来

故兵以诈立。

故善用兵者，避其锐气，击其惰归。

决定，分散或集中兵力要根据情况而灵活变化。所以，军队急速行进时要快速如疾风，缓慢行进时要严整如密林，攻击敌人时要迅猛如烈火，原地待命时要肖然如山岳，隐蔽时要像阴云蔽日，行动时要势如雷霆。掠夺敌国的乡邑，要分兵多路进行；开拓疆土，要分兵扼守有利地形；要先权衡利害得失，然后相机而动。懂得了"迂"与"直"的道理的就能胜利，这就是争夺制胜条件的原则。

《军政》中说："用语言指挥听不到，因而使用锣鼓指挥；用动作指挥看不清，因而就使用旌旗指挥。"锣鼓和旌旗，是用来统一军队作战行动的。全军上下的行动已然统一，勇猛的士兵就不会贸然单独前进，怯懦的士兵也不会擅自单独后退，这就是指挥众人作战的方法。所以夜间指挥作战多用火光和锣鼓，白天指挥作战多用旌旗，这样做都是为了适应士卒的视听能力。

对于敌人的军队，可以设法使其士气低落；对于敌人的将领，可以设法动摇他的心志。因此，军队的士气在初战时饱满旺盛，经过一段时间后就会逐渐怠惰低落，最后就会彻底衰竭。所以善于用兵的人，要设法避开敌人的锋芒，等它怠惰疲惫、士气消沉的时候再去攻击，这是掌握士气的方法。以我军的严整来对敌军的混乱，以我军的镇静来对敌军的哗恐，这是掌握军心的方法。以我军靠近战场的优势来对敌军远道而来的劣势，以我军的从容休整来对敌军的奔走疲劳，以我军的粮草充足来对敌人的饥肠辘辘，这是掌握军队战斗力的方法。不截击旗帜整齐、部署周密的敌人，不攻击士气旺盛、阵容严整的敌人，这是掌握灵活机变的方法。

所以，用兵的法则是：敌人占据高地，就不要去仰攻；敌人背靠丘陵险阻，就不要从正面进攻；敌人假装败退，就不要跟踪追击；对敌人的精锐部队，不要主动与之交锋；对敌人诱我进攻的部队，不要去理睬；对正在撤退回国的敌人，不要加以阻截；包围伏击敌军时，一定要留出缺口；对陷入绝境的敌人，不要过分逼迫。这些都是用兵的法则。

● 先知迂直之计者胜

战争中懂得运用以迂为直计谋的人才能取得胜利。战争并不是向前进攻才能胜利，迂回的作战方式可能带来更大的利益。

如何迂回作战取得胜利

备战

结交诸侯	行军作战	了解地形
要了解诸侯列国的计谋。	要熟悉山林沼泽等险阻地势。	要用当地人做向导。

用兵 ➡

出兵 — — — — 要奇诈多变。

行动 — — — — 要见机行事。

调遣 — — — — 要视情况而定。

速　行进像狂风般迅速。　缓　列阵如森林般严整。　攻　进攻像火般猛烈。　收　退守像水般柔顺。

行军

蔽　隐蔽像阴霾般严密。　动　行动像雷霆般震撼。　夺粮　夺粮要分兵数路。　开疆　开疆要权衡形势。

● 金鼓旌旗者

└─── 锣鼓和旌旗是古代战争中用来传递消息的两种方式。

为何使用金鼓旌旗

原因一

士兵在战争中听不到
将帅的指挥口令。

原因二

士兵在战争中看不到
将帅指挥的动作。

用金鼓旌旗指挥

使用旌旗指挥
使其可见。

用锣鼓号令
使其可闻。

使士兵更好地接收指令，按令行动

实用谋略

○避其锐气，击其惰归——合肥之战○

善于用兵之人，总是避开敌人的锐势，等敌人疲惫时再予以打击。三国时吴、魏合肥之战，就是这一军事思想的最好体现。

赤壁之战后，孙权与曹操又交战数次，前者均取得了胜利。孙权认为曹操势力已经衰弱，不足为患，这正是自己扩张地盘的绝佳时机，于是在214年，亲率水军沿长江攻打曹操的江北重镇——皖城。

这次行动的总指挥是东吴大将吕蒙。吕蒙任命甘宁为升城督，命其督导攻城部队，而自己则率领精锐部队在后面跟进。甘宁手持链条，身先士卒，亲自率军攻城，很快就把皖城拿了下来。

吕蒙率军北进。

拿下皖城后，孙权又命令吕蒙继续挥师北上，围攻合肥。此时，曹操正率军讨伐汉中的张鲁。临行前，曹操曾交给合肥护军薛悌一封书信，封角处写着：等东吴大军北攻合肥时再开启。这时东吴军队马上就要到合肥了，诸将就拆开曹操留下的密信。曹操书信中说：孙权到达合肥时，我军由张辽和李典出去迎战，乐进则负责守城，不得与敌军交战。诸将看到曹操的指示，都颇感疑惑：敌多我寡，势如危卵，还要出兵击贼，这不是自找死路吗？况且张辽、乐进、李典三人向来不和，遇到这样的情况，谁也不服从谁的命令，这样安排岂不是自取灭亡？

张辽带队冲进东吴的军营。

在这个危急关头，张辽、乐进、李典三人冰释前嫌，决定齐心协力共破东吴军。张辽披甲持戟，率领八百名死士杀向孙权的部队。东吴军队未作防备，张辽带队冲进了东吴军营之中，亲自斩杀了两名将领，并且高喊着："张辽在此！"敢死队冲进吴军阵营，孙权大惊，左右侍卫急忙拥着孙权退到小土丘上，并奋力抵挡袭营的曹军。

张辽率领将士从凌晨一直激战到中午，致使吴军士兵死伤无数，士气也渐渐低沉下来，张辽遂领军回城，整备守城事宜。而魏军初战告捷，军心大振，将领们对张辽也心悦诚服。

不久，东吴的后续部队到达合肥，孙权于是决定大举攻城。然而，合肥城墙高且坚固，东吴诸将连续强攻了十几日都打不下来，吕蒙、甘宁等人一时也想不出什么破城良计，此时东吴军中疾疫流行，再打下去也没什么意义，孙权只好下令班师回朝。

张辽在城上看着吴军撤退，发现孙权主阵排在大军的最后方，而且兵力很少，便与李典、乐进率领合肥的守军出城袭击。

孙权看到合肥城步骑齐出，知道大事不妙，赶紧命前面已撤退的部队返回。但是前锋部队已经走得很远，一时赶不回来。最终，孙权在右部督凌统所属的三百侍卫奋死力战之下，才勉强逃脱。

合肥之战，曹军躲避东吴军队的锋芒，并趁其麻痹大意时，派出精锐部队进行偷袭。待东吴军队无奈撤退时，曹军又偷袭它的后备军队，险些擒获东吴主孙权，这充分体现了"避其锐气，击其惰归"的军事思想。

◎邲之战◎

孙子认为，在行军打仗时，要学会趋利避害，并提出了"避其锐气，击其惰归"的著名军事原则。春秋时期的邲之战，就是这一军事原则的最好体现。

邲之战，是春秋中期的一次著名会战，是当时两个最强大的诸侯国——晋、楚为争霸中原而进行的第二次重大较量。在此次会战中，楚军利用晋军内部意见不一、指挥无力等弱点，适时出击，战胜对手，从而一雪城濮之战中失败的耻辱，在中原争霸斗争中暂时占了上风。

周定王十年（公元前597）春，楚庄王以郑国私通晋国为由，大举伐郑，围攻郑都新郑（今属河南）。六月，新郑城破，郑襄公向楚军请和。楚庄王同意与郑国媾和，并退兵三十里，派使臣与郑国会盟。郑襄公则派自己的弟弟子良到楚国去做人质。郑国是晋国进入中原的必经之地，晋国自然不会放弃，楚围郑之际，晋景公便决定派荀林父率上、中、下三军援救郑国。

但是，晋国进军缓慢，贻误了作战时机。当郑与楚媾和的消息传来时，晋军才抵达今河南省黄河北岸的温县地区，战略上陷入了被动。主帅荀林父认为救郑已无意义，欲引军而还。上军主将士会亦认为，楚国内部稳定，军队训练有素，从时机、准备、士气上都处于有利地位，如果现在同它作战一定对晋不利，主张暂缓行动，等待时机。而中军副将先縠则认为，面对强敌，晋军如果退缩，那就必将使晋国的霸业落空，因此极力反对撤军。后来，他竟不顾荀林父的军令，自率中军一部渡河。这一行为打乱了荀林父的军事部署，这时，晋军大将司马韩厥向荀林父建议道："先縠以偏师攻敌，势必招致危险，您身为元帅，对此是负有责任的。还不如命令全军渡河前进，这样，即使打了败仗，责任也是由大家共同承担。"荀林父被迫令全军南渡黄河，行至邲地（今河南衡雍西南），由西向东背靠黄河列阵。

不久，晋军北进至郔地（今郑州北），并纵马到河边饮水。得知晋军渡河而来，楚庄王近臣伍参建议与晋交战，庄王及孙叔敖则认为征服郑国的目的已经达到了，没必要再与晋国交战，遂决定率军南撤。伍参又向庄王进言："荀林父统率中军，但是将士们根本不听他的命令。如今晋军将帅之间有矛盾，打仗的话晋军必定失败；况且您是堂堂大国的君主，如果就这样避战，恐怕会给国家带来耻辱，望大王三思啊！"楚庄王听后，打消了南撤的念头，决定与晋国一战，于是率兵向北推进，抵达管地。

晋、楚两军对峙之际，郑襄公派遣使臣皇戌前往晋营，劝说荀林父进攻楚军。对于郑国的这一建议，晋军将帅又进行了一场争论。郤縠主张立即出战，认为打赢了这一仗，不但能威慑楚国，还能使郑国臣服于晋国。下军副将栾书则不同意郤縠的看法，他认为楚军实力强大，不容易对付，搞不好还会使自己陷入困境；而郑国之所以来劝战，纯粹是出于对自身利益的考虑，即希望晋、楚速战速决，以战争结局来决定自己的去从。荀林父一时难以做出决定。

为了麻痹晋军，并使其怠于防备，楚庄王先派少宰到晋营之中谦辞请和，表示楚国这番出师北上，只是为了教训一下郑国，并无开罪晋国的意思。晋国上军将领士会代表荀林父以礼相答，而先縠也与楚使会面，并厉言说道："晋军这番前来，正是为了把楚军从郑国赶走，如果楚国不退军，那么晋国只好进攻你们了。"楚国少宰出使晋营归来后，楚庄王又几次遣使到晋军营帐求和。荀林父本来就因为将不

楚庄王以郑国私通晋为由，大举伐郑。

从命而没有决战之心，现在又被楚国一再示弱求和的假象所迷惑，所以放松了戒备。后来，荀林父与楚使正式约定盟期，以求体面回师。楚庄王见决战时机成熟，遂派善战的许伯、乐伯、摄叔率军突袭，冲入晋营，斩杀晋军将士无数，然后撤了回去。

荀林父一心想与楚结盟，仍旧不做战斗准备，不久又派魏锜、赵旃二将赴楚营约盟。以前，魏、赵二人曾向荀林父求公族大夫和卿之职，但是荀林父没有答应。魏、赵二人想趁出使楚军的机会，抢了荀林父的功劳。于是，两人到达楚营后，擅自向楚军发起进攻，结果被楚军打得大败。楚军主力遂借机倾巢而出，猛烈攻打晋军各部。

荀林父正待楚使来盟，没想到楚军如潮而至，他惊慌失措，急忙下令全军渡河北撤，并宣称"先渡河者有赏"。晋上军设伏未动，中军、下军纷纷向河边溃逃。

晋军没有了统一的指挥，在楚军追击之下，溃不成军，死伤惨重。晋中军大夫赵婴齐因预先备有船只，故而率所部抢先渡河。中军余部和下军退至河边，相互抢夺船只，先上船者甚至斫斩攀船者的手指，导致船上断臂断指积成堆，晋军损失惨重。所幸的是，楚军并没有打算在河岸聚歼晋军，而且此时晋上军在士会的指挥下，设伏挫败了楚公子婴齐所率领的楚左军，晋下军大夫荀首也射杀了楚先锋将领连尹襄老，俘获了楚公子谷臣，所有这些都起到了掩护晋军渡河的作用，晋军大部终于渡河脱离了危险。

经过一天的激烈战斗，楚军取得了战争的胜利，楚庄王率军进至衡雍（今河南原阳西），祭祀河神，作先君之庙，宣告楚胜晋败，凯旋回师。

邲之战中，楚国的战略战术可以分为以下三步：

第一步，诱敌。围困郑国，引诱晋国来援。晋军远道而来，必然疲惫，楚军正好以逸待劳。

第二步，示弱。楚国在发动进攻之前一再请和示弱，一方面，使晋军放松戒备；另一方面，自己的军队会因此而愤怒，表现出强烈的求战欲望。

第三步，袭击。最后选择了发动突然袭击的方式攻击晋军，时机选得恰到好处。

实际上，以当时双方的战力和心态来说，即便是正面交锋，楚国依然占有较大胜算。采取了以上的战略战术，楚国不仅轻松地战胜了晋国，而且还取得了完胜。

◎李文忠劳敌之术◎

善于用兵的人，应当设法避开敌人的锐气，等它怠惰疲惫、士气消沉的时候再去攻击，这样才能取得战争的胜利。李文忠疲敌的战术，正是这一军事原则的集中体现。

洪武二年（1369）春，正在北方追击元朝残余势力的征虏副将军常遇春暴病而亡，明太祖万分悲痛，追封他为开平王。同时，明太祖诏命李文忠袭常遇春之职，发兵攻打庆阳。

李文忠兵至太原，听说元将脱列伯围攻大同，大同危在旦夕。李文忠对诸将说道："将在外，君命有所不受。只要有利于战局，专擅也无妨。现在大同被围，宜速去救援，若禀命而后再行动，岂不坐失良机？"遂引军出雁门，行至马邑，与元平章刘帖木率领的数千游

李文忠进击元军。

骑相遇。李文忠指挥部下与敌交战，结果大败元军，生擒元将刘帖木。

李文忠率明军进至白杨门，择地安营扎寨。这天夜里，天降雨雪，满山都成了银白色。李文忠不敢有丝毫大意，引亲兵在营外巡视，见雪地上似有行人踪迹，立即策马而还，督军前移五里后才阻水立寨。诸将询问缘故，李文忠说："以前安营之处是元军伏兵的地方，很危险。现在移兵到此地，稍觉安全，但须严加防范，以防元军劫营。"

果然不出所料，脱列伯派兵乘夜劫营，被李文忠部的炮矢击退。次日，天色微明，李文忠秣马厉兵，派出两营军士前去挑战。此时，折腾一夜的元军正准备埋锅造饭，见明军杀来，也顾不得吃饭，强打精神上马迎战。双方打了几个时辰，未分胜负。李文忠的属下认为应速战速决，于是劝李文忠发兵增援，李文忠泰然自若，并不发兵。待元军战到疲惫不堪之时，李文忠立即上马，率两路大军左右夹击，如泰山压顶般包抄过来。元军整日没有吃饭，已经没有一点力气了，这时又看到大批明军向他们杀来，个个吓得惊慌失措。脱列伯腹背受敌，欲打马逃遁，李文忠赶上一枪刺死他的战马，脱列伯从马下摔了下来，被生擒活捉。元军余众见主帅被俘，纷纷下马乞降，李文忠大获全胜。

《十一家注·李荃》中说："敌逸，我能劳之者，善功也。"李文忠先派小股部队与元军纠缠，把元军搞得疲惫不堪，而大部队却以逸待劳，待时机成熟再发起猛攻，从而一举歼灭元军。

◎诸葛亮妙用木牛流马◎

军争就是要争夺战争的主动权。两军交战的时候，谁拥有主动权，谁就能够克敌制胜。诸葛亮妙用木牛流马退敌的故事，便体现了军争的思想。

诸葛亮最后一次北伐曹魏，率军出祁山而与魏军对峙。魏将司马懿知道蜀军粮草运输困难，所以采取了坚守不出的策略。在此情况下，诸葛亮命蜀军制造了先进的运输工具——木牛流马，蜀军的粮草供应问题因而得以解决。

司马懿听说这一情况后吃了一惊，心里暗想道："我之所以坚守不出，就是因为他们粮草不能接济，想着他们会自行溃败；可如今他们用了此法，必是作了打持久战的打算，不想退兵了，这可怎么办？"于是急唤张虎、乐綝二人，吩咐道："你二人各引五百军士，从斜谷小路抄出；待蜀兵驱过木牛流马，便一齐杀出；不可多抢，只抢三五匹便回。"

蜀军制造木牛流马。

　　张乐二人依令，各引五百军士，扮作蜀兵，埋伏在斜谷之中。不多时，果然看见蜀将高翔引兵驱木牛流马而来。等蜀军将要全部通过斜谷之时，魏军突然杀出，抢了几匹木牛流马便速速收兵回营了。司马懿看了木牛流马，十分高兴，说："你会用此法，难道我不会用！"逐令巧匠百余人，照原样制造木牛流马。不到半个月，便造出两千余只，而且使用效果与诸葛亮所造的一般无二。司马懿随即命令镇远将军岑威引一千军士，驱驾木牛流马去陇西搬运粮草，运输速度大大提高，魏营的军将无不欢喜。

　　高翔回到营中，向诸葛亮报告了魏军抢夺木牛流马一事，诸葛亮笑着说："我正是要他去抢，我只费了几匹木牛流马，不久便可得到他们更多的财物！"几天后，有人来报说魏兵也造了木牛流马，正往陇西搬运粮草。

　　诸葛亮听到这一消息，心中大喜，说："果然不出我所料。"当下唤大将王平来见，吩咐说："你引一千人马，扮作魏人，连夜偷过北原，只说是巡粮军，径直赶往运粮之所，将魏军护粮之人杀散；而后驱木牛流马奔回北原。魏军必然追赶，你就将木牛流马口内舌头扭转，牛马就不能行动。你先弃之而走，等我率兵赶到，你再回兵将牛马舌扭过来，继续行走！"王平领命而去。诸葛亮又唤张嶷来见，吩咐说："你引五百军士，都扮作六丁六甲神兵，鬼头兽身，用五彩涂面，内藏烟火之物，伏于山旁。待木牛流马到时，放起烟火，一齐拥出，驱牛马而行。魏人见到

诸葛亮妙用木牛流马。

后，必然怀疑是神鬼，一定不敢追赶。"张嶷也领命而去。诸葛亮又吩咐魏延、姜维引一万兵，去北原寨口接应木牛流马；派廖化、张翼引五千兵，去截断司马懿的去路。

魏将岑威正用木牛流马运送粮草，这时手下忽然报告说前面有兵巡粮。岑威令人前去探听虚实，听说确是魏兵，这才放心前进，与巡粮军兵合一处。走不多时，忽听身后大乱，又有人大喊道："蜀中大将王平在此！"岑威还没回过神来，就被王平一刀斩了，押粮的魏军也四散逃走。王平当下依诸葛亮之计尽驱木牛流马而回。魏将郭淮闻听军粮被劫，急忙引军来救。王平于是命令军士扭转木牛流马的舌头，弃之而走。郭淮也没有来追赶，只是叫魏军将木牛流马驱回；可是无论军士们如何推拉，那木牛流马就是纹丝不动。

没过多久，就听到鼓角喧天，杀声四起，郭淮定睛一看，是魏延、姜维引军杀来。王平也引军杀回。在三路人马的夹攻之下，郭淮大败而归。王平又让军士将木牛流马的舌头扭转回去，那木牛流马又可以行走了。郭淮望见了，很不甘心，正想回兵再追，只见山后出现了一队形状诡异的怪物，他们个个手执旗剑，龇牙咧嘴，驱驾着木牛流马如风般向自己杀来。郭淮看了大惊失色，说："这一定是有神相助啊！"于是不敢再去追赶。

诸葛亮故意让魏军劫走木牛流马，在木牛流马内暗设机关，使魏军不知其中奥妙，延误了时机，而蜀军则趁机完成了集结，这些都是对孙子以迂为直、以利诱敌思想的绝妙运用。

◎四面楚歌◎

公元前 203 年八月，项羽和刘邦议和，约定以鸿沟（在今河南荣县境贾鲁河）为边界，"中分天下"，互不侵犯。一个月后，项羽领军东归，刘邦也想引兵向西。此时，刘邦的谋臣张良、陈平劝谏道："天下三分之二已经归我所有，而楚军目前粮草不足、士兵疲乏，正是灭项羽的天赐良机，岂可养虎遗患！"刘邦醒悟，遂命韩信、彭越等大将同时火速出兵，自己则亲率大军追击楚军，准备合力灭楚。

然而，韩信、彭越均按兵不动。张良见此情形，向刘邦献计说："要想调动韩、彭二人，必须给他们赏赐。请大王派人告知他们：如果打败楚军，将平分楚地，韩、彭各半。"刘邦依计行事，韩、彭二人得此消息后，果然立即大举进兵。经过数次激战，最终韩信用计将项羽团团困于垓下（在今安徽灵璧县东南）。

楚军被困日久，粮食渐渐吃光，时值隆冬，寒风凛冽，士兵们饥寒交迫，军心不稳。一天晚上，夜深人静时分，四周突然响起楚地的民歌，在箫声的伴奏下越显凄凉："寒夜深冬兮，四野飞霜。天高水固兮，寒雁悲怆。最苦戍边兮，日夜彷徨……"

项羽听了，大吃一惊，心想："难道汉军已经完全占领了楚地？不然的话，为何他队伍中的楚人会这么多呢？"楚歌还在唱着，即使在寒风中也能听得清清楚楚："虽有田园兮，谁与之守？邻家酒热兮，谁与之尝？白发倚门兮，望穿秋水。稚子忆念兮，泪断肝肠……"

哀怨的歌声此起彼伏，不绝于耳，项羽军队中的士卒多为楚地人，听到家乡民歌，自然而然地勾起了思乡之情，有的随之唱和，有

楚军士气低落。

项羽自刎。

的潸然泪下，这样一来，他们哪里还有心思打仗！楚军士兵开始三三两两地叛逃，
发展到后来，竟然整批整批地逃到汉营。

　　面对如此糟糕的情况，项羽也无可奈何，何况他也在这四面楚歌中丧失了斗
志，只能借酒浇愁，对着最宠爱的妃子虞姬，他心里感到悲痛，慷慨悲歌道："力
拔山兮气盖世。时不利兮骓不逝。骓不逝兮可奈何！虞兮虞兮奈若何！"（力量足
以拔起大山啊，勇气压倒当世。时运不利啊，乌骓马不能奔驰。乌骓马不能奔驰
啊，可怎么办！虞姬啊虞姬啊，我该拿你怎么办！）

　　歌罢，项羽潸然泪下，旁边的人也都低声哭泣起来。虞姬鼓励项羽赶快杀出重
围，然后在他面前自刎身亡。项羽悲愤交加，带着八百余名士兵突围，等他浴血奋
战，逃至乌江边时，身边仅剩下二十八骑。面对追来的大批汉军，有人劝项羽忍一
时之辱，先过江，以图东山再起。项羽感到无颜面对江东父老，最终拔剑自尽。至
此，刘邦在楚汉之争中彻底胜出，不久即建立汉朝，是为汉高祖。

　　可惜项羽至死不知在汉营中唱楚歌的并非全是楚地人，而这实际上是张良布置
的"攻心夺气"之策。张良教所有的汉军将士唱楚歌，不费吹灰之力就瓦解了楚军
的军心。

经典战例：赵奢智退秦军

赵惠文王二十九年（公元前270），秦国包围了赵国的阏与城，双方相持不下。廉颇、乐乘都认为不能去援救。而赵王命赵奢为主将，领大军救援。赵奢领大军在离邯郸三十里处驻扎，下令只要带兵出战的，一律处死。因此无论秦军怎样叫战，赵奢就是坚守城池。秦军认为赵奢一味防守，不会救援阏与城，所以掉以轻心。而赵奢趁秦军守备松懈，下令前去解救阏与城。赵军日夜兼程，穿越秦军营地，赶到阏与城。赵奢命善射的士兵在阏与城外五十里的地方扎营，又采用部下许历的建议，占领阏与北山。待秦军一到，赵军内外夹攻，秦军伤亡惨重，最后不得不撤军。

图德拉的迂直之计

美国人图德拉希望有机会能从事石油生意。从朋友那里，他得知阿根廷即将在市场上购买两千万美元的丁烷气体，但竞争对手却是英国石油公司和壳牌石油公司。同时，他还了解到阿根廷正打算卖掉很多牛肉。

图德拉告诉阿根廷政府："如果你们向我买两千万美元的丁烷，我一定买你们两千万美元的牛肉。"阿根廷政府和他订下了合约。

卖2000万丁烷
买2000万牛肉

得到契约后，他又来到西班牙一个因缺少订单而濒临倒闭的造船厂，向他们承诺："如果你们向我买两千万美元的牛肉，我就向你们的造船厂订购一艘两千万美元的超级油轮。"西班牙人欣然同意。

卖2000万牛肉
买2000万油轮

接着图德拉又来到费城的太阳石油公司，对他们说："如果你们租用我正在西班牙建造的价值两千万美元的超级油轮，我将向你们购买两千万美元的丁烷气体。"太阳石油公司也同意了他的条件。

租2000万油轮
买2000万丁烷

就这样，图德拉不花一分钱，就做成了两千万美元的丁烷生意，并如愿以偿地进入了石油业。

后备物资的重要性

有时候，打仗就是拼经济实力，哪一国的实力雄厚，就是最后的赢家。如果缺少物资，到最后只能坐以待毙。

（士兵士气高昂）　　　　（士气低迷）

如果双方物资都比较充足，那么就要想办法消耗敌方的物资，以便在战场上取得有利地位。

抢劫、焚烧粮草

如果我方缺乏物资，就要想办法补充。如果不能补充，则要想办法速战速决，不能被持久战拖垮。

偷袭敌营

一旦敌人物资短缺，那么我方就要抓住这个机会，消耗敌人的力量，以一定的攻势，让敌人无还手之力。

发动进攻

木马计

公元前 1200 年，希腊斯巴达皇后海伦，被海峡对岸的特洛伊王子帕里斯抢走。希腊人渡过爱琴海去攻打特洛伊，但因其防守甚严，历时九年仍未攻克。

最后，希腊人想出一条妙计，他们听说特洛伊王子喜欢马，于是造了一匹高大无比的大木马，将士兵藏匿在木马之中，然后将其弃置在城外，其余的人都上船，佯装撤退。

表面上看来，希腊人似乎放弃了这场战争。等希腊人走了之后，特洛伊人发现一匹高大精巧的木马，于是将大木马拉进城中。

等到天黑以后，木马里的士兵出来杀了守城的特洛伊人，再打开城门，让藏在城外的希腊军冲进城内，大败特洛伊守军，并将特洛伊城夷为平地。然后，斯巴达国王将海伦王后接回了希腊。

经典案例：另辟蹊径

美国福特公司成立之初，规模很小，无法与实力强大的汽车公司抗衡。当时，许多汽车制造商致力于高级汽车的生产。于是福特另辟蹊径，生产一种平价汽车。产品问市后，因价格低廉，广受中低阶层的消费者欢迎，为福特公司带来巨大的利润。

穷寇勿追 ——

既然讲究"乘胜追击"，那么打败了敌军，就要一鼓作气将其消灭，为什么要放弃这个机会，让敌人逃跑呢？

明朝永乐十七年（1419），明朝政府派兵追剿长期侵犯边境的倭寇。六月十四日，辽东总兵刘江（起初冒充父亲的名字，后改名为刘荣）得知望海埚东南王家山岛夜里有火光，所以急忙派兵前去。

第二天，2000多个倭寇登岸后排好队形，直取望海埚。刘江命令指挥钱真、徐刚带领士兵埋伏，又派人焚烧倭寇的船，断其归路。随后刘江亲自带兵迎战，引诱倭寇进入埋伏圈。倭寇中计，被打得落花流水，残兵败将逃入附近的樱桃园空堡。

此时，有人建议强攻，但刘江认为把敌人逼急了，反而会激发他们的战斗力，于是下令留一条退路。倭寇看见明军有了破绽，便开始向西逃奔。明军乘势夹击，杀了千余个倭寇，剩余的全部投降。

此战是明朝抗倭的首次大捷。自此后的数十年间，倭寇再也不敢随便侵犯辽东了。

明朝常用兵器一览

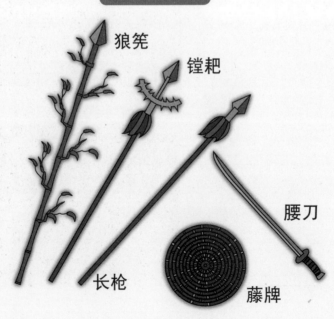

狼筅

镗耙

腰刀

长枪

藤牌

经典战例：保护密码的策略

1940年11月晚，德国的轰炸机对英国考文垂市进行了长达10小时的空袭，考文垂市惨遭重创，人员死伤不计其数。其实，在考文垂市遭受轰炸的48小时之前，英军就用最新研制的密码机破译了德军的轰炸密令，但丘吉尔决定不采取防御行动，目的是保护新密码机的技术不被泄露。丘吉尔的决策，其实就是"迂"，因为此后在保卫英伦三岛的长期作战中，密码机保护的远远不止一个考文垂市。

风林火山

16世纪，日本迎来了长达100年的战国时代。在此期间，武田信玄(1521—1573)因与上杉谦信长期作战而闻名，成为群雄之一，也是让对手敬畏的智将。武田信玄在作战中能充分运用《孙子兵法》，他所制定的突击旗，就有"疾如风，徐如林，侵掠如火，不动如山"十四个大字。武田信玄的兵法在慎战、全胜以及不战而屈人之兵方面与《孙子兵法》有异曲同工之妙。

疾如风

速度是进攻的先决条件。所谓迅雷不及掩耳，就是要趁敌人还没做好准备的时候，取得绝对优势。

徐如林

在行军时，为了不让敌人发觉，一定要做到悄无声息，此时军队的纪律性就显得尤为重要。

侵掠如火

火最大的特点就是蔓延迅速，而且杀伤力强。因此进攻敌人就要保持火的特性，用气势压倒敌人。

不动如山

防守最重要的就是要稳，不管敌人多么凶猛，都不能乱了阵脚。只要稳扎稳打，再强的敌人也不怕。

经典战例：妙用宣传攻势

　　1941 年，德国建造了几十艘潜艇，需要招收几千名潜艇水手。许多德国青年都跃跃欲试，准备去报名。为了破坏德国海军的征募计划，美国海军心理战部门精心设计了一张传单。在这张传单上，潜艇被画成"钢铁棺材"，并配有文字说明：在潜艇上工作是非常危险的，由于长期与外界隔绝，人的寿命很短。结果许多德国青年看到这张传单后，由棺材想到了死亡，于是纷纷放弃报名。美军这一策略，在很大程度上延缓了德军完善水军的进度。

心理战的目的

最大限度地争取盟友，孤立对方，置对方于心理弱势和劣势。	采用各种手段，降低敌人战斗的决心，或者让敌人降低警觉心。	想尽一切办法鼓舞我军的士气，使将士同仇敌忾，提高战斗力。

　　20 世纪 70 年代，在第三次中东战争中，埃及为了打击以色列，加紧进行战争准备，并经常利用周末进行军事演习。一开始，以色列非常重视演习，且都会做出反应，采取行动，结果每一次都是虚惊一场。久而久之，以色列人就形成了惯性思维，认为埃及都是在进行演习，警觉降低了。

　　1973 年 10 月 6 日，埃及又以演习为名集结军队，向以色列发动突然袭击，当时，以色列人毫无戒备，结果埃军大获全胜。

"噪声"攻略

伊莱克斯在扩大市场时，第一个利用噪声为噱头打广告，广告词为："冰箱的噪声，你要忍受的不是一天、两天，而是十年、十五年……我们的冰箱好得让您一生都能相依相靠，静得让您日日夜夜都察觉不到。"

诺曼底登陆：宏大的避其锋芒战略

1944年6月6日，盟军为了开辟欧洲西线战场，发起了一场大规模攻势。盟军接近300万士兵渡过英吉利海峡，前往法国诺曼底。目的除了光复法国，还要开辟一条直通柏林的战线。诺曼底战役至今仍是世界上最大的一次海上登陆作战。

为了保障计划顺利实施，盟军选择了诺曼底作为登陆地点。

此时，德军也知晓盟军会采取攻势，他们想要阻击盟军。而盟军所要做的就是避开德军主力。

当登陆地点定在诺曼底之后，盟军想尽一切办法保护机密、混淆视听，让德国人无法判断登陆的确切位置。

德军没有办法，只好在法国沿岸大规模布防，从而分散了兵力。

1944年6月6日，盟军发动海陆空三军，从诺曼底的朱诺、奥马哈、犹他等海滩登陆，像几把尖刀，割破了德军的防线，为欧洲战场奠定了胜利的基础。

盟军空降点

盟军进攻路线

盟军与德军主要冲突区

犹他海滩　奥马哈海滩　金滩　朱诺海滩　宝剑海滩

商业案例

◎以退为进的谈判◎

在商业谈判中，退避的策略也可以掌握主动权，以退为进的谈判方式，正是军争思想在商业领域的灵活运用。

英国友尼利福公司总经理柯尔可谓是一位深谙"以退为进"之道的大师。在企业经营和商业谈判中，柯尔不时采取退让策略，把更多的利益让给对方，而这样做的结果往往是退一步最后却进了两步。

柯尔很早就在非洲东海岸建立了友那蒂特非洲子公司，从业人员达14万。公司的重要财源之一是栽培食用油料落花生。"二战"结束后，非洲各地掀起民族独立运动高潮，独立的国家纷纷把土地收归国有，友那蒂特非洲子公司也时刻面临被逐出的危险。

在这个关键时刻，柯尔在老朋友的帮助下，对友那蒂特非洲子公司采取了任用非洲人为首席经理人员、非洲人与白人同工同酬等六项有利于非洲各国的改革措施。在与几内亚政府交涉时，柯尔主动表示将公司撤出去。几内亚政府为柯尔的诚意所感动，出人意料地表示希望柯尔的公司留下来。在与加纳政府交涉时，柯尔主动地把栽培地交还给加纳政府。加纳也为柯尔的诚意所感动，并邀请柯尔的友尼利福公司成为政府食用油料的买卖代理人，这意味着柯尔在加纳是食用油经营权的唯一持有者。在非洲其他国家，柯尔的主动退让策略也都得到了大小不同的"回报"。实际上，在风起云涌的非洲独立运动中，柯尔不但没有受到损失，反而有所收获。

【点评】

《军争篇》论述的是如何与敌争夺有利的制胜条件，即如何争夺有利的战地和战机的问题，因为二者在战争中有着至关重要的意义。

关于赢得军争的方法，孙子提出了"迂直"的概念。迂直的主导思想便是"以迂为直"，讲求的是用计谋使敌人受到误导和牵绊，用小利引诱迟滞敌人，使自己能够在敌人率先出发的情况下，却先敌人而到达。孙子所说的"故迂其途，而诱之以利，后人发，先人至"就是这个意思。"以迂为直"的战略表面上看可能意味着多付出、多耗费，实际上却能使自己始终处于主动的地位，因为敌人始终是在被我所支配和左右。

人们常说："忍一时，风平浪静；退一步，海阔天空。"又说："宰相肚里能撑船。"说的都是"以迂为直、以退为进"之意。

孙武的战争观：重战、备战、慎战

《孙子兵法》流传于世，不仅在于其对战争策略运用问题的论述，更重要的是全书弥散的"慎战、重战、备战"战争观（思想）。

孙武曰："兵者，国之大事，死生之地，存亡之道，不可不察也。"重视战争、研究战争，既知战争之害，又晓战争之利，才能慎重对待战争。

孙武曰："用兵之法，无恃其不来，恃吾有以待也；无恃其不攻，恃吾有所不可攻也。"以备防战，以备应战，以备止战。

孙武对战争采取十分谨慎的态度，告诫君王："非利不动，非得不用，非危不战。""主不可以怒而兴师。"告诫主将："将不可以愠而致战。"因为"怒可以复喜，愠可以复悦，亡国不可以复存，死者不可以复生。故明君慎之，良将警之。"

慎战思想是孙武作为一代军事家对战争的理性思考，也是孙武对战争的人性化思量，他并不崇拜武力，也不迷信武力。

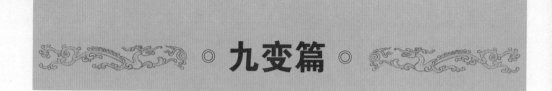

九变篇

【导读】

本篇主要论述主将应根据不同情况灵活运用不同的战略战术，提出"有备无患"的战略思想，强调"智者之虑，必杂于利害"，要趋利避害，防患于未然。最后点明"将有五危"，应当引以为戒。

【原文】

孙子曰：凡用兵之法，将受命于君，合军聚众。圮地无舍①，衢地交合②，绝地无留③，围地则谋④，死地则战⑤；塗有所不由⑥，军有所不击，城有所不攻，地有所不争，君命有所不受。

故将通于九变之地利者⑦，知用兵矣；将不通于九变之利者，虽知地形，不能得地之利矣。治兵不知九变之术⑧，虽知五利⑨，不能得人之用矣。

是故智者之虑，必杂于利害⑩，杂于利而务可信也⑪；杂于害而患可解也⑫。

是故屈诸侯者以害⑬，役诸侯者以业⑭，趋诸侯者以利⑮。

故用兵之法，无恃其不来，恃吾有以待也；无恃其不攻，恃吾有所不可攻也。

故将有五危：必死⑯，可杀也；必生⑰，可虏也；忿速⑱，可侮也；廉洁⑲，可辱也；爱民，可烦也。凡此五者，将之过也，用兵之灾也。覆军杀将，必以五危，不可不察也。

【注释】

①圮（pǐ）地无舍：不可在难以通行的山林、险阻、沼泽等地宿营。圮地，难于通行的地区。圮，毁坏、倒塌。舍，止，这里指宿营。②衢（qú）地：四通八达的地区。衢，四通八达。交合：结交邻国以为后援。③绝地：指交通困难、水草粮食缺乏、部队难以生存的地区。④围地：指地形四面险阻、出入通路狭窄的地区。⑤死地：指不经过死战就无法生存的地区。⑥塗：通"途"，道路。⑦九变：多变之意，这里指作战中的各种机变，即在军事行动中，要根据不同情况灵活运用战术，做到应变自如，而不要墨守成规。⑧九变之术：指与"九变"相关的具体手段和方法。⑨五利：指上文中的"塗有所不由，军有所不击，城有所不攻，地有所不争，君命有所不受"。⑩杂于利害：兼顾到利益和害处两个方面。杂，掺杂，这里引申为兼顾。⑪信：通"伸"，伸行、发展。⑫杂于害而患可解：指在不利的情况下，考虑到有利的方面，祸患就可以解除。⑬屈诸侯者以害：指用

诸侯所害怕的事情去迫使他们屈服。⑭役：役使，这里指役使诸侯为我效力。业：指危险的事情。⑮趋诸侯者以利：关于这句话有两种解释：一说指用小利引诱调动诸侯，使其疲于奔走；另一说指以利益引诱诸侯，使其追随归附自己。这里选择后一种解释。⑯必死：这里指有勇无谋，只知死拼。⑰必生：这里指贪生怕死，临阵畏怯。⑱忿（fèn）速：这里指急躁易怒。忿，愤怒。⑲廉洁：这里指洁身清廉，自矜名节。

将有五危，不可不察。

【译文】

孙子说：大凡用兵的法则，主将接受了国君的命令，就开始征集民众，组织军队。军队行进时，不可在"圮地"上宿营；在"衢地"上应该结交邻国；不可在"绝地"上停留；遇到"围地"要有所防范和谋划；陷入"死地"时要殊死奋战。有的道路不要通过，有的敌军不要攻击，有的城池不要攻占，有的地方不要争夺，即使是国君的命令，不适合的也可以不执行。

将在外君命有所不受。

所以，将帅如果能够通晓各种机变的利弊并加以灵活运用，就是懂得用兵了；将帅如果不能够通晓各种机变的利弊，即使知道地形情况，也不能获得地利之便。指挥军队而不知道各种机变的方法，即使知道"五利"（即圮、衢、绝、围、死），也不能充分发挥军队的作用。

因此，明智的将帅考虑问题，必定同时兼顾利与害两个方面。在有利的情况下考虑到不利的方面，所做的事情就一定能够成功；在不利的情况下考虑到有利的方面，祸患就可以解除了。

因此，要想迫使诸侯屈服，就要用其最害怕的事情去威胁他们；要想役使诸侯为我效力，就要用危险的事情去烦扰他们；要想使诸侯归附自己，就要用利益去引诱他们。

所以，用兵的法则是，不要寄希望于敌人不来，而要依靠自己做好的充分准备；不要寄希望于敌人不进攻，而要依靠自己拥有的使敌人无法进攻的力量。

将帅有五种致命的弱点：一味死战硬拼，就可能被敌人诱杀；贪生怕死，就可能被敌人俘虏；急躁易怒，就可能因为敌人的侮辱而轻举妄动；一味廉洁好名，就可能因为敌人的毁谤而丧失理智；一味仁慈爱民，就可能因为烦扰过多而不得安宁。这五点是将帅易犯的过错，是用兵的灾难。军队覆灭、将帅被杀，原因必定是出于这五点，做将帅的人不可不慎重考虑啊。

绝地无留。

● 故将有五危

将帅有五个致命弱点，如果不留心防范，或是被敌军加以利用，都会造成兵败。

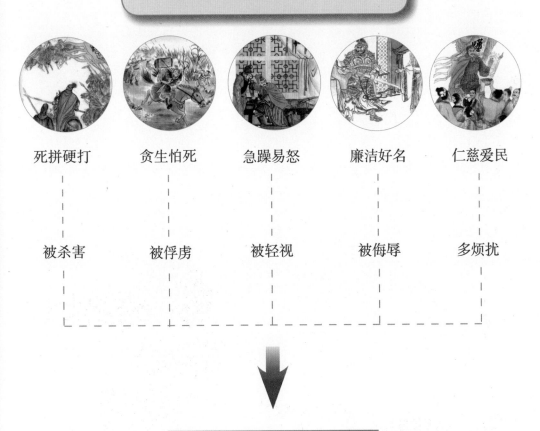

造成将领兵败的五个弱点

死拼硬打　　贪生怕死　　急躁易怒　　廉洁好名　　仁慈爱民

被杀害　　被俘虏　　被轻视　　被侮辱　　多烦扰

将领之过错，用兵之灾难

全军覆没，将帅被杀

◎孙武不受君命◎

公元前 515 年，吴国公子光夺得吴国王位，称阖闾。阖闾即位后，注重搜罗各种人才，立志称霸于天下。孙武的好友伍子胥将孙武推荐给了吴王，孙武进见时就将自己撰写的这兵法十三篇呈献给了吴王。

吴王看过了兵法，连连称好，但是不知孙武是否能将这些理论运用于实战当中，便对孙武说："你的兵法十三篇，我已经看过了，确实是不同凡响，但不知实行起来如何，可否用它小规模地演练一下，让我们见识见识？"孙武回答说："可以。"吴王又问："先生打算用什么样的人去演练？"孙武答："随君王的意愿，用什么样的人都可以。不管是高贵的还是低贱的，也不论是男的还是女的，都可以。"吴王想给孙武出个难题，便拨了一百多个宫女让孙武演练。孙武把这一百多个宫女分成了左右两队，并让吴王最为宠爱的两位美姬分别为左队和右队的队长。

孙武首先向宫女们讲明了演练的要领，而后又申明了军令，这才让宫女们进

孙武严明军纪斩杀吴王的爱姬。

行操练；哪知那些宫女们视操练如儿戏，一个个笑得前仰后合，队伍一片混乱。孙武平静地说："这次你们的动作不合规定，是因为我讲得还不够明确，你们对军令也不太熟悉，责任在我。"于是又把军令和演练的要领重申了一遍，然后命令重新开始操练。可是宫女们不但不听号令，反而笑得比上一次更厉害，练兵场上一片喧哗。孙武严肃地说："规定不明确，军令不熟悉，这是将帅的罪过；规定已经明确，军令已经熟悉，还要明知故犯，这就是士兵的过错了。"说罢，下令按军法从事：处死两名队长。吴王在台上看见孙武要杀自己的两个爱姬，大为惊骇，立即派人向孙武求情说："寡人已经知道将军善于用兵了；可是，我若没有这两个爱姬侍候，吃饭也没有味道，请将军饶了她俩吧！"孙武毫不留情地说："臣既然受命为将，将在军中，君命有所不受。"

孙武执意杀掉两位队长，任命两队的排头充当队长，继续练兵。当孙武再次击鼓发令时，众宫女前后左右，进退回旋，跪爬滚起，全都合乎规矩，阵形十分齐整。孙武请吴王阖闾检阅，阖闾正因为失去爱姬不高兴，说："让她们回去休息，我不愿下去看了。"孙武便求见阖闾，说："令行禁止，赏罚分明，这是兵家的常法，为将治军的通则。对士卒一定要威严，只有这样，他们才会听从号令，打仗才能克敌制胜。"听了孙武的一席话，吴王阖闾怒气消散，终于拜孙武为吴军的统帅。

◎周亚夫平定七国之乱◎

在战争中，要善于根据特殊的情况，灵活变换战术以赢得战争的胜利。周亚夫平定七国之乱，便集中体现了孙子随机应变、灵活机动的作战指挥思想。

刘邦战胜项羽建立汉王朝以后，为了巩固自己的统治，杀掉了汉初所分封的绝大多数异姓王，并大封同姓子弟为王，企图用血缘关系将刘氏一统天下的局面长期维持下去。但是他所分封的同姓王的地域占了汉朝的大半疆土，而皇帝直辖的郡县相对较少，结果同姓诸侯王割据一方，势力越来越大，逐渐形成尾大不掉之势。

汉文帝在位时，已经注意到了这一问题，采取了一些措施，以图削弱诸侯王势力，加强中央集权。景帝即位以后，诸侯王对朝廷的威胁日益严重，诸侯国财富日增，势力日强，几乎到了要与朝廷分庭抗礼的地步。景帝听从大臣晁错"削藩集权"的主张，先后削夺了赵、楚、吴等国部分郡县的统治权，将这些郡县收归中央管辖。

诸侯王们不甘心力量就此被削弱，纷纷表示对"削藩"的强烈不满，当时反对

诸侯国私自煮盐铸钱。

最强烈的是吴王刘濞。吴国的都城在广陵（今江苏扬州北），辖有豫章（今江西地区）、会稽（今苏南和浙江地区）等郡，封土广大，财力雄厚。铸钱和贩盐关系着经济和民生命脉，一向由国家掌控，刘濞却在自己的封地里私自铸钱，煮盐贩卖，暗中积蓄力量，企图夺取皇位。"削藩"的举措让他看到了可乘之机，于是纠合楚王、胶西王、齐王、菑川王、胶东王、济南王、济北王、赵王等诸侯王，准备发动叛乱。

景帝三年（公元前 154）正月，朝廷下令削夺吴会稽、豫章二郡，吴王便打着"诛晁错、清君侧"的旗号，首先起兵，并迅速派人通知闽越、东越出兵相助。由于齐王悔约背盟，济北王被部下劫持无法发兵，故而实际参加叛乱的仅有七国，史称"七国之乱"。

景帝得知七国叛乱后，一开始被叛军的口号所迷惑，错误地估计了形势，便采取姑息安抚的政策，腰斩了无辜的晁错，又恢复了诸王的封地，想以此来换取七国退兵。但叛军依然马不停蹄地向长安进发，因为杀晁错只是一个借口，他们所图谋的乃是皇位。看清了这一形势，景帝痛悔诛杀晁错，并下定决心平叛。他任命周亚夫为太尉，让其负责平叛事宜。

周亚夫接到命令后，向景帝提出了他所制订的作战方案：吴、楚联军行动迅捷、矫健勇猛，加上士气正盛，应尽量避免与之正面交锋，不如暂且让他们占领梁国，自己正好利用这段时间率大军迂回至吴军背后，断其粮道，然后一举制伏叛军。景帝采纳了周亚夫的意见。

周亚夫率军从长安出发，准备兵分数路，最终在洛阳会师。后来，在部属的建议下，周亚夫突然改变原定计划，绕道而行：避开崤、渑（在今陕西潼关至河南渑池一带），绕道武关（在今陕西丹风东南），经南阳（今属河南）直奔洛阳。虽然大军比原定路线多走了一两天时间，却令埋伏在崤、渑之间的敌军伏兵扑了个空。这样，周亚夫不仅神不知鬼不觉地抵达了洛阳，还突然发兵攻占荥阳，抢先控制了洛阳武库及荥阳西北的敖仓（军用粮仓）。之后，周亚夫立刻派兵清除了半道上的吴、楚伏兵，使潼关、洛阳间的交通补给线畅通无阻，巩固了后方的安全。

接下来，周亚夫率军三十余万东出荥阳，进抵淮阳。吴、楚军队之前一路势如破竹，气势高涨，为了避其锐气，周亚夫引兵到东北方，屯于昌邑（在今山东金乡西北）。其时吴、楚联军正猛烈攻打梁国，梁国形势危急，梁王向周亚夫求救，周亚夫却按兵不动。梁王于是上书向景帝报告梁国战事吃紧，景帝诏令周亚夫派兵救

周亚夫坚守营垒，按兵不动。

援，周亚夫却坚守营垒，按兵不动。趁吴、楚联军将注意力都集中在攻打梁国上，周亚夫派出轻骑，悄悄迂回到联军后方，截断了他们的粮道。

粮道被断，粮草短缺，吴、楚联军陷入了进退维谷的境地。他们想与周亚夫的军队速战速决，于是不断向坚守不出的周亚夫下战书，但无论联军如何挑衅，周亚夫只是闭门坚守。乘联军懈怠之时，再不时派出精兵袭扰联军。

吴、楚联军采用了很多种进攻方案，比如佯攻壁垒的东南角，实攻西北角，但都被周亚夫一一识破。吴、楚联军久攻不下，又无退路，加上粮草不足，很快就陷入了困境，士气受挫，汉军以逸待劳，不时给联军以沉重打击。兵疲粮尽的联军只能无奈撤退。

就在联军撤退之时，周亚夫立刻派出精锐部队追击，取得大胜。楚王刘戊被迫自杀，吴王刘濞丢弃了大部分军队，只带几千亲兵向南逃去。汉军穷追不舍，刘濞逃至丹徒（在今江苏镇江市东南），企图依托东越作最后挣扎。周亚夫趁势追杀，俘虏了大批吴国将士，并下令说："凡有能擒住吴王的，赏千金。"所谓"重赏之下必有勇夫"，一个多月后，东越王在汉军的威逼利诱下，杀了吴王刘濞，献上了他的首级。

周亚夫仅仅用了三个月的时间，便消灭了七国之乱的主力——吴、楚联军。很快，其他几国也一一被击败，作乱的诸侯王或自杀或被诛杀，声势浩大的七国之乱终于被彻底平定。

在平定七国之乱的过程中，周亚夫的表现正符合孙子所说的"将通于九变之地利者，知用兵矣"：面对危急的形势，他没有急于杀敌建功，依然保持冷静的头脑，闭门坚守，"塗有所不由，军有所不击，城有所不攻，地有所不争，君命有所不受"；他用千金引诱东越王，巧妙除掉了刘濞这个心腹大患，正是"趋诸侯者以利"。这一切，无不展现了他作为一个优秀的将帅所具备的素质。

◎陆抗于西陵平叛◎

作为将领，能否根据战场形势的变化，及时对战略做出调整，这对于一场战役的胜败，甚至整个战争的全局，都有着重大关系。

272年秋，东吴西陵（在今湖北宜昌西北）都督步阐突然投降晋朝。东吴大将军陆抗闻讯，急忙派将军左奕、吾彦等率军征讨。晋武帝得知这一消息后，命荆州刺史杨肇前往西陵，又命车骑将军羊祜率步军出击江陵，巴东将军徐胤率水军出击建平，以援救步阐。

陆抗命令士兵在西陵城外修筑坚固严密的长围，对内可以围困步阐，对外可以抵御晋朝援军。士卒们昼夜不停地劳作，叫苦不迭。部将认为不必修筑长围，只要抢在晋援军赶来之前强攻拿下西陵城即可。但西陵城的防御设施均为陆抗亲手设置，其坚固程度只有陆抗心中最清楚，此城不可能很快被攻克。

防御工事刚刚筑成，晋将羊祜就带领五万晋兵赶到了江陵。东吴诸将又提出，不应只守西陵，还应分兵保卫江陵。陆抗说："江陵城防坚固，兵源充足；即使敌人攻下江陵，也一定守不住，不必担忧。但如果晋军占领了西陵，那么南山的众多夷人就会发生骚乱，会后患无穷。"

考虑到江陵的北面道路平坦，陆抗又令江陵都督张咸修筑大堤挡住江水，使江水都转而流往平地，以防止步阐叛军溃逃。

晋将羊祜本来是想利用所阻的江水行船运粮，却故意放出消息说要破坏大堤。陆抗听到后，准确判断出对方意图，立即令张咸抢先破坏大堤。当羊祜到达当阳时，只见大堤已经遭到破坏，不得不改船为车。但车的运载量不及船，用车运送粮食，占用了大量的人力和时间。

就在两军对峙时，发生了一件意外的事情：吴军都督俞赞叛逃投降晋军，形势

陆抗向众将言讲自己心中忧虑。

瞬间变得十分严峻。陆抗对众将说："俞赞是军中的老将，对我军的虚实了解得极为详细。我之前常常忧虑夷兵训练不严，战斗力不强。俞赞必定会建议敌人以其为突破口，向我军营发起进攻。"于是陆抗连夜换防，将夷兵换到别处，而调集精兵把守原来夷兵的营垒。

第二天，晋将杨肇果然率兵攻打原来夷兵驻守的地方。陆抗命令向晋军出击，霎时间矢石如雨，晋军死伤无数。陆抗想乘胜追击，又担心步阐从围内攻击，导致腹背受敌，因此便命部下大声呐喊，奋力鸣鼓，做出追击的样子。杨肇的军队听到鼓声，害怕被吴军追上，遂丢盔弃甲，拼命逃窜。陆抗见状，派轻骑跟踪追击，又大败晋军。羊祜见杨肇兵败，无力再战，只好撤退。

陆抗知道后顾之忧已经解除，便掉转头来，集中全力向步阐发起进攻，没多久便拿下了西陵，活捉了步阐，将他和同谋将吏数十人全部斩首，而对其余的胁从者则予以赦免，这场叛乱终于被平定了。

◎杨玄感怒而失谋◎

作为一名将领，指挥作战时一定要保持头脑冷静，如果思维受到情绪的影响，就很容易把军队带入绝境。隋朝宗室杨玄感，就因头脑不冷静而招致兵败。

隋朝末年，隋炀帝性喜享乐，奢华无度，又穷兵黩武，四处征战，百姓不堪忍受，纷纷起来反抗。

礼部尚书杨玄感负责督运粮草，他对隋炀帝的所作所为一向感到不满，于是趁机起兵造反，挥师直取东都洛阳，队伍迅速扩大到十万余人。驻守西部的代王杨侑听说东部情况危急，连忙派出四万精兵火速前往救援。此时隋炀帝正在远征高句丽，得知杨玄感造反的消息后，急忙回朝镇压。

杨玄感看到赶到东都的援军越来越多，知道己方形势危急，于是急召好友李密和大将李子雄商议。李密和李子雄建议说："洛阳城固兵多，短时间内恐怕很难拿下来。不如我们直取潼关，进入关中，到时打开永丰仓赈济百姓，就能赢得人心，以关中为落脚之地，再伺机向东进攻，争夺天下。"杨玄感分析当前的形势，认为二人说得有理，便立即撤去对洛阳的包围，率大军向潼关疾速进发。

弘农（今河南陕县）是杨玄感大军取潼关的必经之地。弘农太守杨智积对部下说："如果杨玄感进入关中，恐怕将来胜负难料。我们应该将其滞留在这里，等到援军前来，再一举消灭他们！"因此，就在杨玄感率大军准备绕过弘农城时，杨智积突然站立在高高的城头上对杨玄感破口大骂，污言秽语，不堪入耳。

杨玄感听到后，勃然大怒，命令大军立刻停止前进，将弘农城团团包围起来。李密苦苦相劝道："追兵现在就在身后，万万不可在此逗留。小不忍则乱大谋，将军请三思而行！"杨玄感咽不下这口气，说道："量弘农只是一座小小的城池，能奈我何？我非得捉住杨智积这个匹夫，以泄心头之恨！"说罢，杨玄感便下令攻城。孰料杨智积早有准备，杨玄感指挥部队连攻三天，也未能将城池拿下。

这时，飞报突然传来："追兵已经接近弘农！"杨玄感大吃一惊，这才慌忙撤去包围，继续向潼关进军。但一切都为时晚矣，隋炀帝的大军在潼关外追上了杨玄感。杨玄感不敌，连战连败，在逃往上洛（今陕西商县）的途中，连战马也倒毙了，身边的士卒尽皆逃散，只剩下他和兄弟杨积善两个人。杨玄感悔恨交加，对兄弟说道："我只因一念之差，不听忠言，结果兵败至此，再也无脸面见人，你杀了我吧！"杨积善举剑杀死了哥哥，然后自刎。

孙子说："忿速，可侮也。"杨玄感正是忘了这一点，因为忍受不了对方的侮辱而轻举妄动，钻进了杨智积所设的圈套，导致自己兵败身亡。正如李密所说的"小不忍则乱大谋"，为将者当谨记勿忘。

杨玄感围攻弘农城，久攻不下。

经典战例：曹爽伐蜀

224 年，魏国大将曹爽领军伐蜀，当他带兵到达兴势山前，发现蜀军已经占据了有利地形，如果不迅速撤退，就有可能被蜀军断了后路，甚至全军覆没。于是，曹爽不等魏王批准，就果断下令撤退。魏军撤退途中，果然发现蜀军正向魏军后方的三岭地区移动。曹爽率领魏军抄小路避过蜀军的堵截，才安全撤退。

"五地" 之策

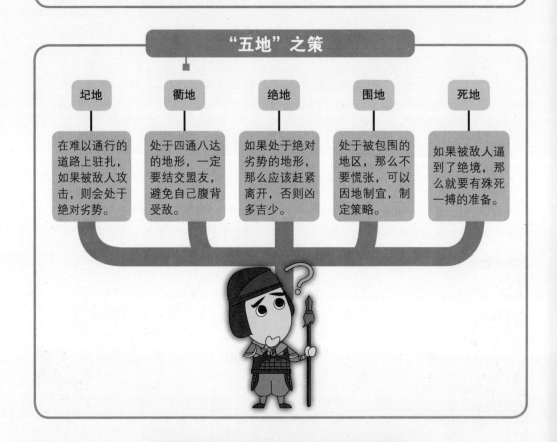

圮地	衢地	绝地	围地	死地
在难以通行的道路上驻扎，如果被敌人攻击，则会处于绝对劣势。	处于四通八达的地形，一定要结交盟友，避免自己腹背受敌。	如果处于绝对劣势的地形，那么应该赶紧离开，否则凶多吉少。	处于被包围的地区，那么不要慌张，可以因地制宜，制定策略。	如果被敌人逼到了绝境，那么就要有殊死一搏的准备。

将在外，君命有所不受

古代交通和通信都不发达，在外远征的将帅，如果执行一个命令都要等皇帝批示，那么很可能会贻误战机。所以将帅在带兵打仗时，不能拘泥于"皇命"，在必要的时候要果断做决定，只要策略对战势有利，哪怕是违反了最初的计划，也是有必要的。

经典案例："塑料之神"的崛起

王永庆在初入塑料行业的时候，并没有太多的经验。对于经济刚刚起步的台湾来说，塑料还是一个新兴产业，而日本的塑料制造业已经日趋成熟。一开始，王永庆的产品虽然能卖，但价格还是不够低，成本始终降不下来。在这个时候，王永庆决定加大产量，当时很多企业高层表示反对，因为资金出现问题，扩大产量是非常危险的；然而事实证明王永庆是正确的，他正是审时度势，虽然走了一步险棋，但却振兴了一个行业。

经典战例：智取成都

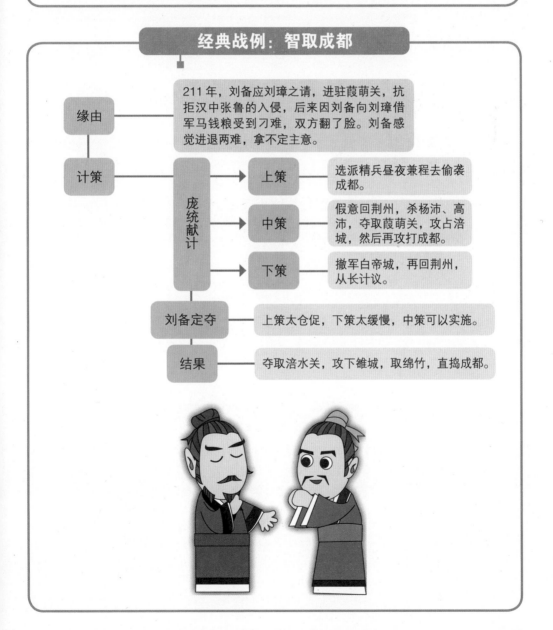

缘由 —— 211年，刘备应刘璋之请，进驻葭萌关，抗拒汉中张鲁的入侵，后来因刘备向刘璋借军马钱粮受到刁难，双方翻了脸。刘备感觉进退两难，拿不定主意。

计策 —— 庞统献计

上策 —— 选派精兵昼夜兼程去偷袭成都。

中策 —— 假意回荆州，杀杨沛、高沛，夺取葭萌关，攻占涪城，然后再攻打成都。

下策 —— 撤军白帝城，再回荆州，从长计议。

刘备定夺 —— 上策太仓促，下策太缓慢，中策可以实施。

结果 —— 夺取涪水关，攻下雒城，取绵竹，直捣成都。

经典案例：趋利避害解危机

　　1962 年，苏联将导弹运往古巴，引发了导弹危机。美国认真分析了形势，认为如果不闻不问，显得美国软弱；但如果出兵干涉，则有可能挑起第三次世界大战；如果用舆论工具或采用谈判的方式，那么不仅费时费力，而且收效甚微；如果对古巴进行海上经济封锁，切断贸易通路，在经济上拖垮古巴，那么既可以展示美国的国威，又能避免武装冲突，还能在短期内解决问题。于是，美国总统肯尼迪毅然采取经济封锁策略，果然迫使苏联在五天后将导弹撤走。

管仲治国的趋利避害

管仲（公元前 723—约公元前 645）名夷吾，字仲，春秋时期齐国著名的政治家、军事家。管仲少时丧父，生活贫苦，为维持生计，与鲍叔牙合伙经商，后来从军，到了齐国。经鲍叔牙力荐，为齐国上卿（即丞相），被称为"春秋第一相"，辅佐齐桓公成为春秋时期的第一霸主。管仲的言论见于《国语·齐语》，另有《管子》一书。

管仲经商时，往往能根据时局把握住机会而大赚一笔。当上丞相之后，更是把这种策略加以推广，他的思想集中表现在《管子·禁藏》中。

善于治国的人，要用"害"来约束人们，用"利"来引导人们，能掌握利害，那么财富就会增加，同时可以减少过失。看见利没有不追求的，遇到害没有不想躲避的，这是人之常情。商人做买卖，一天赶两天的路，夜以继日、千里迢迢，是因为利在前面。渔人下海，逆流冒险、不辞辛劳，是因为利在水中。所以，只要有利，即使高山，人们也要上；即使深渊，人们也愿意进去。所以，善治国的人，要掌握利之所在，循循善诱，就可以国强民富。这就像鸟孵蛋一样，不见其形，不闻其声，小鸟就破壳而出了。

害 ── 尽一切努力克服不利因素 ➜ 利

春申君之死

春申君

春申君（公元前320—公元前238）本名黄歇，曾任楚相。黄歇博学多才，能言善辩。楚考烈王任用黄歇为相，封为春申君。与平原君赵胜、孟尝君田文、信陵君魏无忌合称为"战国四公子"。

事出有因

楚考烈王没有儿子，春申君非常担忧。后来，春申君娶了赵国人李园的妹妹。李园的妹妹生下一个儿子，春申君献给考烈王，被立为太子（即楚幽王），而李园的妹妹则被立为王后。

埋下祸根

李园凭借妹妹的地位，逐渐掌握了大权。他担心太子的身份暴露，而且想取代春申君的位置。所以豢养了一批死士，准备行刺春申君。黄歇的门客朱英得到了这个消息，不断地提醒他。

终酿悲剧

黄歇没有理会朱英的警告。不久，楚考烈王去世，李园抢先进入王宫，在棘门埋伏下刺客。春申君前去王宫奔丧，被刺客刺杀。后来楚幽王继位，李园取代黄歇，被任命为楚国令尹。

评析

声名显赫的春申君，在将儿子献给考烈王做太子时，就应该考虑到其中的危险；特别是李园得势之后，更应该审时度势，防患于未然，即便没有意识到危机，也不能对朱英的提醒置之不理。春申君之死，与其说是被人谋害，不如说是疏于防范而酿成的恶果。

经典战例：将领要有决断力

　　孙子认为作为将领爱民是应该的，但是在关键时刻要有决断力。刘备历来是爱民如子的典范，刘备失了襄樊，准备逃往江陵，百姓们说："我们愿和您一起去，死而无憾。"简雍劝刘备快走，刘备不听，于是与十万军民同行，一天只走十余里路，特别是渡襄江耽误了许多时间，阻碍了军队的行动。而曹操利用刘备军队行动迟缓，一路冲杀，导致刘备妻儿离散，军民死伤无数。刘备如此爱民，竟成了害民、害军认。

五危的害处

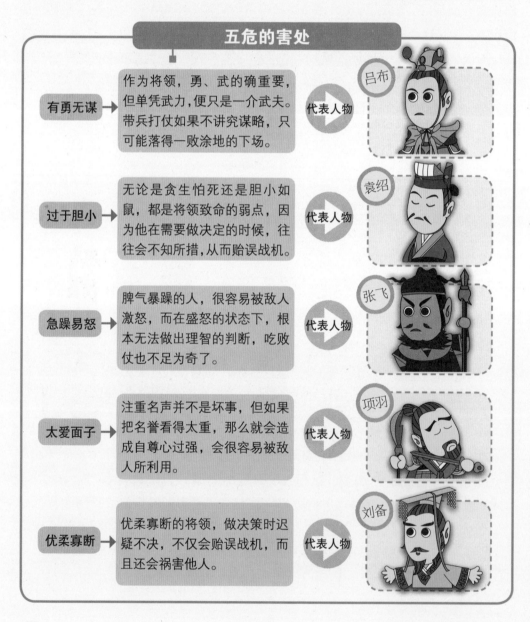

		代表人物	
有勇无谋	作为将领，勇、武的确重要，但单凭武力，便只是一介武夫。带兵打仗如果不讲究谋略，只可能落得一败涂地的下场。	代表人物	吕布
过于胆小	无论是贪生怕死还是胆小如鼠，都是将领致命的弱点，因为他在需要做决定的时候，往往会不知所措，从而贻误战机。	代表人物	袁绍
急躁易怒	脾气暴躁的人，很容易被敌人激怒，而在盛怒的状态下，根本无法做出理智的判断，吃败仗也不足为奇了。	代表人物	张飞
太爱面子	注重名声并不是坏事，但如果把名誉看得太重，那么就会造成自尊心过强，会很容易被敌人所利用。	代表人物	项羽
优柔寡断	优柔寡断的将领，做决策时迟疑不决，不仅会贻误战机，而且还会祸害他人。	代表人物	刘备

商业案例

◎ 舍小利，得大益 ◎

1993 年 8 月，荷兰海内肯啤酒公司宣布回收已投放到澳大利亚、瑞士、英国、中国香港等八个国家和地区市场上的一种玻璃瓶装啤酒。原因是该公司在这种啤酒生产过程中检测出了混有玻璃碎渣的产品，于是怀疑已经投放到国外市场的这种啤酒可能有漏检的"危险品"。在回收这种啤酒的同时，该公司还大力进行宣传，请消费者不要买这种啤酒。

海内肯公司作为世界著名啤酒公司，其产品长期以来雄踞国际市场，此番回收，经济损失巨大，而且也冒着极大的市场风险。事实证明，海内肯的此次行动不仅保住了名牌形象，而且赢得了消费者的信心，比起因回收啤酒所付出的代价，海内肯公司赢得了更大的收益，而且对公司长远的发展产生了深远的影响。

【点评】

"九"，在这里是为数众多的意思。古人造字以纪数，起于一，极于九；九于是常用来形容一些不可穷尽的事物。"变"，在这里指的是用兵作战中的灵活机变。本篇用九来形容变，就是为了让人们对战场形势的瞬息万变、战略战术的随时随事而变、利弊转换的因人因地而变有一个最直观的感悟和认识。

《九变篇》强调的是将帅们在战场上的判断力和随机应变的能力。世界上的一切事物都在不停地运动和变化着，战争也是如此，任何人都不可能经历两次完全相同的战争，因为构成和影响战争的因素也在不断地变化。

因此，将帅们需要知道一些相对固定的程式，比如在某些情况下能够做什么，应该做什么；但更要根据战场上的实际情况对这些程式进行取舍，有些路不能走，有些目标不能攻击，君主所下达的有些命令不一定要执行，一切都要根据现实情况而定。

没有杰出智慧的军事将领只能逞匹夫之勇，难以成就大事。而对于任何一个行业的管理者来讲，杰出的智慧就像一盏明灯之于黑夜那样重要。随着现代科学技术的高速发展，生产技术日趋精密，分工明确而细致，生产力大幅度提高，随之而来的竞争压力也越来越大。在这种情况下，一个企业是在激烈的竞争中脱颖而出，还是被势不可挡的滔滔洪流所淘汰，在很大程度上取决于这个企业的领导者是否具有杰出的智慧，是否具有敏锐的市场洞察力、判断力和决策力，从而在纷繁复杂的形势下权衡利弊，趋利避害，把风险降到最小，实现利益的最大化。

《孙子兵法》的人才价值观

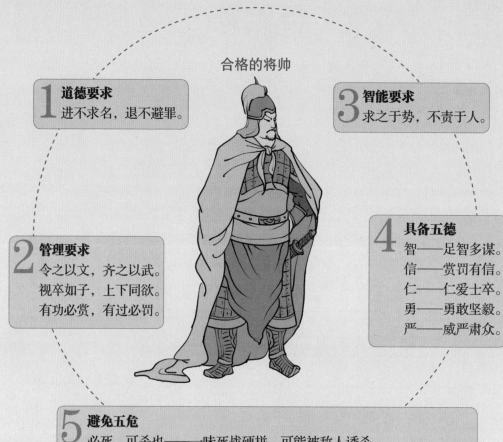

合格的将帅

1 道德要求
进不求名，退不避罪。

3 智能要求
求之于势，不责于人。

2 管理要求
令之以文，齐之以武。
视卒如子，上下同欲。
有功必赏，有过必罚。

4 具备五德
智——足智多谋。
信——赏罚有信。
仁——仁爱士卒。
勇——勇敢坚毅。
严——威严肃众。

5 避免五危
必死，可杀也——一味死战硬拼，可能被敌人诱杀。
必生，可虏也——贪生怕死，可能被敌人俘虏。
忿速，可侮也——急躁易怒，可能因为敌人的侮辱而轻举妄动。
廉洁，可辱也——一味廉洁好名，可能因为敌人的毁谤而丧失理智。
爱民，可烦也——一味仁慈爱民，可能因为烦扰过多而不得安宁。

智   智

孔子   孙子

五德中，孙子将"智"列为第一。孔子也曾将"智"列为第一——"智者不惑，仁者不忧，勇者不惧"。足见"智"的重要。

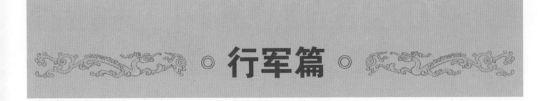

◎ 行军篇 ◎

【导读】

　　本篇主要论述行军作战的要领——在山地、江河、盐碱沼泽地、平地四种地形上行军、宿营、作战的具体原则和要求，以及通过具体现象观察判断敌情的"相敌三十二法"，并提出了"令之以文，齐之以武"的治军思想。

【原文】

　　孙子曰：凡处军相敌①：绝山依谷②，视生处高③，战隆无登④，此处山之军也。绝水必远水⑤；客绝水而来⑥，勿迎之于水内，令半济而击之，利⑦；欲战者，无附于水而迎客⑧；视生处高，无迎水流⑨，此处水上之军也。绝斥泽⑩，惟亟去无留⑪；若交军于斥泽之中，必依水草而背众树，此处斥泽之军也。平陆处易而右背高⑫，前死后生⑬，此处平陆之军也。凡此四军之利⑭，黄帝之所以胜四帝也⑮。

　　凡军好高而恶下⑯，贵阳而贱阴⑰，养生而处实⑱，军无百疾，是谓必胜。丘陵堤防，必处其阳而右背之。此兵之利，地之助也⑲。上雨，水沫至，欲涉者，待其定也。

　　凡地有绝涧、天井、天牢、天罗、天陷、天隙⑳，必亟去之，勿近也。吾远之，敌近之；吾迎之，敌背之。军行有险阻、潢井葭苇㉑、山林蘙荟者㉒，必谨复索之㉓，此伏奸之所处也。

【注释】

①处军：指行军作战中，在各种不同的地形条件下，军队行军、作战、驻扎诸方面的处置方法。处，处置、部署。相敌：指观察判断敌情。相，观察。②绝：横渡、穿越。③视生处高：居高向阳。视生，向阳。④战隆无登：指在高地上与敌人作战，不宜自下而上仰攻。隆，高地。登，攀登。⑤绝水必远水：横渡江河，要驻扎在离河流稍远的地方，这样才有进退回旋的余地。⑥客：这里指敌军。⑦勿迎之于水内，令半济而击之，利：不要在敌军刚到水边时就迎击，而应该乘敌军渡河渡到一半时发起攻击。这时敌首尾不接，行列混乱，攻击容易取胜。迎，迎击。水内，水边。半济，渡过一半。济，渡。⑧附：靠近。⑨无迎水流：不要逆着水流在敌军的下游布阵或驻扎，以防敌军投毒、顺流来攻或是决堤淹我。迎，逆。⑩绝斥泽：通过盐碱沼泽地带。斥，盐碱地。泽，沼泽地。⑪惟亟去无留：指遇到盐碱沼泽地带，应当迅速离开，不可停留驻军。惟亟去，指应该迅速离开。惟，宜。亟，急、迅速。去，离开、离去。⑫平陆处易而右背高：指遇到开阔地带，应该选择在平坦之处安营扎寨，最好把军队置于高地前，以高地为倚托。平陆，平原地带。易，平坦。右背高，指军队要背靠高地以为依托。右，上的意思，古时以右为上。⑬前死后生：前低后高。死，这里是低的意思。生，这里是高的

应当在居高向阳的地方安营。

意思。⑭四军：指前文所述的山、水、斥泽、平陆四种地形条件下的处军原则。⑮黄帝之所以胜四帝也：这就是黄帝能战胜四方部族首领的缘由。传说黄帝曾败炎帝于阪泉，诛蚩尤于涿鹿，北逐獯鬻，统一了黄河流域。四帝，四方之帝，即四方部落联盟的首领，一般指炎帝、蚩尤等人。⑯好（hào）高而恶（wù）下：喜欢高处而厌恶低下的地方。⑰贵阳而贱阴：重视向阳之处而轻视阴湿地带。贵，重视。阳，向阳干燥的地方。贱，轻视。阴，背阴潮湿的地方。⑱养生：指物产丰富、便于生活的地方。实：坚实，这里指地势高的地方。⑲地之助：指得自地形的辅助。⑳绝涧：指两岸陡峭、溪谷深峻、水流经其间的地形。天井：指四周高峻、中间低洼的地形。天牢：指高山环绕、易进难出的地形。牢，牢狱。天罗：指草深林密，荆棘丛生，军队进入后如同陷入罗网中难以摆脱的地形。罗，罗网。天陷：指地势低洼、道路泥泞、车马易陷的地形。陷，陷阱。天隙：指两山相向、涧道狭窄、难于通行的谷地。㉑潢（huáng）井葭（jiā）苇：指长满芦苇的低洼地带。潢井，积水低洼之地。潢，积水池；井，指内涝积水、洼陷之地。葭苇：芦苇，这里泛指水草丛聚之地。㉒山林翳（yì）荟（huì）：指草木长得很繁茂的山林地带。翳荟，草木长得很茂盛。㉓必谨复索之：必须谨慎、反复地搜索。复，反复。索，寻找、搜索。

【译文】

孙子说：凡是部署军队和观察敌情，都应该注意：通过山地时，要沿着低谷行进；安营扎寨时，要选择居高向阳之地；如果敌人占据了高地，

行军过程中遇到险阻、积水低洼之地、水草丛聚之地、山林茂密以及草木繁盛的地方，必须谨慎地、反复地搜索。

千万不可仰攻，这些是在山地行军布阵的法则。横渡江河之后，应当驻扎在离江河稍远的地方；如果敌军渡河来战，不要在河中迎击，而要等它渡水渡到一半时予以攻击，这样最有利；要想同敌人决战，就不要在紧靠水边的地方迎击敌人；应当在居高向阳的地方安营，切勿迎着水流布阵或驻扎，这些是在江河地带行军布阵的法则。通过盐碱沼泽地带时，应当迅速离开，不可停留；若是在盐碱沼泽地带遭遇敌人，务必使军队靠近水草而背倚树林，这些是在盐碱沼泽地带行军布阵的法则。在开阔的平原地带驻军，要选择地势平坦的地方，最好背靠高处，造成前低后高的态势，这些是在平原地带行军布阵的法则。以上四种行军布阵原则所带来的好处，是黄帝能战胜"四帝"的原因所在。

凡是驻军，总是喜欢高地而厌恶低洼的地方；总是看重干燥向阳的地方而轻视阴冷潮湿的地方；最好是驻扎在物产丰富、便于生活的地方，将士们才不会生出各种疾病，这是军队必胜的重要保证。在丘陵、堤防地带，必须驻扎在向阳的一面，而且要背靠着它。这些都是对行军布阵有利的措施，是地形地势对军队的辅助。河流上游下雨涨水，水沫漂来，洪水将至，若想涉水渡河，一定要等到水势平稳以后再渡，以防山洪暴至。

凡是遇上"绝涧""天井""天牢""天罗""天陷""天隙"这些地形，必须迅速离开，不要靠近。我军要远离它，而让敌军接近它；我军要面向它，而让敌军背靠它。行军过程中遇到险阻、积水低洼之地、水草丛聚之地、山林茂密以及草

若交军于斥泽之中，必依水草而背众树。

木繁盛的地方，必须谨慎地、反复地搜索，因为这些区域都是敌人容易设下伏兵和隐藏奸细的地方。

● 凡军好高而恶下

军队驻扎，要选择居高向阳的地方，行军、驻军都要讲求自然条件的选择。

行军驻军自然环境的选择

| 驻军 | ---- 地势高，向阳处 | ➡ 防止士卒染患疾病 |

行军

水险

上游下暴雨，水流湍急，等水势平稳方可渡过，以防山洪。

使我军远离
使敌军接近

地形

绝涧 两岸峭壁，水流其间的地形。

天井 四周高峻，中间低洼的地形。

天牢 山险环绕，易进难出的地形。

天罗 荆棘丛生，难于通过的地带。

天陷 地势低洼，泥泞易陷的地带。

天隙 两山之间狭窄的谷地。

植被

芦苇丛生的低洼地。

草木繁茂的山林地区。

仔细反复搜索

【原文】

敌近而静者，恃其险也；远而挑战者，欲人之进也；其所居易者，利也①。众树动者，来也；众草多障者，疑也②；鸟起者，伏也；兽骇者，覆也③。尘高而锐者，车来也；卑而广者，徒来也④；散而条达者，樵采也⑤；少而往来者，营军也⑥。辞卑而益备者⑦，进也；辞强而进驱者，退也⑧；轻车先出居其侧者，陈也；无约而请和者，谋也；奔走而陈兵车者，期也⑨；半进半退者，诱也。杖而立者⑩，饥也；汲而先饮者，渴也；见利而不进者，劳也。鸟集者，虚也；夜呼者，恐也；军扰者，将不重也；旌旗动者，乱也；吏怒者，倦也；粟马肉食⑪，军无悬瓿⑫，不返其舍者，穷寇也。谆谆翕翕⑬，徐与人言者，失众也；数赏者，窘也⑭；数罚者，困也⑮；先暴而后畏其众者，不精之至也⑯；来委谢者，欲休息也⑰。

兵怒而相迎，久而不合，又不相去，必谨察之。兵非益多也⑱，惟无武进⑲，足以并力、料敌、取人而已⑳；夫惟无虑而易敌者㉑，必擒于人。

卒未亲附而罚之则不服㉒，不服则难用也；卒已亲附而罚不行，则不可用也。故令之以文，齐之以武㉓，是谓必取㉔。令素行以教其民㉕，则民服；令不素行以教其民，则民不服。令素行者，与众相得也㉖。

【注释】

①其所居易者，利也：指敌军之所以不扼守险要而驻扎在平地上，一定有它的好处和用意。②众草多障者，疑也：在杂草丛生的地方设有许多遮障物，这是敌人企图迷惑己军。③兽骇者，覆也：野兽受惊奔窜，这是敌军大举来袭。覆，覆盖。④徒：步兵。⑤散而条达者，樵采也：飞尘分散而细长，时断时续。这是敌人在砍薪伐柴。条达，指飞尘分散断续的样子。⑥营军：准备设营的敌军。⑦辞卑而益备：指敌人派来的使者言辞谦卑，暗中却加紧备战。辞，同"词"，言词。⑧辞强而进驱者，退也：敌人派来的使者言辞强硬，并摆出进逼的姿态，这往往是撤退的征兆。⑨期：期求，这里指期求与我军交战。⑩杖而立：倚仗手中兵器而站立。杖，扶、依仗。⑪粟马肉食：指敌军用粮食喂战马，杀牲口吃。⑫军无悬瓿（fǒu）：指军队收拾炊具。瓿，同"缶"，汲水用的瓦罐，泛指炊具。⑬谆谆翕翕（xī）：士卒聚在一起低声议论。谆谆，叮咛。翕翕，聚合。⑭数赏者，窘也：敌军一再犒赏士卒，这往往说明敌人已经没有办法了。⑮数罚者，困也：敌军一再处罚士卒，这往往说明其已经陷入困境。⑯先暴而后畏其众者，不精之至也：将帅先对士卒凶暴，后来又惧怕士卒，这太不精明了。精，精明。

鸟起者，伏也。

⑰ 来委谢者，欲休息也：敌方托词派使者来谈判，是想休战。委谢，指敌方托词派使者来谈判。委，托、借。谢，告、语。休息，这里指休兵息战。⑱ 兵非益多：兵力不是越多越好。⑲ 惟无武进：只是不要恃武冒进。武进，恃勇轻进，即冒进。⑳ 足以并力、料敌、取人而已：指能做到集中兵力、正确判断敌情、争取人心以便使部下全心效力就可以了。并力，合力，这里指集中兵力。料敌，分析判断敌情。取人，善于争取人心。㉑ 无虑而易敌：没有深谋远虑而又轻敌妄动。易，轻视。㉒ 亲附：亲近依附。㉓ 令之以文，齐之以武：指用政治、道义来教育士卒，用军纪、军法来约束管理士卒。文，这里指政治、道义。武，这里指军纪、军法。㉔ 必取：必胜。取，取胜。㉕ 素行：平素认真施行。素，平素、一贯。民，这里指士卒。㉖ 令素行者，与众相得也：指军令平素能够顺利执行的，是因为军队统帅同兵卒之间相处融洽、相互信任。相得，相投合，即相互信任。得，亲和。

【译文】

敌军离己军很近而仍保持镇静的，这是仗着它占据了险要的地形；敌军离己军很远而前来挑战的，是想引诱己军进入圈套；敌军之所以（不扼守险要而）居于平地，一定是因为有利可图。林中树木摇动，一定是敌军正向我军袭来；草丛中多设遮蔽物，一定是敌人布下疑阵想迷惑己军；鸟儿惊起，是因为下面设有伏兵；野兽受惊奔逃，是因为敌军大举来袭；飞尘又高又尖，这是敌人的战车驰来；飞尘低而宽广，这是敌人的步兵向我军开来；飞尘断续分散，这是敌人在砍柴（并拖往营中）；飞尘稀薄而时起时落，这是敌人正准备安营扎寨。敌方使者言词谦卑而暗中加紧战备的，是要向我军发起进攻；敌方使者言辞强硬而敌军又向我军驱驰进逼的，是在准

判明敌情，得到部下的信任和全心效力，也就足够了。

备撤退；敌人先出动轻型战车并且部署在侧翼的，是在布列阵势；敌人没有事先约定就突然来请和的，其中必定有阴谋；敌人（频繁调动）往来奔走，并且已经摆开兵车列阵的，是想与我军交战；敌军半进半退（往复徘徊）的，是想要引诱我军上前。敌兵倚仗手中的兵器才能站立的，是因为饥饿；敌兵从井中打上水就争相饮用的，是因为（缺水）干渴；敌人见到利益而不进兵的，是因为疲劳过度；敌营上有飞鸟停集的，说明已是空营；敌营夜间有人惊呼叫喊的，说明其心中恐惧；敌营惊扰纷乱的，说明敌将没有威严；敌营旌旗胡乱摇动的，说明其队伍已经混乱；敌人官吏急躁

令素行者，与众相得也。

易怒的，说明其已经疲倦；敌人用粮食喂马，杀牲口吃，收拾炊具，部队不返回其营寨的，是准备拼死一搏；士卒聚在一起低声议论，敌将低声下气同部下讲话的，是已经失去人心；敌将一再犒赏部属的，说明已经无计可施；敌将一再惩罚部属的，说明已经陷入困境；将帅先对士卒暴虐而后又畏惧士卒的，说明他不精明了；敌人托词派使者来请求谈判的，是想休兵息战。

敌军盛怒而与己军对阵，却久不交战，又不离去，必须谨慎地观察它的意图。兵力并非越多越好，只要不轻敌冒进，并能集中兵力，判明敌情，得到部下的信任和全心效力，也就足够了。只有那些不懂得深思熟虑而又狂妄轻敌的人，才必然会成为敌人的俘虏。

士卒还没有亲附自己就贸然处罚他们，那他们就不会真心顺服；不真心顺服，就难以让他们去打仗了。士卒对自己已经亲近依附，但仍不执行军纪军法，这样也不能让他们去打仗。所以，要用"文"的手段来教育士卒，用"武"的方法来管理士卒，这样的军队打起仗来必能取胜。平素能严格贯彻命令、教育士卒，士卒就会养成服从的习惯；平素不能严格贯彻命令、教育士卒，士卒就会养成不服从的习惯。平素的命令能顺利贯彻执行，这是将帅与士卒之间关系融洽（相互取得了信任）的缘故。

应敌四法

"兵精"而非"兵多" 虽说兵力很重要，但同样要遵循"品质重于数量"的原则。即便拥有百万大军，但兵士的训练程度不足、军心涣散，战斗力可想而知。在战场上，一支训练有素的部队，往往具有"摧枯拉朽"的作用。

取得人心 士兵之所以愿意听命于将帅，随他出生入死，最关键的就是"忠诚度"较高。这与将帅的人格魅力和带兵策略有直接的关系，要想加强士兵的战斗力，将帅就必须设法取得人心。

伺机而动 制定良好的战略，把握战机，是取胜的关键。一个会打仗的将领，必须具备敏锐的观察力，找到敌人的弱点，或者在敌人处于防备的时候进攻，克敌制胜。

集中优势兵力 集中优势兵力打击敌人，是孙子反复强调的进攻法则。敌人再强大，总有一疏，所以我军重点攻击敌人的弱点，以少胜多也并非神话。

◎王坚坚守钓鱼城◎

《行军篇》中介绍了在江河地带行军作战的方略，南宋末年王坚挫败蒙古大军的故事，就是这一方略的成功运用。

元定宗贵由死后，蒙哥继位做了蒙古大汗，是为元宪宗。蒙哥汗采取迂回的策略，绕道西南，向南宋发起进攻。他亲率西路主力四万人马，经六盘山进入四川，苦战一年之后，抵达钓鱼城（今四川合县）下。

王坚坚守钓鱼城。

钓鱼城地处嘉陵江、涪江、渠江的汇合处，四周是刀削斧凿般的悬崖绝壁，可谓是"一夫当关，万夫莫开"。蒙哥汗企图拿下钓鱼城，从而进军重庆，与蒙古南路军会师，然后就可以直取南宋首都临安。因此，钓鱼城成为两军必争之地。

镇守钓鱼城的将领为王坚，他早在蒙哥汗到达之前，就命人储备了足够的粮食，并开凿了水源。当时山城中有百姓约十万人，守城将士也有一万余人。蒙哥汗向钓鱼城发起一次又一次的猛攻。王坚率全城军民据险而战，奋勇杀敌，将蒙古军的攻势全部挡了回去。数月过后，蒙古军死伤惨重，但始终无法攻克钓鱼城。

一天，王坚命令守军将两条十五斤重的鲜鱼以及百余张蒸面饼抛入城外蒙古军的营地，并投书蒙古军，称即使再攻十年，钓鱼城也能岿然不动。

当时正值酷暑季节，蒙古族人本来就畏暑恶湿，加上水土不服，导致军中暑热、疟疾、霍乱等疾病横行，疫情相当严重。蒙哥汗眼见屯兵已久却攻不下钓鱼城，心中宛如火燎。为了观察城内虚实，蒙哥汗命令士兵在钓鱼城前建起了一座高高的瞭望台。

王坚发现蒙哥汗亲自在城下督建瞭望台，心中大喜，立即吩咐将士准备炮石轰击瞭望台。蒙哥汗不知王坚的计划，瞭望台刚一建好，就连忙登上台顶。王坚等的就是这个机会，命令士兵立刻发炮，摧毁瞭望台。蒙哥汗被飞石击成重伤，不久便死去，蒙古军队只能黯然撤离。

王坚充分利用钓鱼城临江，且四面环山的有利地形，不仅成功守住了城池，还直接打死了蒙古军首领，堪称经典的防御战例。

◎沙苑、渭曲之战◎

《孙子兵法·行军篇》说："兵非益多也，惟无武进，足以并力、料敌、取人而已；夫惟无虑而易敌，必擒于人。"沙苑、渭曲之战中，西魏军的大胜和东魏军的惨败证明，孙子所说的处军、相敌原则，对于战争的胜败有着重大意义。

420年，东晋大将刘裕代恭帝而立，国号宋，史称刘宋。刘宋政权据有黄河以南大部分地区，黄河以北地区则为鲜卑族拓跋氏建立的北魏政权所占据。534年，北魏分裂为东魏和西魏两个政权（东魏以邺城为都，西魏则以长安为都）。

北魏分裂后，东魏和西魏之间曾发生过多次战争，沙苑、渭曲之战便是其中的

宇文泰率兵攻占恒农。

高欢率军进入沼泽搜宇文泰军。

一次具有重要意义的战役。在这次战役中，东魏出动了二十万大军，西魏则以七千精骑迎战。尽管强弱悬殊，但由于西魏统帅宇文泰在"处军相敌"方面胜出东魏统帅高欢一筹，因而西魏军最终能以弱胜强，打败了强大的东魏军队。

沙苑、渭曲之战的过程是怎样的呢？下面就具体了解一下。

北魏分裂之后，东魏仗着地广人多以及军事上占有相对优势，企图出兵占领西魏的战略要地潼关，但均被击退。537年八月，西魏宰相宇文泰亲自率军东进，攻占了东魏的军事要地恒农（在今河南三门峡市西）。东魏宰相高欢一面命大将高敖曹领兵三万夺回恒农，一面亲率主力二十万人，从太原、临汾南下，由蒲坂（今山西永济）西渡黄河，进袭关中，由此拉开了沙苑、渭曲之战的序幕。

战争开始时，宇文泰得到高欢西进的消息，便下令全力阻止东魏军。他命大将王熊坚驻守华州（今陕西大荔），同时派人到各地征调兵马，并从恒农抽调近万人驰援关中。高敖曹趁势包围了恒农。高欢率领大军渡过黄河后，立即向华州城发起总攻。然而，华州城防坚固，短时间内难以攻克，高欢无奈之下，只好命令军队在华州北面的许原驻扎下来。

宇文泰回到渭南后，本想立即进攻高欢。但是众将均对此表示反对，认为各地征调来的兵马还在途中，目前敌我兵力相差悬殊，暂时不宜出击。宇文泰则认为：东魏军首攻华州不下，便屯兵于许原观望，说明军队人数虽多，但战斗力不强，因此应该趁其立足未稳，不熟悉地形之际，打他们一个措手不及；东魏军队若是站稳脚跟，就会继续西进，逼近长安，到时人心动摇，形势将对西魏更为不利。宇文泰的一番分析让众将心服口服，于是西魏军开始做战斗准备。

九月底，西魏军在渭水之上搭建了浮桥，宇文泰亲率轻骑七千，北渡渭水。十月一日，西魏军在距东魏军六十里处的沙苑驻扎了下来。

到达沙苑后，宇文泰立即派士卒乔装成许原一带的居民，潜到东魏兵营附近侦察敌情。经过一番侦察，宇文泰证实了自己的判断：敌军人数多于己方，但战斗力不强，而且骄傲轻敌。此时，宇文泰部将李弼建议利用这里沙丘起伏、沼泽纵横、芦苇丛生的地形，预先设下埋伏，张开口袋，然后诱敌深入，一举消灭敌人。而宇文泰此次出征，只准备了三天的粮食，他正想采用奇计以求速战速决，李弼这一建议正中他下怀，于是欣然采纳。

高欢听说西魏军已推进至沙苑，他求胜心切，还没有做好具体部署，便决定亲率大军出城与西魏军决战。高欢出发后，宇文泰依照先前计划，把军队埋伏在渭曲，并约定击鼓为号，然后发起总攻。东魏军行至渭曲附近时，大将斛律羌举见渭曲地形复杂，不利于野战，便向高欢建议留下部分兵力在沙苑与宇文泰相对峙，另以精兵向西进攻长安。高欢却急于与东魏军决战，拒绝采纳这一明智的建议。

高欢准备焚烧芦苇，火攻西魏军，又遭到部将侯景、彭乐的反对，他们认为己方的兵力占压倒性优势，根本不用担心宇文泰偷袭；况且只有活捉了宇文泰，才能摧毁西魏军队的战斗意志，到时长安便不攻自破了。高欢觉得部将的话很有道理，便决定放弃火攻，下令挥军进入沼泽，活捉宇文泰。

东魏军人数众多，深入沼泽地后便不成队形，陷入混乱。宇文泰等东魏军进入伏击圈后，命令士卒擂鼓呐喊，西魏军从左右两翼猛烈冲击东魏军，很快将其截为数段。东魏军本来就难以发挥兵力优势，这时一看中了埋伏，更加惊慌失措了，只想着赶紧逃出沼泽地带。西魏军趁势奋力拼杀，斩杀六千余人，俘敌八万。

东魏军大败溃散，高欢在部将的掩护下仓皇逃至蒲津，渡河东撤而去。西魏取得了沙苑、渭曲之战的全面胜利。

东、西魏之间曾发生过多次战争，沙苑、渭曲之战并不算大型战役，但我们仍可以从中得到很多启示。《行军篇》中提到，处军的关键在于选择于己有利而于敌不利的地形，并能在此基础上布置好军队；相敌的关键在于正确地分析判断敌情，能透过敌军活动的现象看穿其本质。从沙苑、渭曲之战的全过程可以看出，宇文泰在军事部署及"处军相敌"方面均深得兵法要领。

战役一开始，宇文泰就没有被东魏的兵势吓倒，还通过华州一役看到了东魏军的弱点，制订了伏击歼敌的计划：战前派人乔装侦察，摸清了敌人的基本情况，成功地将敌人引至事先布好的伏击圈中，最后一举击败敌军。

而东魏的失败，一方面是由于骄傲轻敌；另一方面是由于高欢及部将明知地形复杂，易遭伏击，却仍旧恃众贸然轻进，违背了孙子所说的处军、相敌原则，从而导致了东魏的惨败。

◎郭威治军"齐之以武"◎

孙子在治军方面提出了"令之以文，齐之以武"的原则，并要求赏罚适时适度。郭威治军的故事，就是一个很好的例子。

五代十国时期，后汉发生了李守贞、赵思绾、王景崇为首的"三镇之乱"，朝廷派大将郭威率兵前去征讨。

出征前，郭威向太师冯道请教治军之策，冯道说："李守贞是一员老将，他所依靠的，是将士同心。若是你能重赏将士，必定能打败他。"郭威听罢，连连点头。

李守贞盘踞于河中城（今山西永济市蒲州镇）外，郭威率军到达城外，切断城内与外界的联系，准备以长期围困的方法来逼迫李守贞投降。

郭威牢记冯道的教诲，部下有功即赏，将士受伤患病即去探望，即使犯了错误也不加严惩。时间一长，尽管郭威赢得了军心，但是军队里的姑息养奸之风也蔓延开来。

李守贞陷入重围后，几次想派人向西突围，去找赵思绾联络，但都被郭威击退。后来，李守贞听说了郭威治军的情况，便派一批精干的将士秘密潜出河中城，扮作平民百姓，在郭威驻军营地附近开设了数家酒店。这些酒店不仅价格低廉，而且可以赊账。

既有这等美事，郭威手下的士卒们自然经常结伴前去喝酒，还喝得酩酊大醉，将领们也不加约束。李守贞见计策奏效，遂派部将王继勋率千余精兵乘夜偷偷潜入河西后汉军营，发动突袭。后汉军毫无戒备，被杀得四处溃逃。

郭威知道后，急忙调派人手增援，但将士们只是你看看我、我看看你，竟无人敢奋勇向前。危急中，裨将李韬舍命冲出，众将士这才鼓足勇气，跟了上去。王继勋兵力不足，又无后援，功亏一篑，只能退回河中城。

这次突袭给郭威敲响了警钟，军纪松弛所造成的危害令他不寒而栗，于是下令道："若非犒赏宴饮，所有将士一律不得私自饮酒，违者军法论处。"谁知军令颁布的第二天清早，郭威爱将李审就违反了军令。李审是郭威的爱将，郭威听说后，又气又恨，尽管心有不忍，但是再三思量之下，还是令人将李审推出营门斩首示众，以正军法。

将士们见郭威连爱将李审都杀掉了，这才收敛了放纵之心，从此，后汉军纪严明，万众一心。没过多久，郭威便向河中城发起攻击，一举平定了李守贞，又趁势击败了赵思绾和王景崇，最终平定了"三镇之乱"。

郭威在治军初期以优厚的赏赐来聚拢人心，让士兵归顺依附；后来又及时醒悟，以严厉的军纪约束将士，甚至不惜杀死爱将来树立威严，因此最终平定了"三镇之乱"。

郭威治军"齐之以武"。

经典案例：皇冠瓶盖的成功

　　皇冠瓶盖公司在发展之初，看准了软性饮料和罐头的用途。经过仔细分析，皇冠瓶盖公司认为自己在这一领域有相当的实力，可以用低成本制造出优质的产品。于是皇冠瓶盖公司只生产钢罐，而不生产铝罐。同时公司以服务、技术协助和提供种类齐全的钢罐、罐盖和罐装机为特色，大力拓展市场。结果皇冠瓶盖公司获得巨大的成功，这都是因为比其他企业更早占领"高地"的缘故。

驻军地形的优劣

"低地"历来都是兵家大忌，特别是驻军的时候，如果地势低，那么一旦被敌人包围，就成了瓮中之鳖，容易被敌人用水攻和火攻消灭；因此驻军通常要远离低地。

"高地"的优势在于，无论敌人从何处进攻，都可以保持"居高临下"的优势，进攻的敌人就好比打攻城战，需要付出极大的代价。

经典战例：善用地势

　　唐昭宗乾宁四年（897），汴州刺史、宣武节度使朱全忠带领大军，前去讨伐淮南节度使杨行密。朱全忠命令庞师古攻打扬州，葛从周攻打寿州。庞师古率兵七万进驻清口，部属认为清口地势低洼，不宜驻军，但庞师古觉得自己兵多将广，毫不在意。杨行密率军到达楚州，命令朱瑾在滩河上堵水截流，准备水淹敌军。探子得到消息，庞师古却认为是谣言，不予理睬。有一天，朱瑾率领五千人，冒充汴州军进行突袭，随后杨行密又决堤放水，汴军被淹死者不计其数，最后被全歼于渭水。葛从周被迫撤退，杨行密乘胜追击，汴军大败。

经典战例：石达开的覆灭

1863 年 5 月初，太平天国翼王石达开发兵四川，由花园津至德昌、马道子，得知渡口有清军，于是绕道到达紫打地（今安顺场）。这里左有松林小河，右有老鸦漩，前面更有汹涌的大渡河。遇到这种不利的地形，本应该迅速离开，但石达开由于妻子生下一子，于是犒赏三军，休息三天。

就在石达开休整的时候，大批清军已经抵了大渡河，将石达开重重围住，占据了很多关隘，并且将大渡河的索桥拆除，占据绝对有利的地形。

5 月 21 日，石达开抢渡大渡河失败，改走泸定桥通往天全，也被清军阻击。5 月 29 日，石达开的粮道被切断。随后清军分两路夹击石达开，石达开率太平军退至老鸦漩。太平军多次抢渡大渡河都未能成功，而且粮草用尽，陷入绝境。石达开为了保全部下而投降清军，最后在成都被杀害。

评析

石达开的失败就在于陷入不利地形之后，没能即时离开，不但失去占领有利地形的机会，而且被清军重重包围。最后粮道被断，使全军陷入绝境。如果他能早些离开"绝涧"和"天牢"，那么或许历史便要改写。

经典案例：惠普的企业文化

　　成立于 1939 年的惠普公司，特别重视员工的自由和主动性。公司在制定战略目标时也为员工指明了方向，员工可以创造性地用自己的方式来完成任务，而不必受太多的限制。为了保证公司以个人为中心，并且保持非正式的、开放的风格，公司内部各部门都实行小型化。当某些分支机构因过度发展而导致规模膨胀时，惠普公司就对这些部门再进行划分。坚持以人力资源管理为核心的原则，使惠普公司一直在同业中保持领先地位，不论是员工还是经营者，都保持着相当高的战斗力。

晋文公的文武之道

晋文公

晋文公（公元前 671—公元前 628），姓姬名重耳，春秋时期著名的政治家，晋国国君。晋文公是晋献公之子，因晋献公立幼子为君，晋文公曾流亡国外十九年，后来在秦国的援助下回国继位。其间，晋文公大力发展生产，扩充兵力，使晋国成为春秋五霸之一。

令之以文

晋文公在赵衰、狐偃、狐毛、介之推等人的辅佐下，实行"通商宽农""明贤良""赏功劳"等政策，整顿内政，发展农业、手工业。同时加强军队，国力大增，出现"政平民阜，财用不匮"的局面。然后平定了周王朝的内乱，获得"尊王"的美名，赢得天下人的称赞。

齐之以武

此外，晋文公设置专门的机构，办理官吏升迁和处理有关纪律的问题，赏罚分明，使得官场风气良好，不仅官员廉洁，而且深得民心。后来晋文公于公元前 632 年出兵，采用"退避三舍"的策略，在城濮大败楚军，称霸天下。

商业案例

❖ ◎瘟疫里蕴藏的商机◎ ❖

中国有句流传千百年的农谚："月晕而风，础润而雨。"意思是：月亮周围有大圆环，这是刮风的征兆；垫在房屋柱下的石头湿了，这是天要下雨的征兆。由此可见，尽管"月晕""础润"微不足道，但其蕴含的自然规律对人类而言是至关重要的。人类社会的许多现象也有规律可循，只要我们认真观察并总结经验，就一定能透过现象抓住本质。

在企业经营中，一句话、一条消息、一张照片就能给企业带来巨大的影响，其关键在于经营者是否有心，是否慎言"微不足道"。

1875 年初春的一个上午，美国亚默尔肉类加工公司的老板菲力普·亚默尔像往常一样，正在仔细阅读当天的报纸，一条简短的消息吸引住了他。这条消息只有一百多字，讲的是墨西哥最近发现了疑似瘟疫的病例。

就是这条不起眼的消息，却让亚默尔像发现了新大陆一样，他马上意识到，一旦墨西哥真的发生了瘟疫，就会传到美国与墨西哥接壤的加利福尼亚州或得克萨斯州。加州和得州是美国主要的肉类供应基地，如果当地发生瘟疫，全美的肉类供应肯定会紧张起来，肉价自然也会随之猛涨。

事后，亚默尔开始进行全方位的分析，并着手研究相应的对策。当天，他就派家庭医生亨利赶到墨西哥进行实地调查。几天后，亨利从墨西哥发回电报，证实当地确实发生了瘟疫，而且疫情严重，蔓延得非常迅速，已经到了难以控制的地步。

亚默尔接到电报后，立刻集中全部资金收购加州和得州的肉牛和生猪，并将其迅速转运至离加州和得州较远的东部地区进行饲养。

不出亚默尔所料，墨西哥境内的瘟疫在两三个星期内就蔓延到了美国西部的几个州。美国政府下令：严禁一切牲畜从这几个州外运，以防疫情蔓延。

肉类供应基地的产品禁止外运，美国国内顿时肉类奇缺，价格随之暴涨。亚默尔趁机把先前囤积在东部的肉牛和生猪高价抛售，在短短的几个月内净赚了 900 万美元。要知道，当时的 900 万美元比现在的几亿美元还多。就这样，一条简短的新闻成就了一笔巨大利润。

亚墨尔独具慧眼，从瘟疫即将流行的征兆中，预测到可能出现的商机，充分把握住了瘟疫蔓延所带来的机遇，进而大赚了一笔。

【点评】

《行军篇》里所论述的内容可以扼要地归纳为三点：处军、相敌和治军。"处军"是指在各种地形条件下，对于军队行军、作战、驻扎等问题的处置方法；"相敌"是指观察和判断敌情；"治军"就是对于军队的治理。

在孙子所处的时代，并没有精密的观测仪器和数据统计手段作为辅助，《行军篇》中的"相敌"三十二法，是白昼时直接用视力在阵地前沿进行敌情观测的方法的总结，这些方法虽然原始，却具体而生动。孙子能见微知著，看到事物的本质，着实令人佩服。

两军对垒时，有些将领和孙子一样明察秋毫，能从一些微不足道的现象中，通过逻辑推理，判断出对方的动态和战争的走向。有些将领却对这些现象视而不见，以致坐失良机招致惨败。为什么会出现这种情况呢？这里面自然有经验丰富与否的因素，但更重要的是将领在见微知著这一重要素质上存在着很大的差异。

见微知著，需要丰富的经验、通透的洞悉力和判断力，还需要谨慎又大胆的推理。"见微知著"中，关键在于"知"。能透过"微"看到"著"，是一个成功人士必备的能力。

生活中亦是如此。注重生活中的细节，或许会发现重大的内涵和意义。牛顿关于苹果与地心引力说的故事，我们都耳熟能详。我们不一定要成为牛顿那样伟大的科学家，但是细心观察生活，发现生活之美，不也能给生活增添乐趣吗？

讲究"文武"之道，凡事以身作则，如果我们能在生活中努力做到这两点，一方面可以使自己做事情更有效率；另一方面可以团结激励身边的人，最大限度地发挥团体的力量。

孙膑对孙武思想学说的继承和发展

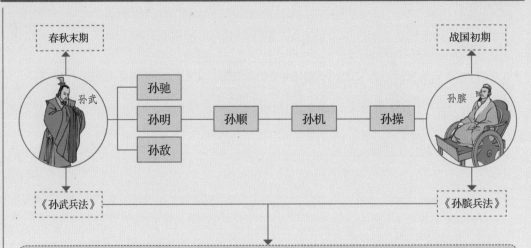

春秋末期　孙武　孙驰　孙明　孙顺　孙机　孙操　孙膑　战国初期

《孙武兵法》　　　　　　　　　　　　《孙膑兵法》

　　　　1972 年 4 月，山东银雀山汉墓同时出土了《孙子兵法》《孙膑兵法》竹简兵书，证实了《史记》记述的正确性，即历史上孙武、孙膑各有其人，并都著有兵法。

孙膑小档案

姓名：本名孙伯灵，因受过膑刑故名孙膑。

生卒：? —公元前 316 年。

籍贯：战国时期齐国阿鄄之间（今山东阳谷县阿城镇、菏泽市鄄城县北一带）。

职业：军事家。

著作：《孙膑兵法》。

成就：取得桂陵之战和马陵之战的胜利。

　　　　孙膑与庞涓同拜鬼谷子门下学兵法，孙膑的才智高于庞涓，由此招来庞涓的妒忌，后庞涓为魏惠王将军，骗孙膑到魏，诬陷孙膑外通敌国，惨遭膑刑（削去膝盖骨）。后孙膑被齐国使者偷偷救到齐国，成为田忌的门客。孙膑帮助田忌赛马赢得千金，被齐威王任为军师。桂陵之战中，孙膑用围魏救赵战术大破魏军。马陵之战中，以减灶之法诱惑庞涓孤军冒进，射杀庞涓，大败魏军。

孙膑对孙武思想学说的继承和发展

战争观

继承孙武的战争观，认为兵者，不仅是关系国家安危存亡的大事，还是除暴乱、禁争夺，实现和巩固国家统一的重要手段。

战略战术的运用

事备后动：继承孙武有备无患的思想，提出举兵"事备而后动"，反对草率用兵、仓促致战。

倡导攻城：孙武不主张攻城，孙膑提出：难攻的城不可贸然进攻，但易攻的城要坚决去攻。

讲究阵法：孙武没有对阵形展开论述，孙膑论述了"方""圆""雁行""钩行"等十种阵形的用途和布列方法。

灵活用兵：继承和发展孙武灵活用兵的理论，重视"阵""势""变""权"。

治军建军

富国强兵：孙武认为国家经济是战争胜利的必要保证，孙膑站在更高的角度，认为战争就是整个综合国力的较量，富国强兵才能立于不败之地。

挑选良将：与孙武一样，重视将帅的选择。

爱护兵卒：孙武把士兵当作战争的工具，孙膑则强调人在战争中的决定作用和人的社会地位及尊严，并认为"兵之胜在于选卒"。

赏罚分明：孙武讲求信赏、明罚，但只是治军原则和御兵手段。孙膑主张以法治军，有完备的法规条文，全军在统一的法规下严格治理。

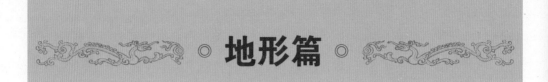

地形篇

【导读】

本篇主要论述"地有六形"与"兵有六败",即分析了六种不同的作战地形及相应的用兵原则,指出了胜败的关键在于将帅的优劣和士兵的强弱,强调将帅要重视对地形的研究和利用,对于失利,将帅应负起主要责任。并在篇末点出,只有知己知彼、知天知地,才能全胜、久胜。

【原文】

孙子曰:地形有通者①,有挂者②,有支者③,有隘者④,有险者⑤,有远者⑥。我可以往,彼可以来,曰通;通形者,先居高阳,利粮道,以战则利。可以往,难以返,曰挂;挂形者,敌无备,出而胜之;敌若有备,出而不胜,难以返,不利。我出而不利,彼出而不利,曰支;支形者,敌虽利我,我无出也;引而去之⑦,令敌半出而击之,利。隘形者,我先居之,必盈之以待敌⑧;若敌先居之,盈而勿从,不盈而从之。险形者,我先居之,必居高阳以待敌;若敌先居之,引而去之,勿从也。远形者,势均,难以挑战,战而不利。凡此六者,地之道也⑨;将之至任,不可不察也。

故兵有走者⑩,有弛者⑪,有陷者⑫,有崩者⑬,有乱者,有北者。凡此六者,非天之灾,将之过也。夫势均,以一击十,曰走。卒强吏弱,曰弛。吏强卒弱,曰陷。大吏怒而不服⑭,遇敌怼而自战⑮,将不知其能,曰崩。将弱不严,教道不明⑯,吏卒无常⑰,陈兵纵横⑱,曰乱。将不能料敌,以少合众,以弱击强,兵无选锋⑲,曰北。凡此六者,败之道也;将之至任,不可不察也。

【注释】

① 通者:这里指广阔平坦,四通八达,我军可以去,敌人也可以来的地区。通,通达。② 挂者:这里指前平后险、易入难出的地区。挂,悬挂、牵碍。③ 支者:这里指敌对双方皆可据险对峙,不易发动进攻的地区。支,支撑、支持。④ 隘者:狭窄之地,这里指两山之间狭窄的通谷。⑤ 险者:险要之地。⑥ 远者:这里指敌我相距很远。⑦ 引:引导、率领。⑧ 必盈之以待敌:一定要动用充足的兵力堵住隘口,以对付来犯的敌军。盈,满、充足。⑨ 地之道:关于利用地形的原则。⑩ 兵:这里指败兵。⑪ 弛:涣散、松懈,这里指将官软弱无能、队伍涣散。⑫ 陷:陷没,这里指虽然将官勇猛顽强,但士卒没有战斗力,导致将官孤身奋战,力不能支,最终陷于失败。⑬ 崩:土崩瓦解,比喻溃败。⑭ 大吏怒而不服:小将(部将)怨怒,不服从指挥。⑮ 怼(duì):怨

恨。⑯ 教道：指对部下的训练、教育。⑰ 常：指常法，法纪。⑱ 陈：同"阵"。⑲ 选锋：挑选勇敢善战的士卒组成的精锐部队。

【译文】

　　孙子说：地形可分为通、挂、支、隘、险、远六种。凡是我军可以去，敌军可以来的，叫作"通"。在"通"这种地形条件下作战，应该抢先占领地势高而向阳的地方，并保证粮草运输畅通无阻，这样作战就有利。凡是可以前往，但难以回退的，叫作"挂"。在"挂"这种地形条件下作战，如果敌人没有防备，就可以突然出击从而战胜它；如果敌人已经有了防备，出击了却不能取胜，而又难以退回，这样对我军就会很不利。我军出击不利，敌军出击也不利的地形，叫作"支"。在"支"这种地形条件下作战，即使敌人以利益来引诱我军，我军也不能出击，最好是佯装引军撤退，诱使敌人出击，待它出动到一半的时候，我军突然发起攻击，这样就会对我军有利。在"隘"这种地形条件下作战，我军若能抢先占领，就要用重兵封锁隘口，等待敌人的到来。如果敌人已经抢先占领隘口，并用重兵防守，我军就不要去攻打；如果敌人没有用重兵封锁隘口，就迅速攻取它。在"险"这种地形条件下作战，若是我军抢先将其占领，那就必须控制那些地势高而向阳的地方，等待敌人的到来；若是敌人抢先将其占领，那就应该引军撤退，不要去进攻。在"远"这种地形条件下作战，敌我双方势均力敌，不宜挑战；若是勉强求战，会对我军产生不利影响。以上六点，均是利用地形作战的原则，是将帅的重要责任之所在，不可不认真考察研究。

我可以往，彼可以来，曰通。

隘形者，我先居之，必盈之以待敌。

导致军队作战失败的情况可以分为走、弛、陷、崩、乱、北六种。凡是属于这六种情况的，都不是上天降下的灾祸，而是由于将帅的过失造成的。在敌我双方势均力敌的情况下，以一击十（而导致失败）的，叫作"走"。士卒强悍、将官懦弱（而导致失败）的，叫作"弛"。将官强悍、士卒懦弱（而导致失败）的，叫作"陷"。部将对主将有所怨怒，不服从指挥，遇到敌人意气用事，擅自出战，主将不了解他的能力（而导致失败）的，叫作"崩"。主将软弱缺乏威严，训练教育军队方法不得当，官兵都不守规矩，布阵列兵杂乱无章（而导致失败）的，叫作"乱"。主将不能正确判断敌情，以少击多，以弱攻强，又没有精锐部队作为中坚力量（而导致失败）的，叫作"北"。以上六点，均是导致军队败亡的原因，是将帅的重要责任，不可不认真考察研究。

⊙ 名家论《孙子兵法》

　　除了武装，决定战术的另一个重要因素，就是地形。有什么武装，就有使用这种武器的战术；在什么地方打仗，也有最适于这个特殊地方的打法。武器是各式各样的，地形是各式各样的，战术也是各式各样的。

——李零

● 凡此六者，败之道也

导致军队失败的有六种情况，需要多加注意，不要因人为因素而导致功败垂成。

六种导致失败的人为因素

走

敌我实力相当，派兵去打十倍于己的敌军而失败。

崩

将领不服从命令，遇敌莽撞迎战，主将又不了解其情况，无法加以指挥而失败。

弛

士卒强悍，将吏懦弱，以致军队散漫而失败。

乱

主将懦弱，缺乏威信且训教不明，使士卒无所遵循而失败。

陷

将吏强势，士卒懦弱，以致军队畏缩而失败。

北

主将不能正确估计敌情，以少击多，以弱击强，且没有精锐部队而失败。

凡此六者，
败之道也

【原文】

夫地形者，兵之助也。料敌制胜，计险阨远近①，上将之道也②。知此而用战者必胜，不知此而用战者必败。故战道必胜③，主曰无战，必战可也；战道不胜，主曰必战，无战可也。故进不求名，退不避罪，唯人是保④，而利合于主⑤，国之宝也。

视卒如婴儿，故可与之赴深谿⑥；视卒如爱子，故可与之俱死。厚而不能使⑦，爱而不能令⑧，乱而不能治，譬若骄子，不可用也⑨。

知吾卒之可以击，而不知敌之不可击，胜之半也；知敌之可击，而不知吾卒之不可以击，胜之半也；知敌之可击，知吾卒之可以击，而不知地形之不可以战，胜之半也。故知兵者⑩，动而不迷，举而不穷⑪。故曰：知彼知己，胜乃不殆；知天知地，胜乃不穷。

【注释】

①险阨（è）：这里是指地势的险易情况。阨，通"厄"，险要之处。②上将：这里指主将。③战道：指战场实情。④唯人是保：指对个人的处境毫不在意，只求保全民众和士卒。人，指士卒、民众。⑤利合于主：符合于国君的利益。主，指国君。⑥深谿：极深的溪涧，这里比喻危险地带。谿，同"溪"。⑦厚：厚养、优待。⑧爱而不能令：对士卒只知溺爱而不能令使。爱，溺爱。令，令使、使用。⑨譬若骄子，不可用也：此句指为将者，仅施仁爱而不济以威严，只会使士卒成为骄子而不能使用。⑩知兵者：指真正懂得用兵的将帅。⑪举而

夫地形者，兵之助也。料敌制胜，计险阨远近，上将之道也。

不穷：变化无穷使敌人难以捉摸。举，措施。

【译文】

地形是用兵打仗取得胜利的辅助条件。正确判断敌情，掌握制胜的主动权，研究地形的险易，计算道路的远近，这些都是高明的将帅能够取胜的方法。掌握了这些方法而应用于指挥作战的就必定能够胜利，不掌握这些方法而去指挥作战的就必定会失

视卒如婴儿，故可与之赴深谿；视卒如爱子，故可与之俱死。

败。所以，如果根据战场实情进行分析，有着必胜把握的，即使国君主张不要打，坚决去打也是可以的；如果根据战场实情进行分析，没有必胜把握的，即使国君主张一定要打，不打也是可以的。进不谋求战胜的功名，退不回避违抗君命的罪责，只求使民众和士卒得以保全，行动符合国君的利益，这样的将帅才算是国家的宝贵财富。

将帅对待士卒如同爱护婴儿，那么士卒就会与他共赴艰险；将帅对待士卒如同爱护自己的儿子，那么士卒就会与他同生共死。对士卒过分宽厚就无法使用他们，过分溺爱就无法命令他们，管理混乱松懈就无法约束治理他们，这样的军队就好像娇生惯养的孩子，是不能用来打仗的。

只了解自己的军队有能力去攻击敌人，而不了解敌人不可以攻击，取胜的可能性只有一半；只了解敌人能够被击败，而不了解（时机尚未成熟）自己的军队还不宜去攻击敌人，取胜的可能性也只有一半；知道敌人能够被击败，并且知道（时机已经成熟）我军可以前去攻打它，但不了解地形条件不利于作战，取胜的可能性仍然只有一半。所以，真正懂得用兵的将帅，行动时不会迷惑，采取的战略战术变化无穷。所以说：了解自己，了解敌人，就能常胜不败；了解天时，了解地利，胜利就可以永无穷尽。

实用谋略

◎郭进拒辽军◎

郭进拒辽军。

《地形篇》中，孙子论述了利用地形的重要性，他说："地形者，兵之助也。"可见较好地利用地形，可以帮助我方赢得主动。郭进拒辽军的战例，就是对孙子这一思想的成功实践。

979年，宋太宗赵光义在统一南方之后，开始准备讨伐十国中最后一个割据政权——北汉。

宋太宗命潘美为北路都讨使，进攻太原，自己随军亲征。北汉是辽的属臣，宋朝一旦兴兵伐汉，辽很可能派兵救援，为了堵截辽的援兵，宋太宗又命将军郭进率军在石岭关驻守。

果然不出所料，辽景宗听到宋朝北伐的消息后，先是派宰相耶律沙和冀王塔尔火速前去解围，又派南院大王耶律斜轸率其部属前去援救。耶律沙进至石岭关附近的白马岭时，宋军已经抢先占据了白马岭的高地险隘。

在此之前，当地连下了几场暴雨，这使得原先并不深的山涧水势猛涨，已经到达人的腰部了。面对湍急的涧水和把守着高地隘口的宋军，耶律沙没有冒进，而是在这里安营扎寨，等待后续部队到来，然后再相机行事。塔尔则耻笑耶律沙胆小怕死，执意要率领先头部队渡涧。耶律沙劝道："目前宋军抢先占据了有利地形，我军贸然渡涧，恐怕凶多吉少，还是小心为妙！"塔尔却说："北汉现如今危在旦夕，再这样拖拖拉拉，只怕会贻误战机，到时想救他们也救不了了。"于是下令渡涧。

看到塔尔率领辽军渡涧，守卫在白马岭上的宋军立刻摇旗呐喊，击鼓助威，但是并没有出击。塔尔观察了一会儿，发现不见动静，认为宋军是在虚张声势，便放心大胆地向对岸前进。

郭进耐心等待，直到塔尔的先头部队渡过山涧大半之后，才将令旗一挥，命令守在隘口的士兵放箭。霎时间，乱箭如蝗，正在渡水的辽兵纷纷中箭倒下，然后被湍急的涧水冲走了。而侥幸登上对岸的士兵则被疾驰而至的宋军骑兵砍翻在涧边。塔尔和他的儿子以及五名将领都被乱箭射死在山涧中。这时，南院大王耶律斜轸及时赶到，下令辽军全线撤退，这才避免了辽军的更大伤亡。

经此一役，郭进成功地将辽军阻截在石岭关。宋太宗则率领大军从容地向太原发起进攻，北汉主刘继元无力与宋军相抗衡，又久盼辽军不至，只得开城向宋太宗投降。

宋军在战争中抢先占据有利地形，以逸待劳，居高临下，等辽军渡涧时突然发起袭击；而在宋军抢先占据高地险隘的不利情况下，辽军主帅不但没有谨慎应对，反而贸然进攻，结果落得个惨败身死的下场。

◎东晋灭南燕之战◎

淝水之战后，前秦很快灭亡，北方暂时统一的局面被打破，先后建立起十几个割据政权，它们互相争斗，混战不休。其中比较强大的政权是北魏，与东晋接壤的是南燕和后秦，南燕的建立者为鲜卑族慕容德。

东晋在淝水之战后接连收复了徐、兖、青、豫、梁等州（今山东、江苏、河

南燕将领公孙归攻陷济南。

晋军北越大岘山。

南、陕南地区）。然而，没过多久，东晋发生内乱，这些地方落入了南燕和后秦手中。

东晋大将刘裕本是平民出身，后来在战争中崭露头角，逐步掌握了东晋的军政大权。刘裕当权后，一方面排除异己，扩充自己的势力；一方面轻徭薄赋，以缓和社会矛盾。同时，他打着恢复中原的旗号，加紧训练军队，积极准备北伐。这些措施的施行，巩固了刘裕的地位，也增强了东晋的经济和军事实力，为北伐创造了条件。

南燕是刘裕进攻的第一个目标。在与南燕的战争中，刘裕准确判断敌情，慎重选择北伐路线，根据地形灵活变换战术，最终取得了北伐的胜利。

409年三月，南燕君主慕容超派将军慕容兴宗等人率骑兵袭占东晋的宿豫（今江苏宿迁），俘虏了阳平太守和济阴（今山东定陶西北）太守。随后又派将军公孙归攻陷济南，俘虏了太守及百姓千余人。

为了争取广大民众的支持，提高自己的威望，刘裕上表请求北伐南燕，以收复失地。刘裕的这一主张，只得到了少数人的支持，大多数朝臣均认为不可。刘裕便向他们作了一番分析，指出南燕的弱点：国土较小，政治腐败，没有长远的战略眼光。刘裕说服了皇帝，决定以水军、车兵、步兵、骑兵联合作战，并制订了沿途筑城、分兵留守、巩固后方、主力长趋北进的作战方针。

同年四月十一日，刘裕率领十万大军从建康出发，由水路过长江，自淮水至泗水前行，五月抵达下邳（今江苏沂北）。刘裕扔下航船辎重，率步兵向南燕境内的琅琊（在今山东临沂北）进发，并沿途筑建城堡，分兵留守，以防被南燕骑兵切断后路。

晋军到达琅琊之前，南燕早已得到消息，急忙将莒城（今山东莒县）、梁父（今山东泰安）的守军调走。晋军继续向前开进，打算从琅琊至广固（在今山东青州西北），然后直捣南燕都城。

当时，从琅琊到广固的路有三条：一是沿沂水北上，由琅琊经东莞（今山东莒县东莞镇），越过大岘山（在今山东沂水北），直捣临朐（今山东临朐）、广固，此乃捷径，水路运输比较方便；但大岘山极为险峻，山高七十余丈，周围二十多里，山上关口（今穆陵关）只能通过一辆战车，有"齐南天险"之称。二是向东北经莒城、东武（今山东诸城）入潍水北上，再折向西，进趋广固；此路迂远，劳师费时。三是向北越泗水经梁父，再转向东逼近广固；这条路中山路太多，行军、运输均比较困难。

经过反复斟酌，刘裕决定走第一条线路，他的部将心中疑虑，说："如果南燕军仗着大岘山这道天险伏击我军，或者坚壁清野断绝我军的粮草，我军孤军深入，恐怕不仅无法灭燕，还将败无归路。"

面对疑问，刘裕胸有成竹地侃侃而谈："之前，南燕曾利用其骑兵优势两次攻入东晋淮北地区，却只是掳掠人口、财物而没有攻城占地。"据此，刘裕判断：南燕首领是个没有深谋远虑的贪婪之辈，进则专思抢掠，退则吝惜禾苗。加上之前南燕弃守莒城、梁父等要地，刘裕坚信，南燕一定认为晋军孤军远征，难以持久，所以不准备在大岘山以南作战，而有意引诱晋军主力深入南燕腹

晋军成功越过大岘山。

地，然后以临朐、广固等坚城为依托，在平坦地区同晋作战，以便使自己的骑兵优势得到最大限度的发挥，因此他们进不会过临朐，退不会守广固，并且绝不会守险清野。听了这番分析，将士们坚定了北越大岘山、直捣南燕腹地同燕军作战的决心。

早先慕容超得知晋军北上的消息时，便召群臣商议对策，征虏将军公孙五楼提出了三条计策，他说："晋军轻捷果敢，意在速战，我军不应与其正面交锋，而应扼守大岘，阻止敌军深入，用拖延时间的办法来挫其锐气；然后选精骑沿海南下，切断敌军粮道，另命兖州之兵沿着山路东下，腹背夹击，这是上策。命令各地郡守据险固守，坚壁清野，同时毁掉地里的庄稼，使晋军无法就地掠夺粮草，又求战不得，只需数月，晋军弹尽粮绝，自然会乖乖撤兵，我军就可以轻松获胜，这是中策。放纵敌人越过大岘山，出城正面迎战，这是下策。

"如果采取上策，燕军就可以凭险固守，阻挡晋军深入南燕腹地；即使退却，也有利于发挥燕军骑兵的优势，进可攻，退可守，可以与东晋军队打持久战。中策虽然要损失一些粮食，但也能大量减少己方人员的伤亡。"

但慕容超拒绝采纳上策和中策，认为东晋远道而来，实为疲敝之师，不能久战。而自己据五州（徐州、并州、幽州、兖州、青州）之地，拥富庶之民、铁骑万群，麦禾布野，为什么要抢先拔除禾苗、迁徙民众，使自己蒙受损失呢？于是决定采纳下策。手下将领极力劝谏，希望他能回心转意，慕容超却一意孤行。桂林王兼太尉慕容镇退朝后叹息说："陛下既不同意出大岘山迎敌，又不准坚壁清野，放纵敌人深入我腹地，无异于坐以待毙，我们必将落个身死国灭的下场啊！"慕容超听说后，勃然大怒，立刻将慕容镇下狱。不久，他调回了莒城、梁父的守军，修筑广固城池，整顿兵马以待晋军。

六月十二日，晋军到达莒城，然后火速越过大岘山。眼见脱离险境，而燕军又未采取行动，刘裕总算松了一口气，对左右说道："现在我军已经越过了危险地带，深入敌人腹地，士卒们都会拼死作战；而这里的原野上长满了成熟的庄稼，我军再无缺粮之忧。可以说，敌人的命运尽在我的掌握之中。"

经过激烈的争夺，晋军夺取了水源城。水源临近临朐，刘裕开始布置军队，准备与南燕军争夺临朐。六月十八日，晋军主力抵达临朐城南附近，距城只有数里。慕容超突然出动主力骑兵万余夹击晋军。刘裕有针对性地在步兵的两翼布置了四千车兵，并以骑兵在车后机动，组成一个步、骑、车兵相互配合的阵势，有效地抵御了燕军骑兵对晋军步兵主力的冲击。双方激战半日，不分胜负。此时，刘裕的参军

晋军总攻广固城。

胡藩建议说，燕军全部出动，临朐此时守备必定空虚，正可出奇兵走偏僻小道去袭击临朐城。刘裕欣然应允，立即派兵奇袭临朐。临朐兵力薄弱，被晋军一举攻下。慕容超惊慌失措，单骑逃出，刘裕趁机率军猛攻，燕军大败，数十名南燕将军被斩杀，慕容超败回广固，晋军首战告捷。

临朐之战结束后，晋军乘胜连夜发起追击，直逼广固城下。广固城四周都是绝涧，短时间内难以攻取。刘裕命晋军修筑高达三丈的长墙和三重沟堑，打算长时间地围困敌军。刘裕招抚投降的燕军将士，选贤任能，以怀柔之策瓦解敌军军心；同时就地取粮，停止从后方运送粮草，从而使晋军处于更加有利的位置。

面对这一情形，慕容超并没有积极展开防御，而是派尚书张俊、韩范前往后秦搬取援兵，自己则消极等待，将希望都寄托在援兵身上。

后秦此时正和大夏激烈交战，根本无力出动大军救援南燕。九月，张俊、韩范不但未从后秦搬来救兵，反而先后降了刘裕。韩范素来受到南燕人敬重，刘裕便让他绕城宣示燕人降晋之事，燕军士气更加低落。此前，南燕将领张纲也降了东晋，此人善于制造攻城器具，于是晋军让他设计新的攻城器具。

次年二月，刘裕率军发起总攻，南燕尚书悦寿开门迎降。慕容超率领数十名骑兵突围逃走，后被晋军俘虏，送至建康斩首。至此，这场战争以晋胜燕亡而宣告结束。

此战中，刘裕之所以能够取胜，主要在于他既了解自己，也了解敌人，还深切地意识到了地形对于己方的利弊。他正确地分析了南燕政权贪婪、目光短浅的特点，由此料定慕容超不会凭险固守大岘山，于是果断选择了一条捷径直入敌国腹地，大大缩短了战争进程。这正是孙子所说的"料敌制胜，计险阨远近，上将之道也"。

南燕骑兵善于在平原上作战，而晋军步兵在平原作战容易被骑兵冲垮，根据这一情况，刘裕将车阵这一古老的作战队形与战法运用到战争中，组成了一个步、骑、车兵相结合的阵势，从而有效地克己之短，抑敌之长。在两军对峙的时候，刘裕又及时派兵奇袭敌人薄弱的后方，为最后的胜利奠定了基础。根据敌情灵活制订相应的战略战术，这正是"动而不迷，举而不穷"。

而燕军之所以失败，除了慕容超目光短浅、骄傲自负外，另一个重要原因就是慕容超不懂得利用地形之利而克敌制胜。《地形篇》说："隘形者，我先居之，必盈之以待敌；险形者，我先居之，必居高阳而待敌。"慕容超弃大岘山之险，放弃了能有力阻击敌人进攻的地形，而选择与敌正面交锋，结果首战失利，不仅丧失了主动权，也严重削弱了军队士气，导致了最后的失败。

◎黄天荡之战◎

南宋建立后，宋高宗偏安东南一隅，并无收复失地之志。这时，金人仍然穷追不舍，屡次侵袭宋境。南宋建炎三年（1129）十月，金兀术（本名完颜宗弼）统兵南下，深入长江流域，并攻破建康，接着又攻破都城临安。宋高宗赵构坐船一直逃到海上，这才没有成为金军的俘虏。在大肆烧杀掳掠之后，金军于第二年开始北撤。

抗金名将韩世忠闻讯，急忙率水军八千，于三月十五日先期赶至镇江，将金军阻截于焦山、金山之间。此后，双方在长江之上展开激战。韩世忠的夫人梁红玉亲自披挂上阵，擂鼓助威，宋军士气大振，奋勇争先，重挫金军。金军溯江而上，韩世忠在后面紧追不舍，且战且行。在宋军的阻击下，金军进入了河道湮塞的黄天荡。

黄天荡位于长江下游，原本是江中一条断港，后来河道湮塞，有进无出。金军对江南水道不熟，误入此处，进退不得。金兀术无计可施，只得向韩世忠表示，愿意献出在江南掠夺的所有财物，买路渡江，结果被韩世忠严词拒绝。金军被困在黄天荡达四十八天，眼看就要全军覆没，这时宋军的一名叛徒向兀术献上一计，指引金兵一夜之间凿通黄天荡背面的老鹳河故道，该河道长达三十里，直通秦淮河。金军于四月十二日逃出黄天荡，反居宋军上游。

此时，金军援兵也赶到真州接应，金兀术于是决定折返黄天荡，与韩世忠军进行决战。韩世忠水军多海舰，船身高大，稳定性好，攻击力强。为了发挥己军这一优势，韩世忠命令工匠赶制了许多用铁链连结的大挠钩，又从水兵中挑选身体健壮者反复练习大挠钩的使用方法，用以对付金军的小战船。

金兀术得到消息后，经过仔细研究，决定在战船内装土，上铺木松，两舷凿洞安置桨棹，等到无风时出击，然后用火箭射向宋军大船的篷帆。船内装土，可以让船在水面上更加稳定，不易倾覆；铺上木板，可以使对方无处下钩；风平浪静时出击，一方面能克服小船不耐风浪的弱点，另一方面更能发挥其机动灵活的优势，而宋军战船体积大，无风难以行动，进退不灵活，反而成了火攻的好对象。

黄天荡一役，宋军果然大败，战船多被焚毁。尽管宋军在这一战中失败，但也沉重打击了金军的嚣张气焰，此后三十年内，金军再未大规模南下。

黄天荡一战，宋军先利用黄天荡易进难出的地形，以八千水军成功阻击十万金军渡江；后来金军逃出包围，并针对宋朝水师的特点制定了有针对性的策略，扳回了一局。由此可见，能够影响战场形势的因素很多，甚至任何一个因素都可能改变战局，绝不容忽视。地形终究只是辅助，不可过分依赖地利，将领能够审时度势，扬长避短，才是克敌制胜的最大法宝。

黄天荡之战。

经典案例：剑走偏锋

美国的《商业周刊》《福布斯》和《幸福》等杂志，都是实力强大、全国发行的期刊，但在 20 世纪 70 年代，美国地域性的商业市场却长期被人们忽视。1978 年，克雷恩通信社创立了《芝加哥商业周刊》，该周刊花了三年时间，全力打入黑人读者群。如今，克雷恩在芝加哥拥有数万家订户，续订率高达 75%，虽然这一发行量与《商业周刊》的发行量相比不算什么，但单就芝加哥地区来说，《芝加哥商业周刊》远胜《商业周刊》。

经典战例："沙漠之狐"的失败

 隆美尔 VS 蒙哥马利

埃尔温·隆美尔（1891 年 11 月 15 日—1944 年 10 月 14 日），纳粹德国陆军元帅、军事家。由于在第二次世界大战的北非战场中，军事行动迅速、风格果断，能以寡胜多，所以被称为"沙漠之狐"。

伯纳德·劳·蒙哥马利（1887 年 11 月 17 日—1976 年 3 月 24 日），英国陆军元帅，第二次世界大战中著名的军事指挥官。曾和劲敌隆美尔多次交手。

1942 年 8 月 15 日，英军任命蒙哥马利为将军。蒙哥马利利用隆美尔急于速战的特点，制造假情报诱敌上钩。隆美尔不听劝阻，不知不觉中了圈套，陷入英军精心设置的地雷区。双方最后会战的地点拉吉尔地区，正是"我出而不利，彼出而不利"的"支形"地势。在这种地形上，就算敌人利诱我方出战，也不能贸然行动；但隆美尔忽略地理因素，使自己的部队一开始就进攻，进而陷入困境，付出了惨重代价。德军伤亡 48000 余人，损失了 70 多枚火炮和 50 余辆坦克。这是英军自第二次世界大战开战以来，第一次赢得对德作战的胜利。

经典战例："以寡击众"的失败

东汉建武十一年（35），东汉军队讨伐蜀国，势不可当，但当部队逼近成都时，汉军主将岑彭被蜀王公孙述派人刺杀。汉光武刘秀得知这个消息之后，告诫武将吴汉："成都有十万人马，不能轻易前进，此时要坚守，等待破敌的时机。"随后，吴汉率兵两万，副将刘尚率一万余人，分兵到达锦江，准备攻打成都。这时刘秀下诏说："汉军所处位置不利，兵力又没有敌军多，而且分开驻扎，无法相互援助，万一被敌军分别包围，那么必定失败。"结果诏书还未送达，公孙述已派十万大军包围吴汉，又分派一部分人马牵制刘尚。结果吴汉被包围，以一攻十，最终惨败。

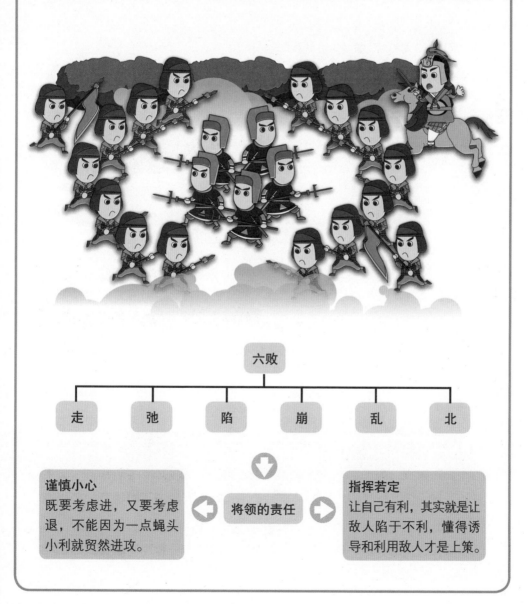

六败

走　弛　陷　崩　乱　北

将领的责任

谨慎小心
既要考虑进，又要考虑退，不能因为一点蝇头小利就贸然进攻。

指挥若定
让自己有利，其实就是让敌人陷于不利，懂得诱导和利用敌人才是上策。

经典战例：马援巧用地形

马援

马援（公元前14—49），字文渊，扶风茂陵（今陕西兴平东北）人，东汉著名的军事家。汉光武帝时，由于功勋卓著，拜为伏波将军，世称"马伏波"。

东汉初年，塞外的羌人经常入侵汉朝边界。汉光武帝刘秀派大将马援任陇西太守，平定羌人。羌人听说马援到来，就用很多树木堵塞了道路，企图凭借地形的优势顽抗到底。马援对陇西的地形十分了解，他一面派部分士兵在正面佯攻，拖住羌人的主力部队；一面亲率主力部队巧妙地利用山谷中的小道，悄悄地绕到羌人的大本营后方，然后发起突袭，大败羌人。

失败的羌人撤退后，凭借山高地险，与马援对峙。马援并不急于进攻，而是在山下安营扎寨。到了晚上，马援带领精兵，神不知鬼不觉地绕过了山隘，放火烧了羌人的营寨。此时，山下的汉军开始擂鼓。羌人顿时乱作一团，被马援杀得溃不成军。

不久，羌人又集结人马，再次侵入武都（今甘肃成县西）。羌人凭借有利地势与汉军对峙，坚守不出。马援在详细勘察了地形后，发现羌人水源不足。于是，他指挥部队夺取羌人的几个水源，断绝了羌人的水和粮草，没过多久，羌人不战而败，逃回塞外。马援则顺利平定了陇西。

经典战例：李嗣源智救幽州

李嗣源

李嗣源（867—933），唐沙陀部人，本名邈佶烈，为李克用养子，改名李嗣源。即帝位后又更名李亶，是为后唐明宗。在位时政绩突出，被称为五代名君。

起因

契丹族的首领耶律阿保机，带领三十万大军包围了幽州(今北京西南)。幽州是后唐的军事重镇，因此，李存勖派大将李嗣源带领七万人前去增援。

知彼知己

李嗣源得知契丹军的情况后，说："敌人基本上是骑兵，人数众多，而且没有辎重，不会担心补给；我军多是步兵，没有兵力优势，粮草运输是个大问题。敌人只要抢走我们的粮草，我军就会不战自退。"根据这种情况，李嗣源放弃直奔幽州的打算，越过大房岭（今北京房山西北）向东进发。

知天知地

李嗣源带领大军穿过山涧，到达大平原。这里没有山地为依托，很容易遭受骑兵的攻击，于是李嗣源让士兵砍伐树枝，每人拿一根，每当遭到契丹骑兵攻击时，就用树枝做成简易栅栏。契丹骑兵无法靠近，李嗣源就命令弓箭手放箭，契丹骑兵死伤惨重。在逼近幽州时，李嗣源又让士兵拖着树枝前进，契丹兵看着前方的滚滚沙尘，以为晋军人多势众，不禁害怕起来。最后李嗣源发动总攻，丧失斗志的契丹兵被打得丢盔弃甲，最后狼狈而逃。

商业案例

◎人心换人心◎

现代企业都讲求员工的忠诚。对于智慧的企业管理者来说，要求员工忠诚并不困难，不过是个人心换人心的问题。某著名大型企业举行员工集体婚礼，所有领导包括总裁亲自为员工开车迎亲，总裁亲自主持婚礼，为新人们送上祝福。在全体员工的共同努力下，这家企业在该行业领域中逐渐脱颖而出，并一举成为龙头老大。

在企业管理中，领导要关心、爱护员工，就像对待自己的家人一般，这样，员工也会尊敬、热爱领导，把企业当成自己的家，并在工作中努力做出成绩，生产出高质量的产品，以回报领导的关爱，企业也会因此而兴旺发达起来。中建五局"以信为本、以和为贵"的主流文化，追求的就是一种和谐发展，以人为本的境界，把人和看作和谐的基础，强调"人和"是企业的灵魂，让员工在企业中从事工作时找到家的感觉，让每个人的价值都能得到充分发挥。

美国名将奥马尔·布莱德雷说："理解人、关心人的领导者不仅会得到每一位属下的全心回报，还会得到他们的耿耿忠心。"军队如此，企业亦然。

⊙名家论《孙子兵法》

自然因素，就是孙子所说的"天"与"地"。任何战争都是在一定的时空范围内进行的，必然要受到自然条件的影响。孙子说："夫地形者，兵之助也。"地形的"远近、险易、寒暑、时制"等天候条件，不仅对一般的军事行动有影响，对古代火攻的实施，作用更为直接。因此，《孙子》认为巧妙地利用自然环境，趋利避害，也是构成战力的重要方面。

从军事地形学的角度说，孙子对他所认识到的地面空间进行了具体的分析，并且归纳出一个精辟的结论："地形者，兵之助也。"（《地形》）从军事地理学的角度说，孙子对他所认识的地理环境，从自然地理和人文地理的结合上论述了其在战争中的地位和作用。他的名言"知己知彼，胜乃不殆；知天知地，胜乃可全"（《地形》），以及他在论述"五事""七计"时讲的"天地孰得"，都是从战略高度强调地理对于克敌制胜的重要作用的。

——李零

经典战例：荆州的争夺战

起因

三国时期，荆州成了兵家的必争之地，因为荆州连接魏、蜀、吴，交通四通八达，粮产丰富。孙权要一统江南，必取荆州；曹操要跨过长江，实现统一大业，必取荆州；刘备要夺取西州，也必须占领荆州。

狼烟四起

为夺取荆州，魏、蜀、吴绞尽脑汁。赤壁战败后，曹操逃出荆州，为了联合刘备抗曹，孙权只好借荆州给刘备。赤壁胜利是孙、刘两家齐心协力的结果，刘备可以理直气壮地将荆州占为己有。

刘备长时间占领荆州，并以此为根据地，向西取得四川与汉中。蜀国大将关羽把守荆州，孙权一直没有办法要回。后来陆逊采用妙计，不仅夺回了荆州，而且杀了关羽。

关羽将大军调离荆州

陆逊发动突袭，一举攻下荆州

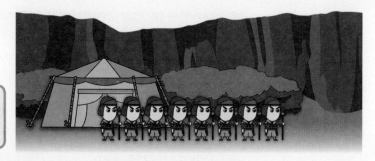

挂地的特点

易进难退，前方路途坦荡，但身后的地形却异常崎岖。

经典战役：崤之战

　　春秋时期，秦穆公即位后，国力强盛，一直想称霸中原，但东边的道路一直被晋国阻挡。周襄王二十四年（公元前628）秦穆公不听大臣蹇叔的劝阻，执意要越过晋国偷袭郑国。晋襄公得知消息，决心打击秦国。为了不惊动秦军，晋军设伏兵于崤山的险峻之处。秦国派孟明视等人率军攻打郑国，第二年春顺利通过崤山隘道，抵达滑（今河南偃师东南），恰好与贩牛的郑国商人弦高相遇。机警的弦高断定秦军要偷袭郑国，所以一面冒充郑国使者犒劳秦军，一面派人回国通风报信。孟明视以为郑国有了防备，所以选择了退军。紧接着，晋国命令先轸率军赶至崤山，并联络当地的姜戎军队埋伏于隘道两侧。秦军重返崤山时疏于戒备，结果身陷隘道，进退不能，最后全部被歼灭。

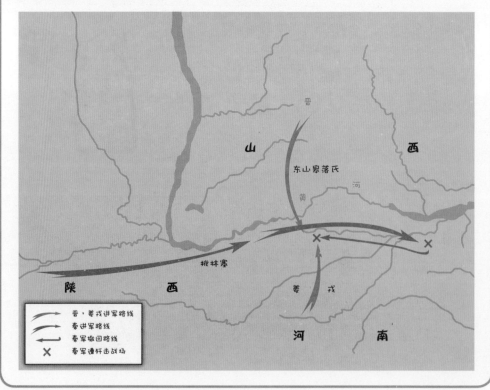

经典案例：力挽狂澜的人才

1983 年，美国的文化娱乐王国——迪士尼，一度陷入财务危机，面临被人收购的窘境。此时，公司聘请了娱乐界的奇才迈克尔·艾斯纳出任董事会主席。迈克尔一上任，就采取一系列措施，很快就使公司摆脱了财务危机。仅仅五年的时间，迪士尼摇身一变，发展成规模巨大的电影公司，成为美国企业界的佳话。而迈克尔的秘诀其实很简单：我只考虑现在人们想要什么。

为何而战？

很多久经沙场的将领，见惯了血腥的厮杀，都会问这样一个问题：我们究竟为何而战？

有时战争没有正义和邪恶之分，但作为一个将领，必须明确自己的职责：我的使命就是战胜敌人，维护自己的国家、人民的利益。而作为一个企业的管理人才，同样需要问自己：我执行这个命令到底是为了谁？

不同的思维、不同的立场，导致不同的结果。

审时度势之人
如果执行这个命令，那么我们就不能不取胜，所以即便受到严厉的惩罚也要做正确的事。

结果

成为优秀的人才，有更广阔的发展前景。

一味从命之人
既然是命令，那就执行吧！有什么好担心的，反正又不承担责任。

结果

人云亦云，没有独到的认知和看法，注定碌碌无为，或者屡战屡败。

【点评】

古代的战争大多数是在陆地与水上进行的，因此，地形往往对战争的成败有着重要的意义。在《地形篇》中，孙子开门见山地总结了六种地形："通""挂""支""隘""险""远"。每种地形都从敌我两个角度考虑其利弊，以及该如何应对。这些缜密而周详的思考不但反映出孙子对于战争规律孜孜不倦、必穷其理的精神，更体现着孙子朴素的辩证思想。

地形是客观存在的，对于各种地形条件的正确认知和运用，是将帅们最重大的责任之一。正如孙子所说，是"将之至任，不可不察也"。很多情况下，地形条件会对战争的胜负产生导向意义，在某些情况下更是直接决定着战争的胜负。

如果说地形是客观存在的，是不会轻易变化的，那么将帅们对于军队的指挥，对于战法的运用，对于部队的治理就是主观能动的，是随时都可以变化和调整的。在这一层面上，孙子讲述了因为将帅的失误或无能而导致军队失败的六种情况："走""弛""陷""崩""乱""北"。他强调说："凡此六者，非天之灾，将之过也。"

虽然战争的结果最终是由某些深层次的原因决定的，如人心向背等，但这里讨论的是用兵治军之法，因此只能将战争的胜负定义在有限的范围之内，探讨的是用兵治军之法对于战争的意义与影响。而在通常情况下，将帅对军队的指挥以及平日里对军队的治理，可以理解为决定战争胜负的决定性因素。

而在现实生活中，总会有人做你的上级，或者你去当别人的上级。如果上司无能，自己干起活来肯定满腹牢骚。自己当上司，如果管理不善，只会让下属白流汗水，下属同样会怨恨不服。这么看来，"将帅无能，累死三军"的说法是很有道理的。因此，做上级并非像很多人想象的那样轻轻松松且风光无限，他们往往需要具备更强的能力。

在本篇当中，孙子还论述了将帅爱护士卒所应掌握的尺度。他首先对将帅应该爱护士卒予以肯定，他说道："视卒如婴儿，故可与之赴谿；视卒如爱子，故可与之俱死。"但将帅对士卒的爱护又不同于父母对婴儿的爱护：父母对于婴儿的爱护是无私的，是不要求任何回报的；而将帅对于士卒的爱护则是为了让他们与自己同生共死。

如果士兵因为将帅的爱护而模糊了"将"与"士"之间的界限，那么就很可能会产生以下犯上、不服从命令等现象。这是将帅们要注意避免的。孙子说"厚而不能使，爱而不能令，乱而不能治，譬若骄子，不可用也"，说的就是这个问题。这段话，也为天下所有为人父母者敲响了警钟，"棍棒底下出孝子"固然不可取，"娇儿不孝"也应该谨记。关爱而不骄纵，引导孩子健康成长，才是正确的教育方式。

曹操对传承《孙子兵法》的贡献

曹操，汉魏之际著名的政治家、军事家，三国时魏国的开创者，是今存《孙子兵法》的第一个注本作者。

曹操在世时，担任东汉丞相，后为魏王。

曹操先后击败吕布、袁术、袁绍等豪强集团，征服乌桓贵族，统一北方，并实行一系列政策恢复经济生产和社会秩序，奠定了曹魏立国的基础。

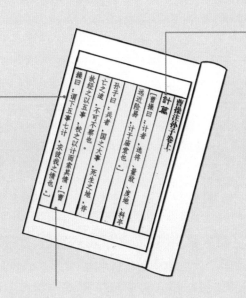

曹操十分推崇《孙子兵法》，曾说："吾观兵书战策多矣，孙武所著深矣。"《孙子兵法》言简义深，一般人不易明白其中道理。经曹操的整理与注释，方使《孙子兵法》得以流传至今。

曹操对《孙子兵法》既有精深的理解，又有创造性的发挥。如对"五事""七计"之庙算，他说："计者，选将、量敌、度地、料卒，远近险易，计于庙堂也。"

鲁迅

曹操精兵法，善诗歌，散文亦清峻整洁，开启并繁荣了建安文学，给后人留下宝贵的精神财富，史称建安风骨。鲁迅评价其为"改造文章的视师"。曹操也擅长书法，尤其章草，唐朝张怀瓘在《书断》中评其为"妙品"。

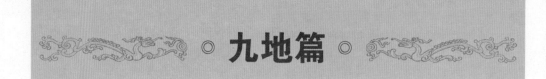

九地篇

【导读】

孙子认为，只有上知天文、下知地理，那才算是称职的军事指挥员。只有懂得地形的利用，才算懂得用兵；如果只了解地理环境的自然形态，而不懂得它对军事行动的影响和规律，那是不能在战争中合理利用地形地物的。

本篇主要论述将帅应掌握"九地之变"，即九种不同的作战地区及相应的用兵原则，阐述了致敌被动的要旨和"兵之情主速"的决胜原则，以及"并敌一向，千里杀将"，即如何利用"人情之理"统领军队深入敌国作战等问题。

【原文】

孙子曰：用兵之法，有散地①，有轻地②，有争地③，有交地④，有衢地，有重地⑤，有圮地，有围地，有死地。诸侯自战其地，为散地。入人之地而不深者，为轻地。我得则利，彼得亦利者，为争地。我可以往，彼可以来者，为交地。诸侯之地三属⑥，先至而得天下之众者，为衢地。入人之地深，背城邑多者，为重地。行山林、险阻、沮泽，凡难行之道者，为圮地。所由入者隘，所从归者迂，彼寡可以击吾之众者，为围地。疾战则存，不疾战则亡者，为死地。是故散地则无战，轻地则无止⑦，争地则无攻⑧，交地则无绝⑨，衢地则合交⑩，重地则掠⑪，圮地则行，围地则谋，死地则战。

所谓古之善用兵者，能使敌人前后不相及，众寡不相恃⑫，贵贱不相救⑬，上下不相收⑭，卒离而不集，兵合而不齐。合于利而动，不合于利而止。敢问："敌众整而将来，待之若何？"曰："先夺其所爱⑮，则听矣。"兵之情主速，乘人之不及，由不虞之道⑯，攻其所不戒也。

凡为客之道⑰，深入则专⑱，主人不克⑲；掠于饶野⑳，三军足食；谨养而勿劳，并气积力㉑；运兵计谋，为不可测。投之无所往㉒，死且不北，死焉不得㉓，士人尽力。兵士甚陷则不惧，无所往则固㉔，深入则拘㉕，不得已则斗。是故其兵不修而戒㉖，不求而得，不约而亲，不令而信。禁祥去疑㉗，至死无所之。

吾士无余财，非恶货也；无余命，非恶寿也㉘。令发之日，士卒坐者涕沾襟^㉙，偃卧者涕交颐^㉚。投之无所往者，诸刿之勇也^㉛。

故善用兵者，譬如率然^㉜；率然者，常山之蛇也^㉝。击其首则尾至，击其尾则首至，击其中则首尾俱至。敢问："兵可使如率然乎？"曰："可。"夫吴人与越人相恶也，当其同舟而济，遇风，其相救也如左右手。是故方马埋轮，未足恃也^㉞；齐勇若一，政之道也^㉟；刚柔皆得，地之理也^㊱。故善用兵者，携手若使一人^㊲，不得已也。

【注释】

① 散地：指诸侯在自己的领地内同敌人作战，其士卒在危急时很容易逃散的地区。② 轻地：指军队进入敌境不深，士卒离本土不远，危急时易于轻返的地区。③ 争地：指我军占领有利、敌军占领也有利的地区。④ 交地：指道路纵横、地势平坦、交通便利的地区。交，纵横交叉。⑤ 重地：指进入敌境很深，隔着很多敌国城邑的地区。⑥ 三属（zhǔ）：指敌我与其他诸侯国毗邻的地区。属，连接、毗邻。⑦ 无止：不要停留。止，停留。⑧ 争地则无攻：指双方必争的要害地区，应该先于敌人占领，若是敌人已抢先占领，则不宜强攻。⑨ 交地则无绝：指在交地上部署军队，各部之间应保持联系，互相策应，不可断绝联系。绝，断绝。⑩ 衢地则合交：指在衢地上应加强外交活动，结交诸侯盟友，以为己方后援。合交，结交。⑪ 重地则掠：指深入敌方腹地，后方运输补给困难，要掠夺敌人的粮食，就地解决军队的补给问题。掠，掠取、夺取。⑫ 众寡不相恃：指大部队与小部队之间不能互相依靠、协同。⑬ 贵贱不相救：指军官和士兵之间不能相互救援。⑭ 收：聚集、收拢。⑮ 先夺其所爱：首先攻取敌人的要害之处。爱，比喻敌人最关键、最重要的地方。⑯ 由不虞之道：要走敌人不易料到的道路。由，经过、通过。虞，料想、预料。⑰ 为客之道：指离开本土进入敌境作战的基本原则。客，这里指离开本土进入敌境作战的军队。⑱ 专：专心一意，这里指深入敌国重地，士卒没有退路，只能死战。⑲ 主人不克：指在本国作战的军队，无法战胜客军。主人，指在本国作战的军队、被进攻的一方。克，战胜。⑳ 掠于饶野：掠夺敌方富饶田野上的庄稼。㉑ 并：合，引申为集中、保持。㉒ 投之无所往：把部队投置于无路可走的绝境。投，投放、投置。㉓ 死焉不得：指士卒连死都不怕，还有什么做不到呢。㉔ 固：牢固，这里指军心稳定。㉕ 拘：拘束、束缚。㉖ 不修而戒：士卒不待督促整治，就懂得加强戒备。修，整治。㉗ 禁祥去疑：禁止迷信活动，消除疑虑和谣言。祥，吉凶的预兆，这里指卜之类的迷信活动。㉘ 吾无余财，非恶货也；无余命，非恶寿也：我军士卒没有多余的钱财，这并不是他们厌恶财货；没有多余的性命（却拼死作战），这并不是他们不想活下去。恶，厌恶。寿，寿命。㉙ 士卒坐者涕沾襟：坐着的士卒热泪沾满了衣襟。涕，眼泪。襟，衣襟。㉚ 偃卧者涕交颐：躺着的士卒泪流面颊。偃，仰倒。颐，面颊。㉛ 诸刿（guì）之勇：像专诸、曹刿那样英勇无畏。诸，专诸，春秋时吴国的勇士。公元前515年，吴公子光（即后来的吴王阖闾）要杀吴王僚自立，于是设宴招待僚。席上，专诸用暗藏在鱼腹中的剑刺死了吴王僚，自己也当场被杀。刿，曹刿，春秋时期鲁国的武士。鲁君与齐君在柯地（今山东东阿）会盟时，他持剑劫持齐桓公，迫使其当场订立盟约，归还齐国所侵占的鲁国土地。㉜ 率然：古代传说中的一种蛇。㉝ 常山：即恒山。㉞ 方马埋轮，未足恃也：把马并排地系在一起，把车轮埋起

孙子曰：用兵之法，有散地，有轻地。

来，想以这种方式来稳定军队，是靠不住的。方，并列，这里是系在一起的意思。㉟齐勇若一，政之道也：要想使士卒齐心协力，奋勇杀敌，靠的是组织指挥得法。㊱刚柔皆得，地之理也：使强者和弱者都能尽其力，在于恰当地利用地形。刚柔，这里指强弱。㊲携手：这里是带领、统率的意思。

【译文】

孙子说：按用兵的规律，可以将战地分为散地、轻地、争地、交地、衢地、重地、圮地、围地、死地九种。诸侯在自己的领地上与敌作战，这样的地区叫作"散地"；进入敌境但尚未深入敌人腹地，这样的地区叫作"轻地"；我方得到就对我有利，敌方得到就对敌有利的地区，叫作"争地"；我军可以前往，敌军可以前来的地区，叫作"交地"；同几个诸侯国毗邻，先到的就可以结交诸侯并取得援助的地区，叫作"衢地"；深入敌国腹地，隔着很多敌国城邑的地区，称为"重地"；山林、险阻、沼泽等行军困难的地区，叫作"圮地"；进入的道路狭窄险要，退归的道路迂回曲折，敌人以少数兵力就能击败我众多兵力的地区，叫作"围地"；迅猛奋战则能生存，不迅猛奋战就灭亡的地区，叫作"死地"。因此，处于散地则不宜作战；处于轻地则不可停留；遇上争地则要先于敌人占领，如果敌人已经占领，就不宜强攻；遇上交地则（要相互策应）不要断绝联络；进入衢地则应结交诸侯以为己援；深入重地则应掠取粮草物资；遇上圮地则要迅速通过；陷入围地则应运用智谋，防止被困；陷入死地则要迅猛奋战，死里求生。

古时候善于用兵的人，能够使敌人的部队首尾不能相顾，主力与小部队不能相

不求而得，不约而亲。

互依靠，将官与士兵之间不
能相互救援，上下之间（相
互隔断）无法收拢，士卒溃
散而不能集中，士卒即使集
合起来也是阵型混乱。在对
我军有利的情况下就行动，
在对我军不利的情况下就停
止。请问："如果敌军众多而
且阵容齐整地向我军发起进
攻，该如何对付它呢？"答曰：

率然之蛇。

"首先夺取敌人的要害之处，这样，它就不得不听凭我军的摆布了。"用兵之道贵在
神速，乘敌人措手不及的时候，走敌人意料不到的道路，攻击敌人没有戒备的地方。

　　大凡进入敌国作战的基本原则是：深入敌境则军心专一，在本土作战的敌军便
无法战胜我军；掠夺敌人富饶田野上的庄稼，使全军给养充足；精心地养护士卒，
不要使他们疲劳，保持士气，积蓄力量；部署兵力，计算谋划，使敌人无法揣测我
军的意图。将军队置于无路可走的绝境，士卒们就会宁死而不败退；士卒们既然连
死都不怕了，就没有人不尽力作战。士兵们深陷危险的境地，就会无所畏惧；无路
可走，军心就会稳固；深入敌境，军心就不会涣散；遇到迫不得已的情况，就会殊
死战斗。因此，在这样的情况下，军队不须整饬就懂得加强戒备，不待要求就能完
成任务，不待约束就能亲密协作，不待下令就会遵守纪律。禁止迷信，消除士卒的
疑惑，他们就会至死也不退避。

　　我军士卒没有多余的钱财，这并不是他们厌恶财货；豁出性命去作战，这并不
是他们不想活下去。命令下达之日，坐着的士卒热泪沾满了衣襟；躺着的士卒泪流
满面。将军队置于无路可走的绝境，士兵们就会像专诸、曹刿一样勇猛无畏。

　　所以，善于用兵的人，能使部队像率然一样（自我策应）。所谓"率然"，是常
山的一种蛇，攻击它的头部，尾部就会来救援；攻击它的尾部，头部就会来救援；
攻击它的中部，头尾都会来救援。试问："可以使部队像率然一样吗？"答曰："可以。"
吴国人与越国人虽然互相仇视，但是当他们同船渡河而遭遇风浪时，他们互相救助
（配合默契）犹如一个人的左手和右手。因此，想用把马匹系在一起、掩埋车轮的办
法来控制军队，是靠不住的；要使全军齐心协力奋勇无畏如同一人，就要靠指挥驾
驭有方；要使强弱不同的士卒都能充分发挥作用，就要靠将帅恰当地利用地形。所
以善于用兵的人，统率三军如同使用一人，这是由于将军队置于不得已的境地而形
成的。

● 何谓九地

古时作战有九种不同的作战地区，每种地区都有相应的用兵原则。对症下药，才能保证战争的胜利。

九种战地区分及应对方法

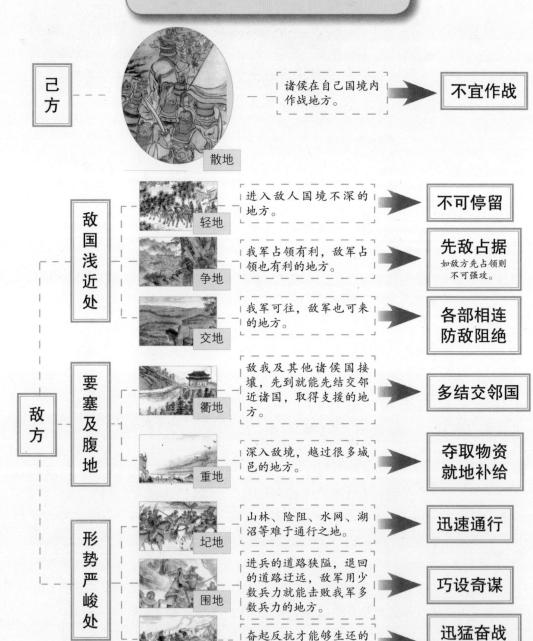

己方

散地

诸侯在自己国境内作战地方。 ➡ **不宜作战**

敌方

敌国浅近处

轻地 —— 进入敌人国境不深的地方。 ➡ **不可停留**

争地 —— 我军占领有利，敌军占领也有利的地方。 ➡ **先敌占据** 如敌方先占领则不可强攻。

交地 —— 我军可往，敌军也可来的地方。 ➡ **各部相连 防敌阻绝**

要塞及腹地

衢地 —— 敌我及其他诸侯国接壤，先到就能先结交邻近诸国，取得支援的地方。 ➡ **多结交邻国**

重地 —— 深入敌境，越过很多城邑的地方。 ➡ **夺取物资 就地补给**

形势严峻处

圮地 —— 山林、险阻、水网、湖沼等难于通行之地。 ➡ **迅速通行**

围地 —— 进兵的道路狭隘，退回的道路迂远，敌军用少数兵力就能击败我军多数兵力的地方。 ➡ **巧设奇谋**

死地 —— 奋起反抗才能够生还的地方。 ➡ **迅猛奋战 拼死求生**

● 善于用兵者

古时善于用兵的人，有能使敌军溃散的本事，有清楚的用兵原则。

用兵之能

能使敌军

| 前后军不能相互衔接。 | 大军和支队不能相互倚靠。 | 将领和士兵不能相互救助。 | 上下级不能相互扶持。 | 被击溃的士兵不能重新集合。 | 重新集合的士兵不整齐。 |

如果敌人众多齐整地进攻 ➡ 夺取最紧要的物资和地盘使其陷于被动

用兵原则

战事合于国家的利益就出兵不合于国家的利益就停止

用兵核心

兵贵神速

| 趁敌不及。 | 出敌不意。 | 攻敌不备。 |

【原文】

将军之事，静以幽①，正以治②。能愚士卒之耳目，使之无知。易其事，革其谋③，使人无识；易其居，迂其途，使人不得虑。帅与之期④，如登高而去其梯。帅与之深入诸侯之地，而发其机⑤，焚舟破釜，若驱群羊，驱而往，驱而来，莫知所之。聚三军之众，投之于险，此谓将军之事也。九地之变，屈伸之利，人情之理，不可不察。

凡为客之道，深则专，浅则散⑥。去国越境而师者，绝地也；四达者，衢地也；入深者，重地也；入浅者，轻地也；背固前隘者⑦，围地也；无所往者，死地也。是故散地，吾将一其志；轻地，吾将使之属⑧；争地，吾将趋其后⑨；交地，吾将谨其守；衢地，吾将固其结⑩；重地，吾将继其食⑪；圮地，吾将进其涂；围地，吾将塞其阙⑫；死地，吾将示之以不活⑬。故兵之情，围则御⑭，不得已则斗，过则从⑮。

是故不知诸侯之谋者，不能预交⑯；不知山林、险阻、沮泽之形者，不能行军；不用乡导者，不能得地利。四五者，不知一，非霸王之兵也。夫霸王之兵，伐大国，则其众不得聚；威加于敌，则其交不得合。是故不争天下之交⑰，不养天下之权⑱，信己之私⑲，威加于敌，故其城可拔，其国可隳⑳。

施无法之赏㉑，悬无政之令㉒；犯三军之众㉓，若使一人。犯之以事，勿告以言㉔，犯之以利，勿告以害㉕。投之亡地然后存，陷之死地然后生。夫众陷于害，然后能为胜败。故为兵之事，在于顺详敌之意㉖，并敌一向，千里杀将，此谓巧能成事者也。

是故政举之日，夷关折符，无通其使㉗，厉于廊庙之上㉘，以诛其事㉙。敌人开阖，必亟入之㉚。先其所爱，微与之期㉛。践墨随敌㉜，以决战事。是故始如处女，敌人开户；后如脱兔，敌不及拒㉝。

【注释】

① 静：沉着冷静。幽：幽深。② 正：严肃公正。治：不乱。③ 易其事，革其谋：易：改变。革：变更。④ 帅与之期：将帅使部队约期赴战，即将帅赋予部队具体的战斗任务。期，约定时间。⑤ 机：弩机。⑥ 深则专，浅则散：指在敌国境内作战，深入则军心专一，浅进则军心涣散。⑦ 背固前隘：指背后地势险要，前面道路狭隘，进退容易受制于敌的地区。⑧ 使之属（zhǔ）：使军队的部署相连接。属，连接、连续。⑨ 争地，吾将趋其后：在争地作战，我们要迅速进兵到争地的后面。⑩ 衢地，吾将固其结：遇上衢地，我们要巩固与诸侯国的结盟。结，这里指结交诸侯。⑪ 继其食：补充军粮，保障供给。继，继续，引申为保障、保持。⑫ 塞其阙（quē）：堵塞缺口，意在迫使士兵拼死作战。阙，缺口。⑬ 示之以不活：指向将士表示死战到底的决心。⑭ 围则御：被包围就会奋起抵御。⑮ 过则从：指士卒陷入危险的境地，就会听从指挥。过，这里指身陷危险。⑯ 预：通"与"。⑰ 不争天下之交：不必争着同别的国家结交。⑱ 不养天下之权：不必在别的国家培植自己的权势。⑲ 信：信从，这里指依靠。私：这里指自己的力量。⑳ 隳（huī）：毁坏、摧毁。㉑ 施无法之赏：施行超出惯例的奖赏。㉒ 悬：

悬挂，这里指颁发。㉓犯：这里指驱使、使用。㉔犯之以事，勿告以言：只驱使士卒去做事，而不告诉他们这样做的意图。㉕犯之以利，勿告以害：驱使士卒完成某项任务时，只告诉他们有利的一面，而不告诉他们危险的一面。㉖详：通"佯"。㉗政举之日，夷关折符，无通其使：决定战争行动之日，要封锁关口，废除通行凭证，阻止与敌国使节的外交往来。政举之日，指决定战争行动的时候，即战争前夕。政，这里指战争行动。举，实施，决定。夷，这里指封锁。折，断断，这里可理解为废除。符，泛指通行凭证。古时用木、竹、铜等做成牌子，上书图文，分为两半，作为传达命令、调兵遣将和通行关界的凭证。使，使节。㉘厉：通"砺"，这里是反复计议的意思。廊庙：即庙堂，指最高决策机构。㉙诛：治，这里是谋划决定的意思。㉚敌人开阖（hé），必亟入之：敌人出现疏失空隙，己方必须迅速乘虚而入。敌人开阖，指敌人有隙可乘。阖，门扇，这里比喻敌方的空隙。亟，急。㉛微：无。期：这里指约期交战。㉜践墨随敌：指实行战略计划要随敌情而变化。践，实行。墨，墨线，这里指战略计划、部署。㉝始如处女，敌人开户；后如脱兔，敌不及拒：开始时要如处女般柔弱沉静，使敌人放松戒备；随后要如逃脱追捕时的兔子般迅速敏捷，使敌人来不及抗拒。

【译文】

统率军队，要沉着冷静，思虑深远，严肃公正以使队伍井然有序。要蒙蔽士卒的视听，使他们对军事行动一无所知；要经常变更战法，不断改变谋略，使人无法识破；要经常改换驻地，故意迂回绕道，使人们无法推测我方的意图。将帅赋予军队具体的作战任务，要像让人登高后而撤掉梯子一样，使其有进无退。将帅与军队一同深入诸侯国土，要像触发弩机射出弩箭一样，使其一往直前。要焚烧船只，打破锅子，破釜沉舟（以示死战的决心），驱使士卒要如驱赶羊群一般，赶过去，赶过来，使他们不知道要前往何处。聚集全军将士，将他们置于危险的境地（迫使他们拼死奋战），这就是统率军队作战的要务。根据地形的变化而灵活

要焚烧船只，打破锅子，破釜沉舟。

是故政举之日，夷关折符。

采取应对措施，根据战争态势的发展而采取相应的屈伸、进退战略，掌握全军将士在不同情况下的心理状态，这些都是将帅不能不认真考察和研究的。

大凡在敌国境内作战的基本规律是：深入敌境，军心就会变得专一；进入敌境不深，军心就容易涣散。离开本国，越过边境而进入敌国作战的地区，叫作"绝地"；

施无法之赏。

四通八达的地区叫作"衢地";深入敌国腹地的地区叫作"重地";在敌国境内,但尚未到达其纵深的地区叫作"轻地";背后有阻险而前方狭隘的地区叫作"围地";无路可走的地区叫作"死地"。因此,在散地,我就要使全军上下意志统一;在轻地,就要使军队前后连接、互相策应;在争地,就要使后续部队迅速跟进;在交地,就要谨慎防守;在衢地,要巩固与诸侯国的结盟;在重地,要保障粮草的供给;在圮地,要争取尽快通过;陷入围地,要堵塞缺口;陷入死地,要向众将士表示死战到底的决心。所以,士卒的心理变化情况是:受到包围就会奋起抵御,迫不得已就会拼死战斗,身处险境就会听从指挥。

因此,不了解诸侯的计谋和策略的,就不能预先与之结交;不熟悉山林、险阻、沼泽等地形的,就不能行军;不使用向导的,就不能获得地利之助。对于九地之利害,有一样不了解的,都不算是能称王争霸的军队。能称王争霸的军队,攻伐大国,能使其来不及动员民众、集结军队;威力加于敌人头上,能使其无法与别国结交。因此,(拥有这样的军队)就不必争着与别的诸侯国结交,也不必在各诸侯国培植自己的势力,只要依靠自己的力量,把威力加在敌人头上,就可以夺取敌人的城邑,摧毁敌人的国家。

施行超出惯例的奖赏,颁布打破常规的号令,这样就能做到指挥全军如同指挥一个人一样。驱使士卒去做事,而不告诉他们这样做的意图;只告诉他们有利的一面,而不告诉他们危险的一面。将士卒置于危险的境地,然后才能保存;使士卒陷入死地,然后才可以死里求生。军队陷于险境,然后才能(凭借自己的积极和主动)争取胜利。所以,指挥作战这种事,在于弄清敌人的意图,(一旦时机成熟便)集中兵力指向敌人的一点,千里奔袭,擒杀敌将。这就是所谓的巧妙运筹能够成就大事。

因此,在决定战争行动的时候,就要封锁关口,废除通行凭证,停止与敌国的外交往来,要在庙堂上反复计议,以谋划制定战略决策。一旦发现敌人有隙可乘,就要迅速发兵乘虚而入。首先攻取敌人最关键的地方,不要轻易与敌人约期决战。实施战略部署的时候要根据敌情的变化而不断做出调整,以求得战争的胜利。因此,战争开始时要表现得像处女般柔弱沉静，诱使敌人放松戒备；然后要像逃脱追捕时的兔子那样迅速敏捷，使敌人措手不及，无法抵抗。

⊙名家论《孙子兵法》

战争是在一定的时间和空间中进行的。孙子时代的战争都发生在地面和水面。《孙子兵法》论述到的地面主要是山地、丛林、平原和旷野，而草原、戈壁、沙漠、岛屿等地形都没有涉及。它所论述的水面主要是江河湖泽。虽然当时吴国已有近海作战，如公元前485年徐承率吴国水军由海上进攻齐国，但孙子在他的兵法中却没有反映和总结。

从军事地形学的角度说，孙子对他所认识的地面空间进行了具体的分析，并且归纳出一个精辟的结论："地形者，兵之助也。"（《地形篇》）从军事地理学的角度说，孙子对他所认识的地理环境，从自然地理和人文地理的结合上论述了其在战争中的地位和作用。他的名言"知彼知己，胜乃不殆；知天知地，胜乃可全"（《地形篇》），以及他在论述"五事""七计"时讲的"天地孰得"，都是从战略高度强调地理对于克敌制胜的重要作用的。

……

我国的地理学源远流长，早在先秦时代就已经出现了专门的著作，比较著名的有《尚书·禹贡》《山海经·五藏山经》《穆天子传》《周礼·职方氏》《尔雅·释地》《管子·地员、度地、地图》等。这些著作内容十分丰富，可视为我国地理学研究的开端。

作为地理学重要分支的军事地理学也在先秦时代就表现出了自己独具的特色。其杰出的代表作当推《孙子兵法》。《孙子兵法》中的《地形篇》《九地篇》《行军篇》等可称得上先秦时代论述兵要地理和战术地形的不朽篇章，是我国军事地理学发展史上一座高大的丰碑。

孙子的军事地理学内容丰富、立论新颖、思维独特，应当引起我们的重视。

……

孙子对军事地形进行了分类，确定了概念，并且对这些地理现象做出了若干规律性的总结。《孙子兵法》涉及了几十种地形名称，如不了解其分类标准，便很难确切地把握其含义，甚至会被那众多的地理名称弄得迷离惝恍。孙子是我国研究军事地理的开山祖，对后世的影响极为深远。因此，从《孙子兵法》中寻绎其分类标准对于我们学习和研究孙子的军事地理观是十分必要的。

——吴如嵩

● 将军之事，静以幽，正以治

统率军队要做到沉着冷静，幽深莫测，严肃而有条不紊。

如何统领全军

静以幽

冷静而莫测的权谋，不会被人轻易揣测识破。

— 蒙蔽士卒耳目，使其对军事计划一无所知。

— 改变任务，变更计谋，使人不能识破。

— 改变驻地，进军迂回，没有人能推断出我的意图。

赋予任务要像登高撤去梯子一样，有进无退。

带军深入诸侯领地，要像离弩之箭，一往直前。

指挥军队要像赶羊一样，让人猜不出最终目的地。

正以治

严肃而有条理地指挥，再多的军队也可以治理得有条不紊。

将军之事
集合全军
投身险地

战地情况多变复杂要
会随机应变进退自如

士卒心态随情而异要
善于察觉并巧加运用

● 为客之道

进入敌境作战，情况更加凶险，但只有将士卒置于险境，才能使其全身心投入战斗，方能取胜。

行军应"置之死地而后生"

入敌国作战的原则

要深入敌境，使军心团结，敌人就不能制我。

在富饶地区掠取粮草，使全军给养充足。

让战士休养生息，勿使疲劳，提高士气，积蓄力量。

部署战斗，巧设计谋，使敌人不可揣测。

将军队置于险境 ➡ **则军队不令而威**

士卒身陷危地就无所畏惧。
无路可退，则军心稳固。
深入敌国就不易涣散。
迫不得已就会拼死战斗。

不待整饬就能加强戒备。
不待要求就能完成任务。
不待约束就能亲近相助。
不待申令就能信守纪律。
禁止迷信谣言。
战死也不会逃跑。

实用谋略

◎高平之战◎

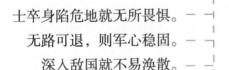

《九地篇》中说道：善于指挥打仗的人，能够使敌人前后部队无法相顾及，官兵不能相救援，并趁机歼灭敌人。高平之战中，后周军使北汉军陷入前后隔断，首尾不能联系的境地，并趁此一举歼灭了北汉军，此战例很好地体现了孙子的这一思想。

北汉主刘崇下令攻打后周。

高平之战是后周和北汉、契丹联军之间进行的一次关键性战役，也是五代十国时期最为重要的一次决战，它最终以周世宗大获全胜而告终。

五代十国时期，北汉曾多次南下进攻后周，但是后周军队总能在太祖郭威的率领下击退北汉军队。

954年，郭威去世，其养子柴荣（实际上是郭威的内侄，柴荣是其妻子柴守玉的哥哥柴守礼的儿子）即位，就是周世宗。北汉主得知这个消息，非常高兴，立刻向契丹请兵，再次南下攻打后周。契丹派武定节度使、政事令杨衮率领万余骑兵和北汉会师于晋阳，北汉主亲自统帅三万人马，和契丹合兵南下。后周昭宁节度使李筠派部将穆令均率领两千人马迎击北汉军队，自己则率领主力在后面扎营。北汉前锋都指挥使、武宁节度使张元徽设下埋伏，自己佯败诱敌，结果穆令均中伏被杀，士卒折损了上千人。

李筠退回潞州，凭城固守。周世宗得到禀报，打算亲自出征。但是大臣们都认为：北汉主自晋州惨败以后，一定不敢再亲自出征。而皇帝刚刚即位，人心还未稳定，不宜亲征，应该派下面的将帅去抵御。但是周世宗有自己的看法，他认为：北汉主刘崇趁我国大丧来进攻，必定是轻视我年少没有经验，一定会亲自前来，想一举吞并我国，我不能不亲自出征。于是，周世宗率领禁军从京城开封出发。在北上的途中，禁军控鹤都指挥使赵晁派人向周世宗进言，劝阻亲征。周世宗大怒，将赵晁囚禁在怀州。北汉主不知道周世宗亲自出征，他看潞州城坚固，一时难以攻取，就越过潞州不攻，直取大梁。北汉兵的前锋与后周军在高平以南相遇，被周军击退。周世宗生怕北汉军撤退，遂加紧前进。北汉主刘崇在巴公原排开阵势准备迎击，他亲自率领中路军，张元徽率领东路军，杨衮率领西路军（即契丹骑兵），军容极盛。这时，后周军前锋行进过于迅速，河阳节度使刘词率领的后军落在了后面。面对这种敌众我寡的局面，周军的将士难免怀有畏惧心理。而周世宗反而更加镇定，坚信一定可以打败北汉与契丹的联军。于是，他命令白重赞与侍卫马军都虞候李重进在西面统率左军，樊爱能、何徽在东面统率右军，向训、史彦超率领精骑在中间列阵，殿前都指挥使张永德率领禁军护卫皇帝。周世宗自己也全身披挂铠甲，并跨马到阵前督战，双方都严阵以待。

北汉主看到后周人马不多，认为不用契丹的人马也可以击败周军，他对手下的将领说："我用汉军就可以击败周军，哪用得着契丹人。今天不但要一举击败周国，还要让契丹人知道我们汉军的厉害。"北汉的将领们也都表示赞同。杨衮在阵前观察了后周军的阵势和军容，对北汉主说："周军是强敌，不可贸然进攻。"北汉主不以为然地说道："机不可失，将军就不要再说了，且看我来破敌。"杨衮不再言语，静观汉军的举动。当时天上吹起东北风，不久又突然转为南风。北汉副枢密使王延嗣派司天监李义向北汉主进言，劝北汉主出击。枢密直学士王得中认为风势不利，不宜出击，北汉主不听，命东路军率先发起进攻，张元徽亲自率领千余精骑冲击后周的右军。后周的右军

周世宗力排众议。

周世宗率军应战。

主将樊爱能、何徽本来就有怯战心理，交战不久，看到北汉军来势很猛，抵挡不住，就率领骑兵率先逃走。后周右军被击溃，有上千步兵解甲投降。周世宗看到战事紧急，后周军濒临溃败的边缘，便亲自率领左右的亲兵冒着矢石出阵督战。

后来的宋太祖赵匡胤当时还是后周禁军将领，他先招呼同伴向前冲锋，又请张永德率军从左翼出击，自己率军从右翼出击。张永德同意，两人各率领两千人马随周世宗出击。赵匡胤身先士卒，奋力杀向敌阵。主将奋勇当先，士卒更是拼死力战，无不以一当十，北汉兵抵挡不住，纷纷溃败下来。后周内殿直马仁禹也激励同伴进击，他自己跃马猛射，连毙数十敌军，后周军的士气更加高涨了。北汉主知道周世宗亲自出战，遂命人对张元徽进行嘉奖，并催促张元徽乘胜进攻。张元徽继续向前进攻，不料战马被射倒，自己从马上摔了下来，被后周士兵斩杀。张元徽一死，北汉军士气低落，后周军乘胜追击，把北汉军杀得大败。

此后，北汉主刘崇亲自挥舞旗帜，试图稳住军心，但是这也无法阻止北汉军的溃败。杨衮看到后周军如此骁勇，不敢救援，又痛恨刘崇不听自己的劝告，所以立即率领契丹骑兵撤退了。这时，从战场上溃败下来的后周将领樊爱能、何徽等人率领溃军一路抢劫辎重，散布谣言，并企图阻止后军大将刘词继续前进。刘词不听，继续率军向前进发，在黄昏时与前军会合，当时北汉尚有士兵万余人，隔山涧布阵，企图抵抗。后周军得到增援，又发起猛攻，北汉军崩溃了，王延嗣被杀，后周军一路追杀到高平，北汉将士的尸体布满了山谷，丢弃的军资器械到处都是。走投无路的北汉士兵被迫投降了后周。最终，北汉主刘崇仅仅率领百余骑兵逃回了晋阳。这样，后周在高平大战中取得了最终胜利。

高平之战，直接关系到后周的存亡兴衰。在右军已经被击溃的危急情况下，周世宗亲自出阵，极大地鼓舞了周军的士气，从而挽救了岌岌可危的战局。

◎背水一战◎

楚汉相争期间，刘邦手下的大将韩信在平定魏国以后，又率兵越过太行山，向东攻打臣服于项羽的赵国。赵王歇和成安君陈余、广武君李左车调集二十万兵力，守住了太行山以东的咽喉要地井陉口（即井陉关，在今河北获鹿西），并准备与韩信展开决战。

当时，赵军的军政实权都掌握在陈余手中，李左车向他献计说："听说韩信率领的军队连战皆捷，大胜魏国，正是士气高涨之时，其锋芒不可阻挡，但是，对于军队来说，粮饷是至关重要的。而井陉地势险要，战车、骑兵均不能并列成行，军队绵延数百里，这样一来，押运粮草的队伍势必远远落在后面。如果您能拨给我精兵三万，出小路截断汉军的粮草，而您则深挖战壕，高筑营垒，坚守不战，使他们进退不得，到时我再出奇兵断其后路，不出十天，韩信的人头就能送到将军面前。希望您认真考虑我的计策，否则，一定会成为韩信的俘虏。"

可惜陈余只是个迂腐刻板的书生，经常宣称用兵要讲仁义道德，认为正义的军队不可采用阴谋诡计，于是说道："兵书上讲'十则围之，倍则战'。韩信的军队虽

陈余率军返回营垒。

李左车谏陈余及赵王。

然号称数万，实际上不过几千而已，现在竟然千里迢迢赶来袭击我们，早已是疲惫不堪。在这种情形下，如果一味回避而不主动出击，等到大量后续部队赶到，还怎么可能对付他呢？何况诸侯也会因此认为我们懦弱胆小，就会趁势前来攻打我们。"于是拒绝采纳李左车的意见。

　　韩信派人暗中打探，知道李左车的计策没有被采纳，心中大喜，这才大胆地带领部队进入井陉道，在离井陉口三十里的地方扎下营寨。

　　半夜时分，韩信突然颁布了一道紧急命令：在军中挑选两千轻骑，每人拿一面代表汉军的红旗，从隐蔽的小道上山，绕道到井陉关后，埋伏在丛林中，随时注意赵军的动向。韩信告诫说："交战时，赵军发现我军后，我军立即退回。对方一定会倾巢出动来追击我军，那时候，你们火速冲进赵军营垒，拔掉赵军的旗帜，竖起汉军的旗帜。"这些军士领命后，立即出发了。

　　过了一会儿，韩信又让副将传达开饭的命令，并向士兵们说道："这只是临时充饥，等明天打垮了赵军，大家再正式会餐。"将士们听了，都不敢相信，只是假意说"好"。韩信随后派出一万人马作为先头部队，背靠河水布阵迎战。赵兵远远看见对方背水布阵，大笑不止。第二日，天刚刚亮，韩信就张设了大将的旗帜和仪仗，声势浩大地率军开出井陉口，赵军见状，立刻打开营垒，冲出去攻击汉军。双方激战一段时间，韩信命部下假装不敌，抛下旗鼓，纷纷退回河边的阵地。赵军见汉军惨败而退，立刻倾巢出动，争夺汉军的旗鼓，并穷追不舍。

汉军心知后面是河，不能再退，于是个个殊死奋战。面对勇猛的汉军，赵军也无可奈何。这时，预先埋伏在山上的汉军，早已按照韩信的指示，迅速冲进赵军的空营，将赵军的旗帜尽数拔掉，竖起了两千面汉军红旗。

赵军与汉军交战了一阵，眼见无法取胜，又不能俘虏汉军的主将韩信，只好撤兵回营。当他们回到城下时，突然看到营帐间插满了汉军的红旗，大为震惊，以为汉军已经攻破了营垒，俘虏了赵王和将领。于是军队大乱，纷纷溃散，将领们虽然严厉阻止，甚至诛杀逃兵，但也无济于事。在汉军的两面夹击下，赵军惨败，成安君陈余被杀，赵王歇和广武君李左车被汉军俘获。

在庆功宴上，手下将领问韩信道："兵法上说，要背山面水列阵，现在你背水布阵，居然获胜了，是什么道理？"韩信说："这也是兵法上有的，只是你们没有注意罢了。兵法上不是也有'陷之死地而后生，置之亡地而后存'的说法吗？我如果留下一条退路，士兵们早就四散逃走了，怎么还会拼死作战呢？"

《九地篇》中说："疾战则存，不疾战则亡者，为死地。"又说："死地则战。"韩信作为一个杰出的军事家，正是利用了这一点，在准备充足的前提下布下了背水之战，促使士兵们殊死奋战、死中求生，最后大获全胜。

◎李愬雪夜袭蔡州◎

"安史之乱"使唐王朝元气大伤，开始由盛转衰，各地节度使趁机独揽大权，割据一方。后来，唐朝国力有所恢复，边疆形势逐渐缓和，在这样的背景下，为了维护统一的局面，加强中央集权，唐王朝开始致力于削藩。

807年，唐宪宗顺利平定西川、夏绥、镇海三镇的叛乱，开始着手讨伐淮西、成德的割据势力。李愬奇袭蔡州，正是平定淮西节度使吴元济割据势力时发生的故事。

元和九年（814），淮西节度使吴少阳病死，其子吴元济承袭淮西节度使一职，不仅拒纳中央派来的吊祭使者，而且发兵四处烧杀掳掠。唐宪宗于是决定派兵讨伐他。

朝廷军队分四路进攻淮西，其中，南、北路军略有进展，东、西路军则被淮西军击败。其后两年间，朝廷多次更换东、西路军的统帅，可惜收效甚微。于是，唐宪宗决定起用李愬，让他负责征伐吴元济。

817年正月，李愬到达淮西。当时，唐军屡战屡败，士气低落，士兵们甚至产生了惧战心理。面对这一情况，李愬对士兵们说道："天子知道我李愬生性懦弱，能忍受战败的耻辱，因此才派我来安抚你们。至于攻城拔寨，那不是我负责的事。"听了李愬这席话，士卒们才稍稍安下心来。

但这只能治标，不能治本，李愬上任后，首先就做了大量工作以稳定军心。他亲自慰问士卒，抚恤伤病者，既不讲究长官的威严，也不强调军政的严整。此举一方面是为了安抚士兵，另一方面是向敌人佯示自己无所作为，再加上他上任前地位和名气均不算高，吴元济果然放松了戒备。

等将士们情绪稳定之后，李愬便下令修理器械，训练军队。他实行优待俘虏及降军家属的政策，对俘获来的敌军官员、将领给予充分信任，并委以官职，有了这些人的帮助，李愬才逐渐摸清了淮西军的虚实。

这时，由于当地战乱频繁，出现了大批百姓逃亡的现象。面对这一情况，李愬派人安抚百姓，并派驻军队予以保护。这一举措，使唐军赢得了民心。

李愬训练军队。

这年五月，李愬出兵包围了蔡州。五月二十六日，李愬派兵攻打朗山，淮西军闻风前来救援，唐军腹背受敌，败下阵来。李愬手下诸将都懊丧不已，但李愬本人却说："我军若是连战皆胜，敌人必定会加强戒备。这次失败，正可以麻痹他们，方便日后出其不意地消灭敌人。"不久，他招募了三千士兵，亲自训练，以增强军队的实力。

九月二十八日，经过周密部署，李愬突然占领了关房（今河南遂平）外城，歼灭淮西军一千余人。淮西军兵败后，剩下的士兵退守内城。李愬命军队佯装撤退，淮西军派五百骑兵追击，唐军大为惊慌，眼看就要败退，李愬当场下令道："敢后退者，斩！"于是官军掉过头去攻击淮西军，将其杀得大败。

将士们本想趁胜攻城，但李愬认为，如果暂不取城，敌人必定分兵守卫此城，而我军正可趁敌人兵力分散之机夺取蔡州，因此下令还营。降将李佑建议道："蔡州的精兵都驻守在洄曲及其周围，蔡州城内只余下老弱残兵，何不乘虚直抵蔡州城，等外围的叛军听到消息赶来救援时，吴元济已经束手就擒了。"这一意见与李愬的想法不谋而合。

十月，眼见条件已经成熟，李愬开始部署袭击蔡州的计划，他命随州刺史史文镇守文城栅，命降将李佑等率三千士兵为前锋，自己亲率三千人为中军，李进城率三千人为后军，奇袭蔡州。为了保证军机

李愬雪夜袭蔡州。

不外泄，军队出发时，李愬只命令一直向东前进，而没有告知这次行动的目的地。

行动的当天风雪交加，军队东行六十里后到达张柴村。李愬率军突袭这个村子，将淮西军布置在此处的守军及通报紧急军情的烽火兵一网打尽，抢占了这一要地。李愬命令士兵就地小憩片刻，随后留下五百人截断桥梁，以阻止洄曲方面的淮西军回援蔡州，另派五百人监视朗山方向的救兵。

阻截援军的计划部署完毕后，李愬亲自带领部队趁着夜色、冒着大雪继续向东急行。众将不解，向他询问行军方向，李愬这才说出自己的计划：去蔡州城捉拿吴元济。

将士们一听，全都大惊失色，因为夜晚的天气异常寒冷，沿路都能看见冻毙的士兵和马匹，而且行经的道路异常险峻，之前从未走过，他们都认为此去必死无疑。但李愬军纪严明，无人敢违抗，大家只能奋力向前。经过一番急行军，他们在天未亮时便赶到了蔡州。这时，唐军经过近城处一个鹅鸭池，李愬灵机一动，想出

了一条妙计：惊打鹅鸭以掩盖军队行进的声音，并分散淮西军的注意力。

自从吴少阳割据以来，蔡州城就一直被叛军占据着，附近也没发生过大的战事，这使得城中守军防备松弛，毫无戒备之心。唐军借着风雪和夜幕的掩护，不费吹灰之力就进入了蔡州城。

天明的时候，有人向吴元济汇报说，唐军已经攻入了蔡州。但是他根本不相信，直到听到唐军的呐喊声，他才仓促带着亲兵登上内城抵抗。蔡州百姓火烧内城南门，唐军趁势破门而入，擒获了吴元济。

当时，吴元济的部将董重质正率领数万精兵据守洄曲，城破之后，李愬厚待董重质的家属，命其子前去招降董重质。恰好朝廷北路军也在此时占据了洄曲。余下州县守兵见蔡州已破，便先后投降，平定淮西之战至此告终。

之后，成德方面的割据势力慑于中央的压力，也上表归顺朝廷。淮西、成德是唐代藩镇中的强镇，通过平定这两个藩镇，唐王朝又赢得了暂时的统一。

在蔡州奇袭战中，李愬先是针对士兵因屡战屡败而产生的厌战、惧战心理，一方面稳定军心，另一方面示弱惑敌，然后制定了避实击虚、速战速决的战略。在行动一开始，他对部下守口如瓶，正是孙子所说的"犯之以事，勿告以言"。

而且，李愬善于利用地形、气候等作战条件，以影响士兵的心理，保证军队战斗力的充分发挥，使其坚定殊死作战的决心。这就是《九地篇》中所说的"投之亡地而后存，陷之死地然后生"。李愬很清楚，他所率领的军队曾经多次战败，士气受到了极大影响，要想使这支军队重振士气，就必须将士兵置于险恶的环境之中，到那时，"士兵甚陷则不惧，无所往则固，深入则拘，不得已则斗"。所以，李愬选择了在风雪严寒之夜，让士兵"由不虞之道，攻其所不戒"，最后一举拿下了蔡州城，活捉了吴元济。

◎岳钟琪平叛◎

雍正元年（1723），居住在青海的厄鲁特蒙古和硕特部首领罗卜藏丹津率领数十万人发动叛乱，并胁迫青海蒙古各部首领于察罕托罗海会盟，妄图实现兼并青海、蒙古各部的野心，这一举动严重威胁到清朝在青海地区的统治。

同年，雍正帝派川陕总督年羹尧负责平叛军务，四川提督岳钟琪率军前往接应。清军一方面截断叛军进犯内地、退入西藏的通道，另一方面出兵归德堡（今青海贵德），重创叛军主力。

　　1724 年一月，岳钟琪率军深入青海腹地，猛攻郭隆寺，歼敌六千余人，极大地震慑了叛军。罗卜藏丹津见大势已去，一面上书"请罪"乞和，一面却暗地里聚众十万，据守柴达木地区乌兰木和尔，想要继续顽抗。岳钟琪分析当前局势，认为敌人此时元气尚未恢复，应当趁此机会用精悍的轻骑兵快速袭击其老巢。朝廷采纳了岳钟琪的建议，委任他为奋威将军，主持西征战事。

　　同年二月，岳钟琪率领精兵五千、战马万匹，以迅雷不及掩耳之势攻取了位于哈达河边的敌军据点，然后马不停蹄地翻越崇山，直抵敌军大本营。

　　在岳钟琪的指挥下，清军骑兵一路势如破竹，直入敌营，叛军毫无戒备，被这突如其来的攻击打得晕头转向，顷刻间溃不成军。罗卜藏丹津见势不妙，慌忙换上妇女的服装，带领残部逃走，余下的人只能纷纷伏地请降。岳钟琪发现敌酋逃走，立刻率军追击，一直追到桑骆海，除罗卜藏丹津只身逃往准噶尔之外，余众尽数被俘获。

　　岳钟琪仅率领千余人深入重地，倚仗快速出击的战术，一举捣毁敌人的大本营，歼敌数万，这一战正是突袭战的典范。

岳钟琪平叛。

经典战例：神速的汉军

韩信 韩信（约公元前228—公元前196），西汉开国功臣，初投项羽，后奔刘邦。中国历史上伟大军事家、战略家、统帅和军事理论家。中国军事思想"谋战"派代表人物。

公元前206年，西楚霸王项羽夺得很多土地，决定分封诸王。由于刘邦被打败，所以被封往巴蜀、汉中。这些地方交通极为不便，刘邦心中非常不满，但在向汉中进发时，刘邦下令烧毁沿途的栈道，意思是告诉项羽，他决定留在这里，再也不出去了。四个月后，项羽陷入与齐王田荣的战争，精力有所分散。于是刘邦决定北上，他命令樊哙派一千士兵去修复栈道，并于一个月完成。雍王章邯认为绵延数百里的栈道，用一年时间都难以修复，所以并不加防范；然而就在明修栈道的时候，韩信暗中发现陈仓有一条小道可通中原，于是让大军从小路日夜赶路，神不知鬼不觉地进至大散关，使章邯成为瓮中之鳖。最后汉军势如破竹，很快就平定了三秦。这就是"明修栈道，暗度陈仓"的故事。

明修栈道	暗度陈仓
用一年的时间也修不好的栈道，怎么可能一个月完成？这就是利用敌人的大意而制造的假象。明里是对我方不利，实则是另有所图。	汉军的速度是计谋成功的关键，虽然表面上麻痹了章邯，但也要很快地绕到关外，以免被敌人察觉。

如蛇一般敏捷

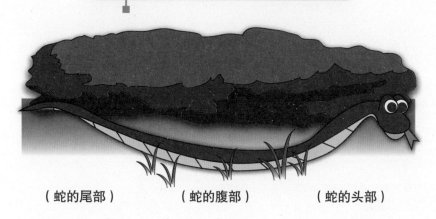

（蛇的尾部）　　　（蛇的腹部）　　　（蛇的头部）

　　无论哪一部分受到攻击，蛇都可以进行救援。如果部队也是如此，那么即便遭遇敌人的攻击，也可以在短时间内得到支援，摆脱险境。凝聚力强的部队，可以适应千变万化的战场，从而立于不败之地。

经典案例：岳飞的"齐勇若一"

　　岳飞特别善于治理军队，赏罚分明。他不仅爱护士兵，深得人心，而且军队纪律严明，对百姓秋毫无犯。岳家军在作战中，总是互相协助，万众一心，排除万难，奋勇向前。有一次，岳飞驻扎合肥，他派一名骑兵过江去送公文。不巧遇上暴风雨，长江风急浪高，骑兵对渡船人说："被淹死倒没什么，但耽误了大事就糟糕了。"渡船人非常感动，于是在骇浪惊涛中，帮助骑兵渡过了河。正是因为"齐勇若一"，岳飞抗金二十余年，总是能以少胜多、以弱胜强。

程昱的"静如处子"之计

　　三国时，魏国的程昱把守鄄城，手下的士兵只有700人，曹操听说袁绍在黎阳将要南渡，便想再替程昱补充2000名士兵，但程昱不愿接受，他说："袁绍拥有70万大军，自认为所向无敌，现在他看我的兵这么少，必然不会来攻打我。如果为我补充兵员，袁绍反倒会来进攻。但我即便有2700士兵，也不是袁绍的对手。"后来，袁绍果然因为程昱兵少，没有攻打鄄城。曹操对大家说："程昱的胆量，胜过古代勇士孟贲、夏育。"程昱根据袁绍好大喜功的性格，巧妙地采用了不增兵的策略，终于保住了鄄城。

孟贲

战国时大力士。卫国人，与夏育齐名。相传他异常勇武，发怒时气势逼人，没有人敢惹他。

夏育

周朝时的著名勇士，卫国人，据说力大无穷，可以举起千钧。

静如处子

这与"不动如山"有异曲同工之妙。不动声色的目的就是让敌人难以发觉我军的真实意图，趁机寻找敌人的弱点。

动如脱兔

正如"疾如风"一样，要发动进攻就要以速度取胜，在敌人还没有防备时，打他一个措手不及。

商业案例

◎快速反应留住市场◎

孙子说："兵之情主速。"用兵打仗如果速度缓慢，那么自己很有可能先被敌人一口给吃掉了。猛狮逐鹿，兔起鹘落，一个"速"字决定生死。

战争需要速度，办企业、搞经营也需要速度。有句俗话说得好：当真理还在穿鞋子的时候，谣言已经跑遍了全世界。所谓"众口铄金，积毁销骨"，当发生危急公关事件时，任何一家企业都应该建立快速反应机制，果决行动，从而迅速控制事态，否则会扩大突发危机的范围，甚至可能失去对全局的控制。

1993年7月，美国百事可乐公司突然遭遇谣言袭击：罐装百事可乐内出现了注射器和针头，甚至有人活灵活现地描述针头如何刺破了消费者，说得是有鼻子有眼。人们立刻把此事与传染艾滋病联系起来。一时间，许多超级市场把百事可乐纷纷从货架上撤走。面对这突如其来的灾难，美国百事可乐公司的高层迅速做出反应，在第一时间内做出三项决策：第一，先向投诉者道歉，后邀请其到生产线上参观，使其确信百事可乐质量可靠，还给予其一笔可观的奖金以示安慰；第二，不惜重金买下美国所有电视、广播公司的黄金时间和非黄金时间，反复进行辟谣宣传，并播放百事可乐罐装生产线和生产流程录像；第三，与美国食品与药物管理局密切合作，由该局出面揭穿这件诈骗案，政府部门主管官员和公司领导人共同出现在电视荧屏上，事实得以澄清。

◎企鹅丛书的诞生◎

面对突发事件，临危不乱，快速、及时、果断地采取应对措施，甚至可以拯救一个企业的生命。

艾伦·莱恩是英国人，他在年轻时就继承了伯父的事业，出任了希德出版社的董事。当时，出版社的处境已是举步维艰，几乎陷入绝境。

针对当时图书市场上只有高价精装书和庸俗读物的情况，莱恩决定出版价格低廉的平装书。第一套平装系列丛书共十本，规格也比精装本缩小了。这样不仅节省了封面制作的成本，也节省了纸张，再加上莱恩决定以购买再版图书重印权的方式出版这十本书，因而大大降低了成本。莱恩把每本书的价格压到六便士，这样，人们只要少吸六支香烟就可买到一本书。

这套书的封面很引人注目，这是因为莱恩在上面设计了一个惹人喜爱的丛书标志物——一只翘首站立的小企鹅。因此，莱恩把这套丛书起名为《企鹅丛书》。莱恩还用颜色表示图书的类别：紫色为剧本，浅蓝色为传记，橘红色为小说，灰色为时事政治读物，绿色为侦探类作品，黄色为其他类别读物。这一系列的改革使这套书不仅在外观上鲜艳明快，让人耳目一新，而且在装订上显得简单朴实，印刷上更是字迹工整。

1936 年元旦，希德出版社改名为企鹅图书公司。企鹅图书公司一直坚持薄利多销、为大众服务的原则，因此能垄断英国平装书市场二十多年。

【点评】

战争不仅是智谋的较量，也是力量、意志、决心和勇气的决斗。孙子说"围地则谋，死地则战"——当陷入九死一生的绝境时，利用全军将士的求生之心，激发他们决一死战的勇气，反败为胜，是为"陷之死地而后生"。

战争中是这样，生活中也是如此。一个初出茅庐的求职者在激烈的竞争中处处碰壁，一个小企业濒临破产的窘境，一个城市面对突如其来的灾害，一个人突然遭受恶毒的流言蜚语的攻击……生活就是如此，不管你愿不愿意，它就是会突然间给你设置前面有恶虎挡道、背后有饿狼追击的绝境，而且更不巧的是你正走在独木桥上，桥下是湍急的河流。

怎么办？如果你瘫倒在地，那么就成为虎狼的美餐了。不如跳下河去，也许有机会游到没有危险的浅滩。如果你不会水，那就只能选择从狼和虎的防线上突破。哪边胜算大，哪怕大一点点，也要鼓起勇气，作最后一搏。也许不一定每次都能赢，但是如果不去试，那就肯定连赢的机会都没有。

战争是最残酷的一项人类活动，它令人生离死别、家破人亡。"不战而屈人之兵"的案例毕竟是少数，既然战争不可避免，既然不是你死就是我亡，那就不如"投之无所往"，奋"诸、刿之勇"，或者可以"置之死地而后生"。

一位母亲见自己的孩子从十层楼高的窗台上掉了下来，就在那一瞬间，她爆发出惊人的力量，从十几米远的地方飞身冲到楼底下接住了孩子！这个速度，比有记录的人类最快的短跑速度还快。

事后，这位母亲本人也感到万分惊讶，她说自己当时其实什么也没想，一心只想着一定要在孩子落地之前接住他。正是这种强烈的心情让她柔弱的身躯爆发出了"投之无所往"的力量。

在漫漫人生道路上，碰到挫折与困境，一定要鼓起"投之无所往"的勇气，战胜它们，即使被打败，也不可失去尊严。

经典案例：超越蓝色巨人

20世纪70—80年代，蓝色巨人IBM始终处于行业的霸主地位。但进入90年代，IBM却突然发现，自己已经被微软和英特尔这些专注于某一部分的"新公司"超越。1993年，IBM新上任的CEO郭士纳总结公司衰败的原因，主要由于IBM的战略方向出现重大问题，公司只注重大型电脑的开发，而错过PC的发展机会，放弃了晶片与操作软体的主动权，结果给微软和英特尔大力发展的机会。就这样微软和英特尔成了新一代的霸主。

九地的对应策略

| 散地 | —— | 保持高昂的士气，让士兵同仇敌忾，为了统一的目标而勇往直前。 |

| 轻地 | —— | 让阵营紧紧相连，环环相扣，谨慎防守，以防敌人偷袭。 |

| 争地 | —— | 一定要保持队伍的完整，保证后续部队的跟进，不能给敌人可趁之机。 |

| 交地 | —— | 敌我都可以进退，所以一定要谨慎布防，不能掉以轻心。 |

| 衢地 | —— | 加强外交，争取盟友，消除腹背受敌的后顾之忧，专心对付敌人。 |

| 重地 | —— | 由于深入敌后作战，所以一定要解决粮草问题，保证军需。 |

| 圮地 | —— | 面对复杂的地形，一定要快速反应，行军要迅速，不能久留。 |

| 围地 | —— | 为了不被重重包围，一定要堵塞敌人偷袭我军的路口。 |

| 死地 | —— | 想尽一切办法提高士兵的战斗力，和敌人决一死战。 |

如何学习《孙子兵法》

授人以鱼

授人以鱼只供一餐之需。

而授人以渔终身受用不尽。

学习的思维就是先问自己三个问题：是什么？为什么？怎么办？这是认识问题的逻辑思维过程，也是解决问题的最有效方法。

授人以渔

《孙子兵法》是什么

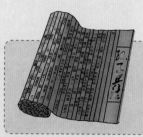

"世界第一兵家名书"，穿越古今，享誉中外，"引无数英雄竞折腰"。

为什么学习《孙子兵法》

《孙子兵法》深刻揭示了竞争规律，能够帮助我们在激烈的竞争中立于不败之地。

《孙子兵法》充分展示了战略智慧，能够帮助我们提高战略思想水平。

《孙子兵法》蕴含了丰富的文化内涵，能够帮助我们在经济发展中形成独特的竞争优势。

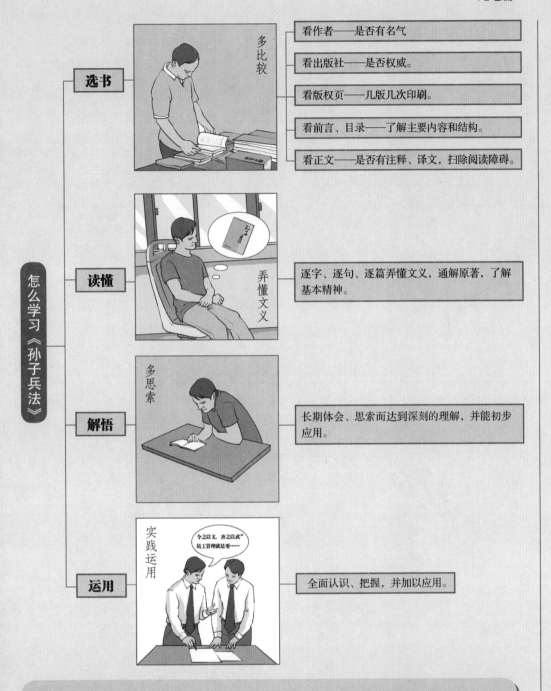

怎么学习《孙子兵法》

选书 多比较
- 看作者——是否有名气
- 看出版社——是否权威。
- 看版权页——几版几次印刷。
- 看前言、目录——了解主要内容和结构。
- 看正文——是否有注释、译文，扫除阅读障碍。

读懂 弄懂文义
- 逐字、逐句、逐篇弄懂文义，通解原著，了解基本精神。

解悟 多思索
- 长期体会、思索而达到深刻的理解，并能初步应用。

运用 实践运用
"令之以文，齐之以武"
员工管理就是要……
- 全面认识、把握，并加以应用。

　　弄懂《孙子兵法》是困难的，这也是学习一些国学经典的共性。主要原因是浓缩性太高，一般情况只提供结论、方法和技术，而不加以论证和解释。因此，我们学习时必须摒弃速成思想，循序渐进地学，多次重复地学，持之以恒，才能有所悟、有所成。

◎ 火攻篇 ◎

【导读】

　　本篇主要论述了火攻的种类、条件和实施方法，主张火攻与兵攻相结合。同时阐述了"主不可以怒而兴师，将不可以愠而致战"的慎战思想。

　　此篇体现了孙子重利的原则。合于利则动，不合于利则止。只有在有利可图的情况下，才可以采取行动。如果在行动的时候，受到性格、情绪等因素的影响，只顾逞匹夫之勇，那么结果只能是损失利益，或是抱恨终天。

【原文】

　　孙子曰：凡火攻有五：一曰火人①，二曰火积，三曰火辎②，四曰火库，五曰火队③。行火必有因④，烟火必素具⑤。发火有时，起火有日。时者，天之燥也；日者，月在箕、壁、翼、轸也⑥，凡此四宿者⑦，风起之日也。

　　凡火攻，必因五火之变而应之⑧。火发于内，则早应之于外。火发兵静者，待而勿攻，极其火力，可从而从之⑨，不可从而止。火可发于外，无待于内，以时发之。火发上风，无攻下风。昼风久，夜风止。凡军必知有五火之变，以数守之⑩。

　　故以火佐攻者明⑪，以水佐攻者强。水可以绝，不可以夺⑫。

　　夫战胜攻取，而不修其功者凶⑬，命曰费留⑭。故曰：明主虑之，良将修之。非利不动，非得不用⑮，非危不战。主不可以怒而兴师，将不可以愠而致战⑯。合于利而动，不合于利而止。怒可以复喜，愠可以复悦，亡国不可以复存，死者不可以复生。故明君慎之，良将警之，此安国全军之道也。

【注释】

①火人：指焚烧敌军的人马。②火辎：指焚烧敌军的辎重。③火队（suì）：指焚烧敌人的运输设施。队，通"隧"，指运输设施。④因：条件。⑤烟火必素具：生火用的器材必须平时就准备妥当。烟火，指发火用的器具、燃料等物。素，平素，经常。具，准备。⑥箕、壁、翼、轸：中国古代星宿名，是二十八宿中的四宿。⑦四宿：即箕、壁、翼、轸四个星宿。古代认为月亮运行到达这四个星宿位置时多风。⑧应：策应。⑨从：跟从，这里指进攻。⑩数：指前文所说的"发火有时，起火有日"等火攻条件。⑪明：这里指效果显著。⑫夺：剥夺，这里指焚毁敌人的物资器械。⑬修：修治，引申为巩固。⑭命：明命。费留：即白费。留，通"流"。⑮非得不用：不能取胜就不要用兵。得，得胜、取胜。用，用兵。⑯愠（yùn）：怨愤、恼怒。

【译文】

孙子说：火攻的方式有五种：一是火烧敌军的人马，二是焚烧敌军的粮草，三是焚烧敌军的辎重，四是火烧敌军的仓库，五是火烧敌军的运输设施。实施火攻必须具备一定的条件，发火器材平时就要准备妥当。放火要选择适当的时候，起火要选择有利的日期。所谓适当的时候，是指天气干燥；所谓有利的日期，是指月亮行经箕、壁、翼、轸这四个星宿的位置，凡是月亮行经这四宿的位置时，就是起风的日子。

凡是用火攻，必须根据上述五种火攻所引起的变化，灵活部属兵力加以策应。在敌营内部放火，就要早早派兵在敌营外进行策应。火已燃起而敌军依然保持镇静的，就应等待观察，切勿贸然发起攻击，等到火势最猛烈的时候，根据情况，可以进攻就进攻，不可以进攻就要停止。火也可以在敌营外燃放，那样就不必等待内应，只要时机成熟就可以放火。在上风放火时，不可从下风进攻。白天风刮得久了，夜晚就容易停止。军队必须懂得这五种火攻方法的变化运用，等火攻的条件具备时，再来实施。

用火来辅助军队进攻，效果非常显著；用水来辅助军队进攻，攻势可以得到加强。水可以将敌军分割开来，但不能焚毁敌人的军需物资。

大凡打了胜仗，攻取了土地、城池，而不能及时巩固胜利的，会非常凶险，这种情况叫作"费留"。所以说：英明的君主要慎重考虑这个问题，贤良的将帅要严肃处理这个问题。不是对国家有利的，就不要采取行动；没有取胜的把握，就不要用兵；不到危急关头，就不要轻易开战。君主不可以因为一时的恼怒而兴兵打仗，将帅不可以因为一时的愤怒而贸然出战。符合国家利益的才可以行动，不符合国家利益的

烧毁敌军的辎重。

以火佐攻。

就要停止。恼怒了还可以重新欢喜起来，愤怒了还可以重新高兴起来，但是国家灭亡了就不复存在了，人死了也不能复生。所以，英明的君主对于战争应该十分慎重，贤良的将帅对于战争应该时刻保持警惕，这是安定国家、保全军队的根本之道。

> ⊙**名家论《孙子兵法》**
>
> 　　重战，就是重视战争，提高警惕，加强戒备。平时国家对敌人可能的进攻，应该采取的态度是"无其恃不来，恃吾有以待也，无恃其不攻，恃吾有所不可攻也"。当国家一旦遭受侵犯的时候，就要为挽危救亡而战，采取积极的攻势行动"屈人之兵"，甚至可以打出去，深入敌境，"拔人之城"，"毁人之国"。但是这一重战原则并不能成为好战者的口实，为了避免片面性，孙子同时还提出慎战原则。
>
> 　　慎战，指对发动战争要取慎重的态度。用战是为了安国保民，不是国君将帅逞威泄愤的手段，也不是追求形式上的战胜攻取……汉简逸文中还有"兵，利也，非好也"的论述。孙子所说的"利"和"功"的落脚点，都在"安国保民"上。《火攻篇》末尾一段话集中地表述了孙子这一思想，他说："非利不动，非得不用，非危不战。主不可以怒而兴师，将不可以愠而致战；合于利而动，不合于利而止……故明君慎之；良将警之，此安国全军之道也。"
>
> ——于泽民

● 火攻有五

火攻是古代作战方式之一。有五种方法，且需要天时地利人和等多方面条件配合。孙子专辟此篇单独论述，足见火攻的重要性。

火攻的种类和条件

火攻的种类

火人	火积	火辎	火库	火队
焚烧敌人的人马。	焚烧敌人的粮草。	焚烧敌人的辎重。	焚烧敌人的仓库。	焚烧敌人的运输设施。

火攻的条件

- 发火的器材
- 有利的时机

有利的时机
天气干燥之时。

有利的日子
月亮运行到箕、壁、翼、轸四个星宿的位置时，即起风的日子。

实用谋略

◎官渡之战◎

《火攻篇》中说："故以火佐攻者明，以水佐攻者强。水可以绝，不可以夺。"意思是：用火来辅助军队进攻，效果非常明显；用水来辅助军队进攻，攻势可以加强。水可以将敌人分割断绝，却不能像火那样烧毁敌人的粮草军需、物资器械。军队一旦失去了粮草军需，军心就会大乱，战斗也无法继续下去。官渡之战中，曹操就是利用这一谋略，将袁军的粮草尽皆烧毁，使得袁军军心大乱，最终取得了胜利。

东汉建安四年（199）六月，占据冀、青、并等州的北方最大割据势力袁绍，在消灭幽州公孙瓒之后，聚集军队十万，战马万匹，开始南下讨伐曹操，官渡之战由此拉开了序幕。

袁绍举兵南下的消息传到许昌，曹军诸将认为己方难以战胜袁绍，曹操却说："我知道袁绍的为人，他缺少智谋，意气用事，表面上逞强，骨子里虚弱，兵力虽多但部署不当，手底下的将官骄横而政令不一。所以他是很难有所作为的。"于是

关羽白马坡斩颜良。

聚兵两万迎击袁绍。

八月，曹操率军占领黄河北岸的重镇黎阳，并派臧霸率领精兵进入青州一带，以巩固右翼，防止袁军从东面袭击许昌；又令于禁率领步骑两千屯守黄河南岸的重要渡口延津，东郡太守刘延驻守白马，以阻止袁军渡河和长驱南下。九月，曹操回到许昌，把主力安置在官渡筑垒固守，以阻挡袁绍从正面进攻。同时，他还派人镇抚关中，拉拢凉州，以稳定侧翼。

正当曹操全力以赴布置对袁作战时，刘备突然背叛曹操，杀死了曹操的徐州刺史车胄，占据下邳，屯兵沛县，兵力迅速增至数万人，并联络袁绍，准备与其合力攻打曹操。曹操认真分析当前形势，认为刘备是人杰，是心腹大患；而袁绍见识短浅，绝非自己的对手。于是曹操在次年正月率领精兵东伐刘备。

当时，有人建议袁绍趁曹操攻击刘备的时候，从背后袭击曹军，但袁绍没有采纳。结果曹操顺利攻占了沛县，并趁势收复了徐州、下邳，还迫使关羽投降自己。刘备全军溃败，无奈之下，只好前往河北投靠袁绍。曹操获胜后，把军队撤回官渡，准备与袁绍决战。

同年二月，袁绍亲率大军进抵黎阳，并派郭图、淳于琼、颜良进攻白马城，企图夺取黄河南岸的重要据点，以掩护主力渡河。四月，曹操为赢得主动，亲自率兵北上，准备解除白马之围。出兵白马之前，曹操采纳了谋士荀攸的建议，先引兵到延津，佯装要渡河袭击袁绍的后方，袁绍当即分兵救援。曹操却乘机率领轻骑袭击白马的袁军。颜良仓促应战，被关羽斩杀，白马之围得以解除。

袁绍闻讯后，立即派大将文丑与刘备率领五千骑兵渡河追击曹军。而曹军当时只有骑兵五六百人，情急之下，曹操下令军卒解鞍放马，又将辎重丢弃在路旁。文丑大军见到曹军丢弃的马匹、辎重，便你争我抢，乱作一团。曹操见此情形，急令军卒掉头杀向袁军。袁军顿时大败，大将文丑也在乱军之中被斩杀。此番曹军连斩颜良、文丑两员大将，袁军大为震惊。袁绍下令把军队退到阳武，曹操也还军官渡固守。

八月，袁绍兵临官渡，依沙堆扎营，东西数十里。曹操也扎下营寨与袁军对峙。九月，曹军几度出击，但均未能取得胜利。这时，袁绍下令构筑楼橹，命军士在楼上用箭俯射曹营，曹军士兵伤亡惨重。为了扭转这种被动局面，曹操命工匠连夜赶造霹雳车，向袁军还以飞石，摧毁了袁军的橹楼。

曹、袁双方的大军对峙月余。其间，袁绍遣刘备领兵去汝南，扰乱曹操的后方。又遣韩荀率步骑往西，欲切断曹军的西道补给。曹操的部将曹仁领兵击败了刘

乌巢粮草被焚烧。

备，继而大破韩荀于鸡洛山（在今河南密县东北）一带。此时，曹军又得司隶校尉钟繇自关中输送来的二千多匹战马，实力大大增强。

然而，随着双方相峙日久，曹军粮草将尽，士卒也十分疲乏。面对这一情况，曹操一筹莫展，心里非常着急。与此同时，袁绍命大将淳于琼率领一万余众从后方运来粮草，将粮草囤积在距袁军大营以北四十里的乌巢。袁绍帐下的谋士沮授建议袁绍增兵护卫乌巢，以防曹军袭击，袁绍不听。谋士许攸、将领张郃又建议以轻骑袭击许昌，袁绍仍不采纳。

许攸见自己的建议不被采纳，愤而投奔曹操，并献计偷袭乌巢。曹操听后大喜，当即留曹洪、荀攸守卫官渡大营，自己亲率步骑五千人，连夜出发，直奔乌巢。到达乌巢后，曹军立即围住粮囤放火，霎时间，火焰四起，烟雾遮天。袁军的守将淳于琼见曹兵人数不多，于是出营组织反击。曹操挥军猛攻，迫使淳于琼退守营屯。这时，救援乌巢的袁军骑兵已经逼近乌巢，曹操拒绝了分兵阻击援军的建议，仍旧集中兵力攻击乌巢守军，并对身边将官说道："敌兵到了我背后再告诉我。"士卒们见曹操心意坚决，皆殊死拼杀，最后大破乌巢守军，擒杀袁将淳于琼。

袁绍派去攻打曹军大营的张郃、高览二将得知乌巢已被攻破，又闻袁绍对他们二人起疑心，于是投降了曹操。曹操乘势向袁军主力发起进攻，结果大获全胜。袁绍及其子袁谭只带了八百余骑，仓皇逃往河北。历时一年有余的官渡之战，以曹操的全面胜利而宣告结束。

◎鄱阳湖之战◎

元末的鄱阳湖之战，是朱元璋在统一江南的过程中，率军在鄱阳湖（今江西鄱阳湖）击败陈友谅军的著名战役。在这场战役中，朱元璋采用火攻战术重创陈军，这也成为其取胜的关键。

元朝末期，朝政废弛，社会动乱，农民起义如火如荼。在江南，形成了两支强大的起义军势力——朱元璋军和陈友谅军。为了争夺天下，朱、陈二人展开了一场激烈厮杀。

至正二十三年（1363）七月，朱、陈二军在康郎山（在今江西鄱阳湖内）湖面相遇。当时，陈军巨舰联结布阵，展开数十里，"望之如山"，气势夺人。朱元璋针对其巨舰首尾连接而不利于进退的弱点，将己方舰船分为二十队，每队都配备大小

鄱阳湖之战。

火攻陈友谅舰队。

火炮、火铳、火箭、火蒺藜、火枪、神机箭和弓弩，下令各队接近敌舰时，先发火器，次用弓弩，靠近敌舰时再用短兵器进行格斗。

朱军大将徐达身先士卒，率舰队勇猛冲击，击败陈军前锋，毙敌一千五百人，缴获巨舰一艘。俞通海乘风发炮，焚毁陈军二十余艘舰船，陈军被杀和淹死者甚众。但朱军伤亡也不少，尤其是朱元璋坐舰搁浅被围，险遭不测。战斗呈胶着状态，从早晨至日暮，双方未分胜负，最后鸣金收兵，战斗告一段落。

这时，朱元璋亲自率领水师出战。但陈舰巨大，朱军舰小不能仰攻，接连受挫。朱元璋及时采纳了部将郭兴的建议，决定改用火攻破敌。黄昏时分湖面上刮起东北风，朱元璋选择勇敢士兵驾驶七艘渔船，船上装满火药柴薪，朱军迫近敌舰，顺风放火，风急火烈，迅速蔓延。一时烈焰飞腾，湖水尽赤，转瞬之间烧毁陈军数百艘巨舰，陈军死伤过半，陈友谅的两个兄弟及大将陈普略均被烧死。朱元璋挥军乘势发起猛攻，又毙敌二千余人。

陈友谅遭受重创，于是下令把抓到的俘虏全部杀掉以泄愤。朱元璋却反其道而行之，将俘虏全部送还，并悼死医伤，瓦解陈军的士气，从而大得人心。陈军内部分崩离析，士气更加低落。

经过一个多月的对峙，陈友谅被困湖中，军粮殆尽，计穷力竭，于是孤注一掷，于八月二十六日，由南湖嘴冒死突围，企图进入长江退回武昌。行至湖口时，朱军以舟师、火筏四面猛攻，陈军无法前进，复走泾江，又遭伏兵阻击，左冲右突，打不开生路，陈友谅中箭而死，军队溃败，五万余人投降。

鄱阳湖之战中，朱元璋面对舰只庞大、装备精良的陈军，冷静、敏捷地捕捉敌方的弱点，利用风向、水流等自然条件，及时抢占有利的攻击阵位，不失时机地实施火攻，充分发挥火器的作用，终于以少胜多、以弱胜强，创造了我国水战史上的著名战例。

◎火烧博望坡◎

"火"在善于用兵的人手里，是克敌的利器。需要注意的是，火攻并非在敌人的队伍中烧把大火这样简单，它仰仗于精妙的部署，必须确保敌人不知不觉地落入"火"的陷阱，并不给敌人留下任何灭火的机会。

207年秋天，曹操命夏侯惇、于禁、李典等人率领十万大军到达新野（今河南省新野县），准备攻打刘备。刘备得知这个消息后，便找诸葛亮商议对策。诸葛亮决定用火攻的办法来对付曹军。诸葛亮注意到一个名叫博望坡的地方，准备在这里实施自己的计划。于是，他命令关羽带领一千兵卒埋伏在博望坡左边的豫山，张飞率领一千兵卒埋伏在博望坡右边的安林。诸葛亮告诉关羽和张飞，看到曹军后不要急于开战，注意观察南方，看到南方起火后再纵兵出击。原来，曹军远道而来，必定会携带大量军粮，因此，关羽和张飞的主要任务就是烧掉曹军的粮草。粮草一旦被焚毁，曹军必然惊慌。之后，诸葛亮又安排人手准备引火的东西，命赵云带领一支小队人马到博望坡侯敌，他嘱咐赵云说："只准输，不准赢。"

曹军很快就抵达博望坡，夏侯惇分出部分精兵做先头部队，其余的则由于禁和李典率领押着粮草走在后面。到博望坡后不久，他们就遇到了赵云。而两军相遇，又少不了一番厮杀。不过，赵云遵从诸葛亮的命令，只输不赢，比画了两下，就假装败退而逃。夏侯惇不知是计，穷追不舍，追到半路又遇见刘备的大军，而刘备也和赵云一样，才刚一交锋，就开始撤退。

赵云和刘备的"不堪一击"让夏侯惇骄傲起来，他一门心思追击刘备等人，而不顾己方负责押运粮草的兵马，也没有注意到自己已进入一片危机四伏的芦苇地。

这让跟在后面的于禁和李典非常担心。李典等派人通知夏侯惇，要他注意周围环境，提防刘备实施火攻。夏侯惇这才意识到自己已置身于危险之中。时值秋日，天干物燥，风力又猛，正好为实施火攻创造了大好条件。芦苇丛中突然冒起的熊熊大火让曹军顿时乱作一团。滚滚浓烟遮蔽了他们的视线，灼热的火焰将他们一个个逼上死路，偏在这个时候，赵云又领兵杀来，这让本已惊恐不已的曹军更加慌乱。夏侯惇无力组织反击，只好冒烟逃跑。

另外，李典和于禁的情况也好不到哪儿去，他们早已顾不上着了火的粮草，一心想着杀出一条血路以脱离危险。不料，他们二人又在路上遇到了关羽，费了很大力气才保住性命，逃回许昌。

张飞在斩杀了数名曹将后赶来和关羽会合，二人都对诸葛亮大为钦佩。曹军被杀散后，刘备将兵力聚集一处，将缴获来的曹军物资分发给手下的将士，然后兴高采烈地返回了新野。

在这场博望坡之战中，诸葛亮运用火攻计，重挫了来势汹汹的强敌。

火烧博望坡。

"四十二天"皇帝

李自成

李自成（1606—1645），原名鸿基。陕西米脂人。人称闯王、李闯。明末农民军领袖之一，大顺政权的建立者。

吴三桂

吴三桂（1612—1678），明末清初辽东人。崇祯时为辽东总兵，封平西伯，镇守山海关。1644年降清，引清军入关，被封为平西王。

明崇祯十七年（1644），闯王李自成率领起义军进入北京。一开始，起义军法令严明、秋毫无犯，使北京的秩序很快恢复了正常。起义军很快就占领了半个中国，取得辉煌成就；然而起义军将帅被大好形势冲昏了头，牛金星忙着应酬，刘宗敏忙于催饷，而李自成则霸占了吴三桂的爱妾陈圆圆，使得本已答应归降的吴三桂立马叛变，占领山海关，引清军入关，直取北京。李自成出战失败，刘宗敏迎战再次失败，这支浩浩荡荡的农民起义军进入北京仅四十二天，便又急忙撤退。

论功行赏	有功不赏
将士得到了奖赏，认为自己的努力得到了肯定，从而士气高昂，以后作战也会拼尽全力。	将帅没有得到嘉奖，就会认为自己付出的一切毫无意义，使得军心动摇，战斗力大打折扣。

商业案例

◎巧借东风而生财◎

在战争中巧借水、火之势，可以化劣势为优势，从而以弱胜强。现代商战中，思维敏捷的商人往往巧借各种辅助力量，取得良好的市场效益。

1992年，湖南常德举办了首届桃花源游园会、国际文化研讨会，商品成交额高达十几亿元，引进外资项目也有数十个，这是借东晋大文学家陶渊明的名作《桃花源记》而生财。巴西的贝利是一代"球王"，而"贝利"成了著名商标，这是借"名"生财。浙江温州人通过海外华侨的商店出售自己的产品，这是借"地"生财。日本的吉田忠雄买来美国生产拉链的机器，又首创用各种不同合金材料制作拉链，其产品产量占全世界总产量的35%，年销售额达二十多亿美元，这是"借鸡下蛋"而生财。诸如此类，不胜枚举。

"他山之石，可以攻玉。"不管是在现代战争、商战、体育竞赛里，还是在高科技发明创造中，巧借东风，巧妙利用外在辅助力量，是我们取得事业成功的重要手段之一。

【点评】

火攻是古代战争中常用的一种攻击方法，之所以常用，在于火攻的效果明显，破坏力大，而攻击所付出的代价却很低。本篇主要从火攻的种类、条件和实施方法几个方面对火攻进行了论述。

在《火攻篇》的最后，孙子强调了巩固胜利的重要性。认为即使是取得了战争的胜利，但不能将其巩固，这也是十分危险的事情。

孙子还语重心长地告诫君主将帅们用兵作战要慎之又慎，不能因为一时的冲动愤怒而举兵作战，战争的出发点就是要对国家有利，我们可以看出，孙子是一个对国家和人民非常负责任的将领，他把将帅的职责和使命看得十分重大。

孙子告诫国君和统帅对待战争要谨慎，不可因一时之怒而妄逞干戈。我们在生活中，在做任何一件事情的时候，都应该理性地克制个人情绪，控制自己的行为，决不可逞一时之气。

经典战例：船王的"火攻"

　　1953 年，世界石油总产量为 6.5 亿吨，沙特阿拉伯就占了 4000 万吨，而且每年以 5000—1 万吨的速度递增。西方的很多石油企业都想到沙特阿拉伯，争取石油的开采和运输权。但沙特阿美石油公司与沙特阿拉伯国王早已签订了垄断开采石油的合约，合约规定石油开采出来后，由阿美石油公司的船队运往世界各地。希腊船王欧纳西斯在得到这份合约的副本后，经过仔细分析，发现上面并未指明沙特阿拉伯不得使用自己的油船队运输石油。于是，欧纳西斯来到沙特阿拉伯王宫，和国王进行商谈，欧纳西斯建议国王自己买船运石油。几个月后，震惊世界的"吉达协议"诞生了，按协议规定而成立了沙特阿拉伯油船海运有限公司，该公司拥有沙特阿拉伯油田的开采和石油运输垄断权，而公司股东则是沙特阿拉伯国王和欧纳西斯，阿美石油公司因此受到重挫。

火攻的技巧

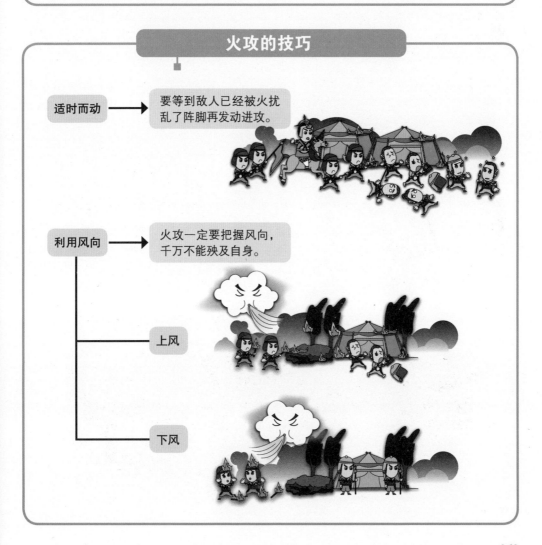

适时而动 → 要等到敌人已经被火扰乱了阵脚再发动进攻。

利用风向 → 火攻一定要把握风向，千万不能殃及自身。

上风

下风

隋炀帝之死

隋炀帝（569—618）名杨广，隋朝的第二个皇帝。隋炀帝登基后，劳民伤财，累计耗用八百万民力修建大运河、长城和洛阳城，并于大业八年（612）征集百万军队攻打高句丽。巨大的工程和连年的战争使民生不堪重负，引发大规模的起义。618年，隋炀帝被缢死。

　　隋朝末年，炀帝杨广穷兵黩武，三征高句丽，导致民不聊生，不久便爆发声势浩大的农民起义。李密、翟让、窦建德、李渊父子从四面八方杀出，中原大乱。杨广逃向江都，但仍然沉醉于酒色之中。有一天，一群叛军冲入宫中，杀死守军，围住杨广。杨广说："我有什么罪孽？"叛军头目马文举厉声说道："你穷奢极欲，轻易发动战争，导致生灵涂炭。"杨广说："我虽然对不起百姓，但没有对不起你们啊！"司马德戡说："天下人都不满，所以今天要借陛下的脑袋以谢天下。"杨广吓得魂飞魄散，苦苦哀求道："天子怎么可以身首异处？"最后被缢死。

穷兵黩武

孙皓（242—284），字元宗，三国时期东吴的第四代君主。他是被孙权废去皇太子地位的三子孙和的长子，也是东吴的最后一位皇帝。

　　三国时期，吴国皇帝孙皓好大喜功。他不断扩充军队，使军队的人数占百姓人数的十分之一，军费开支庞大，陆抗打败晋军的进攻后上书孙皓，请他不要再继续穷兵黩武；但孙皓不听陆抗的忠告，最终导致东吴灭亡。

《孙子兵法》的哲学观

哲学被称为大道之源、百科之首。哲，是大智慧。哲学，是大智慧的学问，是反映自然界、社会和人们思维规律的学问。《孙子兵法》是一部饱含哲学思想的著作。

占卜

不信天道鬼神。反对以占卜、问鬼神的形式来预测战争。

决策

主张科学决策。从国家利益出发，而不是从主观感情出发，是正确决策第一步。

知彼

实事求是。知彼知己，通过对敌我双方客观条件的比较，来预测战争的胜负。

主动

重视发挥人的主观能动性。在作战中取得主动，避免被动。

《孙子兵法》朴素的唯物论

《孙子兵法》朴素的辩证法

利与害

如何看待战争、是否发动战争、怎样驾驭战争，出发点是考察战争本身的利益大小、得失多少。根本宗旨是以尽可能小的代价，换取最大的利益。

全与偏

主张全胜之策角逐于群雄，争胜于天下。但要把全与偏有效地统一起来，决不能为了全胜而放弃战胜。

奇与正

奇正相生，奇与正互相结合。

虚与实

虚实互转，避实击虚，要懂得虚实之间的转换。

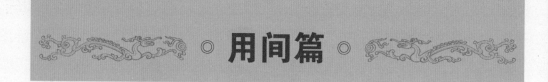

◎ 用间篇 ◎

【导读】

本篇主要论述用间的重要意义，以及间谍的种类及使用方法，强调任用智能之士为间谍定能成就大功，提出了先知敌情"不可取于鬼神""必取于人"的朴素唯物主义观点。本篇与论述战略决策的《计篇》首尾呼应，使孙子"知己知彼""先胜而后求战"的"全胜"思想得以贯穿始终。

【原文】

孙子曰：凡兴师十万，出征千里，百姓之费，公家之奉①，日费千金；内外骚动，怠于道路，不得操事者②，七十万家③。相守数年④，以争一日之胜，而爱爵禄百金，不知敌之情者，不仁之至也，非人之将也，非主之佐也，非胜之主也。

故明君贤将，所以动而胜人⑤，成功出于众者，先知也⑥。先知者，不可取于鬼神⑦，不可象于事⑧，不可验于度⑨，必取于人，知敌之情者也。

故用间有五：有因间⑩，有内间，有反间，有死间，有生间。五间俱起，莫知其道⑪，是谓神纪⑫，人君之宝也。因间者，因其乡人而用之⑬。内间者，因其官人而用之⑭。反间者，因其敌间而用之。死间者，为诳事于外⑮，令吾间知之，而传于敌间也。生间者，反报也⑯。

故三军之事，莫亲于间⑰，赏莫厚于间，事莫密于间⑱。非圣智不能用间⑲，非仁义不能使间⑳，非微妙不能得间之实㉑。微哉！微哉！无所不用间也。间事未发，而先闻者，间与所告者皆死。

凡军之所欲击，城之所欲攻，人之所欲杀，必先知其守将、左右、谒者、门者、舍人之姓名㉒，令吾间必索知之。

必索敌人之间来间我者，因而利之，导而舍之㉓，故反间可得而用也。因是而知之，故乡间、内间可得而使也。因是而知之，故死间为诳事，可使告敌。因是而知之，故生间可使如期。五间之事，主必知之，知之必在于反间，故反间不可不厚也。

昔殷之兴也，伊挚在夏㉔；周之兴也，吕牙在殷㉕。故惟明君贤将，能以上智为间者㉖，必成大功。此兵之要，三军之所恃而动也。

用间有五。

【注释】

① 奉：同"俸"。② 操事：这里指操作农事。③ 七十万家：指出兵打仗，要有大量民众承受繁重的徭役、赋税，而不能正常地从事生产劳动。④ 相守：相持。⑤ 动：举动。⑥ 先知：这里指先知道敌人的情况。⑦ 取于鬼神：指用祈祷、祭祀鬼神和占卜等办法获得（敌情）。⑧ 象：相类。⑨ 不可验于度：指不能用日月星辰运行的位置来验证敌情。验，验证、应验。度，度数，这里指日月星辰运行的度数（即位置）。⑩ 因间：即本篇下文所说的"乡间"——依赖与敌人的乡亲关系来直接获取情报，或利用与敌军官兵的同乡关系打入敌营，从事间谍活动以获取情报。⑪ 道：途径、规律。⑫ 纪：即道。⑬ 因：凭借、根据。⑭ 官人：这里指敌国官吏。⑮ 为诳（kuáng）事于外：假装泄露机密，故意向外散布虚假消息，以迷惑敌人。诳，迷惑、欺骗。⑯ 反：通"返"。⑰ 三军之事，莫亲于间：军队中没有比间谍更为亲信的了。⑱ 密：秘密、机密。⑲ 圣智：才智超群。⑳ 非仁义不能使间：指如果吝惜爵禄、金钱，不能真诚对待间谍，就不能使其乐于效命。㉑ 非微妙不能得间之实：不是用心精细、手段巧妙的将领，不能获得间谍的真实情报。实，这里指实情。㉒ 守将：指主管将领。左右：指守将身边的亲信。谒（yè）者：指负责传达通报的官吏。门者：指负责守门的官吏。舍人：指守将的门客幕僚。㉓ 导：引导、诱导。舍：释放。㉔ 伊挚：即伊尹。他原本是夏桀之臣，商汤用他为相，灭了夏桀，建立了商（又称殷）。㉕ 吕牙：即姜子牙，俗称姜太公。他原本为殷纣王之臣，周武王姬发在他的辅佐下，打败了纣王，建立了周朝。㉖ 上智：指具有很高智谋的人。

【译文】

　　孙子说：凡是出兵十万，千里征战，百姓的耗费，公家的开支，每天都要花费千金；国内局势动荡不安，民众（为战事所迫而）疲惫于道路，不能从事耕作劳动的，多达七十万家。交战双方相持数年，是为了有朝一日赢得胜利，如果因为吝惜爵禄和区区百金钱（而不肯重用间谍），以致不能了解敌情而遭受失败，是不仁到了极点，（这种人）不配做统率三军的将领，不配做君主的助手；这样的国君，不是能打胜仗的好国君。

　　所以，英明的君主和贤良的将帅，之所以一行动就能战胜敌人，而成就超出众人，是因为他们能够事先了解敌情。事先了解敌情，不能用求神问鬼的方式来获取，

内间。

不能用相似的事情作类比，不能根据日月星辰运行的位置去进行验证，而是从了解敌情的人那里获取。

使用间谍的方式分为五种：因间、内间、反间、死间、生间。同时使用这五种间谍，能使敌人无从知道我用间的规律（从而无以应对），这是神妙莫测的道理，是国君克敌制胜的法宝。所谓"因间"，是指利用敌人的同乡做间谍。所谓"内间"，是指利用敌方的官吏做间谍。所谓"反间"，是指收买或利用敌方的间谍为我所用。所谓"死间"，是指故意散布虚假情报，并通过我方间谍把情报传达给敌方间谍，使敌人上当受骗（然而敌人一旦发现上当，我方间谍往往难逃一死）。所谓"生间"，是指派往敌方侦察而能活着回来报告敌情的人。

所以军队中的亲信，没有比间谍更为亲信的了，奖赏没有比间谍更为优厚的了，事情没有比间谍所做的更为机密的了。不是才智超群的人不能使用间谍；不是仁慈慷慨的人不能使用间谍；不是谋虑精细、手段巧妙的人不能获得间谍所提供的真实情报。微妙啊！微妙啊！无时无处不可以用间。用间的计谋尚未施行，而秘密已经先行泄露，那么间谍和知道机密的人都要处死。

死间。

凡是想要攻打的敌方军队，想要攻占的敌方城邑，想要刺杀的敌方人员，都必须先了解主管将领、左右亲信、负责传达通报的官员、守门官吏以及门客幕僚的姓名，命令我方间谍一定要将这些情况侦察清楚。

必须查出敌方派来刺探我方情报的间谍，根据具体情况对其加以利用和收买，诱导他，再放他回去，这样，策反的间谍就可以为我所用了。通过反间得知了敌情，乡间、内间也就可以为我所用了。通过反间得知了敌情，就可以通过死间来散布虚假情报给敌人了。通过反间得知敌情，所以生间就可以按照预定时间返回报告敌情了。这五种间谍的使用，国君都必须懂得，懂得的关键在于如何使用反间。所以，对于反间不可不给予优厚的待遇。

昔日殷商的兴起，是由于重用了在夏为臣的伊尹；周朝的兴起，是由于重用了在殷为官的姜子牙。所以，英明的君主和贤能的将帅，能任用智慧高超的人充当间谍，必定能成就巨大的功业。这是用兵的关键所在，是整个军队采取行动所依赖的东西。

⊙名家论《孙子兵法》

孙子主张以"上智为间"，用那些睿智聪颖的智谋之士担当战略侦察的重任，这正反映了他对智战的重视。他举例说："昔殷之兴也，伊挚在夏；周之兴也，吕牙在殷。"吕牙即姜子牙，姜子牙辅佐周武王灭商的故事，由于《封神演义》的广泛流传已为人们所熟知，我不想赘述。这里只把伊挚其人其事略加介绍，以加深我们对《孙子兵法》战略策略思想的认识。

伊挚又称伊尹，尹是官名。伊尹是商汤的右相，协助商汤进行了灭夏的鸣条（今山西永济市）之战。这次战争发生在公元前16世纪初，比孙子诞生要早一千年。当时，商汤为了推翻夏桀残暴的统治，派伊尹深入夏都三年，侦探夏王朝的战略情报。伊尹又协助商汤制定了翦夏羽翼、争取民心、逐步壮大实力的策略。当看到夏桀政治腐败，众叛亲离，败亡之形已露端倪时，他即准确地判断灭夏的条件已经成熟、时机已经到来，于是请求商汤大举出兵。正是由于伊尹做了大量的、多方面的战略侦察工作，因此很快赢得了战争的胜利。

早于孙子一千年的伊尹就有这样的深谋远虑，不能不使我们惊叹。无怪乎孙子竭力主张"未战而庙算胜"，后世的兵家甚至提出"贵谋而贱战"（《汉书·赵充国传》），"以计代战一当万"（《晋书·杜预传》）。因为，它实在是军事斗争中的一柄利剑。

——吴如嵩

● 成功出于众者，先知也

能事先知道敌方的情报，了解对方的行动的人，方能胜过他人。

要先了解敌人的情况

要了解更多的敌情

- 不可迷信鬼神占卜。
- 不可借用过去相似的事件类比。
- 不可靠观察日月星辰位置变动占卜。

 借用间谍刺探敌情

因间
（又叫乡间）利用敌国普通乡民做间谍。

内间
利用敌国官员做间谍。

反间
利用敌国间谍为我方间谍。

死间
潜入敌营为我方散播假消息以乱视听，一旦事发必死。

生间
派往敌方侦察而能活着回来报告敌情的人。

功成
奖赏丰厚，加官晋爵。

事败
牢狱之灾，祸及性命。

● 五间俱起，莫知其道

能熟练使用五种间谍，敌人就无法预料你的行动，无法知道你的想法，这样就能探知敌情。

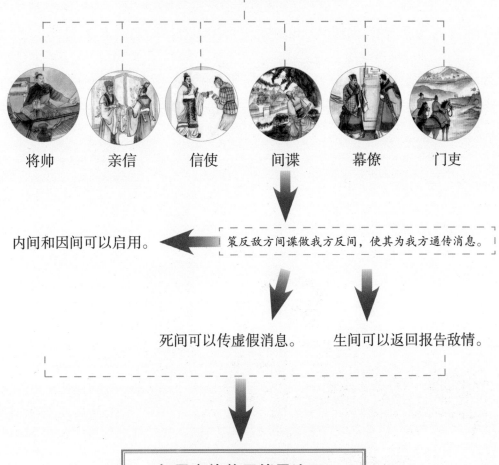

要善于使用"五间"

了解敌方的基本信息

将帅　　亲信　　信使　　间谍　　幕僚　　门吏

内间和因间可以启用。　←　策反敌方间谍做我方反间，使其为我方通传消息。

死间可以传虚假消息。　　生间可以返回报告敌情。

如君主能善于使用这五种间谍必将成就大功业

◎陈平离间项羽君臣◎

孙子特别重视"用间"的重要意义，认为这是用兵作战的要事之一，并强调在使用间谍时，必须机智、果敢和精心细致。刘邦离间项羽君臣的故事，就是用间计的典型事例。

公元前204年，楚汉之争已经到了最激烈的时候。这时，刘邦已被项羽困在荥阳城中达一年之久，无论是外援还是粮草都已断绝。

刘邦派人向项羽请和，但是项羽不肯答应。刘邦内外交困，无计可施，只好去找谋士陈平商量对策。陈平献计道："项羽为人刚愎自用、猜忌多疑，他所依赖的不过是亚父范增、钟离眛、龙且这些人。况且，项羽每次赏赐功臣时，都吝惜爵位和封邑，因此人们都不愿为他效命。大王如能舍得几万金，实施反间计，离间项羽君臣的关系，一旦项羽阵营发生内讧，我军就能乘机发起反攻，那时定能击败楚军。"

刘邦听到这一建议，觉得很有道理，于是立刻拿出四万金，交给陈平，让他负责实施计谋。陈平用重金收买楚军将士，让他们散布流言说："钟离眛、龙且、周殷等将领功勋卓著，项王却没有对他们裂土封王。龙且等人心中不满，打算与汉王联合，等到消灭项王之后，平分项王的土地。"谣言逐渐传到项羽耳中，项羽果然因此起了疑心，不仅不再与钟离眛等人商议军机大事，甚至开始怀疑亚父范增，对范增越来越不尊敬。适逢刘邦派使者与项羽议和，项羽便派使者回访，企图借机探察谣言的真伪。

陈平听说项羽派来了使者，正中自己下怀，立刻指使侍

陈平向刘邦献计。

陈平设宴款待项羽使者。

从拿出上等的餐具和精美丰盛的食品，送到使者房间。使者刚一进屋，就被热情地邀至上座，陈平见到使者，对范增赞不绝口，又再三问起范增的起居情况，并附耳低声问道："亚父有何吩咐？"使者不解地说道："我是霸王派来的，不是亚父派来的。"陈平一听，佯装惊讶道："我本来以为是亚父派来的使者，谁知却是项王的使者！"马上叫了几个下人撤去上等酒席，随后把使者领到另一间布置极为简陋的客房，换上劣等的食物和餐具，陈平则一脸不高兴地拂袖而去。楚使没想到会受此大辱，心中气愤难平，回去后便一五一十地报告给了项羽，项

范增受到项羽猜疑。

羽越加确定范增私通汉王。

此时的范增还不知道项羽已经对他产生了怀疑，几次三番劝项羽速取荥阳，项羽却拒不听从。过了一段时间，范增也听到了军中的谣言，再联想到项羽的态度，便知道自己已经被怀疑了，于是对项羽说道："天下大事成败已经基本定了，请大王好自为之，我年岁大了，身体不好，希望大王能让我回乡养老。"

不料项羽十分薄情，竟然当场答应了他的请求，言辞间毫无挽留之意。范增想到自己对项羽忠心耿耿，最后竟然落得如此下场，不禁又气又恨，加上他年事已高，归乡途中一病不起，最后死在路上。

陈平见反间计奏效，便让一位将领冒充刘邦开东城门出降，以吸引楚军的注意力，而刘邦本人和陈平等人则在众将的掩护下趁机从西门离开，匆匆逃离荥阳。

◎蒋干盗书◎

用间用得巧妙，可以诱使敌人内部不和，激化其矛盾，从而达到削弱敌人的目的。

东汉末年，曹操占领荆州之后，因为北方士卒不习水战，于是任用荆州降将蔡瑁和张允为都督，让他们负责训练水军，为进攻江东做准备。

蔡、张二人久居荆州，深谙水战之法，一旦真让他们训练水军，将会对江东形成极大的威胁。东吴大都督周瑜对此很担忧，想除掉蔡瑁、张允二人，但一时又想不出良策来。

一天，周瑜正在帐中议事，有人通报说曹操的谋士蒋干来访。周瑜闻讯，立刻猜出了蒋干来意，他突然计上心头，于是如此这般吩咐了一番，让众将士依计而行。

蒋干，字子翼，九江（今安徽寿县）人。幼时与周瑜同窗读书，交情颇深，后为曹操帐下幕僚。这次出访江东，是他主动向曹操请命，目的是想向周瑜劝降。

周瑜亲自带着部属出帐迎接。两人见面寒暄一番之后，周瑜便挽着蒋干的手一同走入大帐，请文武官员从旁作陪，设宴款待蒋干，并解下腰间佩剑交给大将太史慈，命他掌剑监酒，吩咐道："子翼和我是同窗好友，虽然是从江北过来的，但他并不是曹操的说客，诸位不要多心。今天我们老同学相见，诸位只准叙朋友之情，不准言军旅之事，若有人胆敢提起两家战事，立即推出门外斩首！"

蒋干一听，大惊失色，哪里还敢开口说自己的来意。周瑜又转头对蒋干说道：

"我自领兵以来，向来是滴酒不沾，今日故友相会，定要喝个一醉方休！"说罢，传令军中奏起音乐，自己不等人劝就一杯一杯不停往肚子里灌，很快就喝得酩酊大醉。蒋干满腹心事，因此不敢多饮酒，以免误了大事。

宴罢，蒋干搀扶着醉醺醺的周瑜回到帐中，周瑜说很久没有和蒋干见面，一定要与他同榻而眠。说完后就和衣而卧，才躺下一会儿就鼾声如雷。蒋干惦记着自己曾在曹操面前夸下海口，如果就这样空手而回该如何交代，哪里能入睡？他看周瑜睡得正熟，帐内残灯尚明，桌上堆满了文书，便翻身下床，一边紧张地注视周瑜的动静，一边翻看文书。翻着翻着，忽见里面有一封书信，细看之下竟是蔡瑁、张允写给周瑜的降书。蒋干看罢，大吃一惊，慌忙将信藏在身上。待要再翻看其他文书，周瑜突然在床上翻了个身，梦中含含糊糊地呓语道："子翼，我定叫你在数日之内看到曹操首级。"蒋干含糊答应着，连忙熄灯上床，假装睡下。

将近四更时分，只听得有人进帐唤道："都督醒了吗？"周瑜睡眼蒙眬地问道："床上睡的是什么人？"那人答道："都督忘了吗，是您自己邀请子翼共寝的。"周瑜懊恼地说："我平日从不醉酒，昨天喝醉了，不知可曾说过些什么？"那人道："江北有人过来……"周瑜急忙小声喝止："低声！"又去看蒋干，连叫"子

周瑜迎接蒋干。

蒋干盗书。

翼"，蒋干只装熟睡，一声不应。周瑜同来人轻轻走出帐外，蒋干则竖起耳朵躲在帐内偷听。那人低声说道："蔡、张二位都督道：'急切间无法下手。'……"后面的话因为声音太小，无法听清，蒋干心中着急，但又不敢轻举妄动。过了一会儿，周瑜回到帐内，又连声呼唤蒋干的名字，蒋干不应，仍然蒙头假睡。周瑜遂脱衣上床就寝。

　　蒋干暗想：周瑜为人精细，天亮后若不见了蔡、张二人的书信，岂肯与我善罢甘休？因此，刚到五更，蒋干就趁周瑜熟睡之机，偷偷地爬起来，溜出帐外，叫上随身小童，径直走出军营，守营将士也不阻拦。蒋干飞快地赶到江边，寻了小船，飞一般赶回江北去见曹操。

　　曹操看到蒋干呈上的书信后，勃然大怒，立刻唤蔡瑁、张允入帐，不容二人分辩，就命手下武士将其推出斩首。可是刚等二人人头落地，曹操便忽然醒悟，知道自己中了周瑜的计，可惜一切都为时晚矣，只好另换了两个都督训练水军。

　　就这样，大战尚未开始，周瑜便用反间计轻而易举地除掉了曹军最为得力的两个水军将领，为日后的胜利奠定了基础。

◎石勒用间智取王浚◎

西晋末年，爆发了"八王之乱"，百姓无法容忍战乱的祸害，遂纷纷起来反抗。而一些少数民族首领也趁机起兵，建立了割据政权，羯人石勒就是其中的一个。

石勒，字世龙，羯族人。年轻时与汲桑一起追随公师藩造反，他们劫掠郡县，释放囚犯，聚集了一批亡命之徒，势力越来越大。后来，石勒等人在一次战斗中失败，汲桑也被晋军所杀，于是石勒前往投奔已称汉王的刘渊。

石勒归顺刘渊后，东征西讨，为其立下了汗马功劳，他自己的势力也在征战中不断发展壮大起来。311年，地方豪强王弥密谋除掉石勒，以吞并他的人马，却不慎走漏了消息，结果石勒抢先下手，杀死了王弥，吞并了他的全部人马。

王弥死后，幽州刺史王浚成为石勒的最大威胁。王浚是西晋的地方实力派，早有自立为帝之心，他曾想兼并石勒的势力，但是遭到了失败。尽管如此，石勒的军师张宾叮嘱石勒说："虽然王浚兵势衰弱，但要想彻底消灭他，只可智取，不可硬

石勒派门客王子春等人带上许多珍宝去拜见王浚。

战，如果现在假装归顺王浚，并表示愿意辅助他当皇帝，那么他一定会喜出望外。等到王浚疏于防备时，再一举消灭他，这才是上策。"石勒采纳了这一建议，并依照张宾的计谋行事。

石勒派门客王子春、董肇等人带上许多珍宝去拜见王浚，并附上书信一封。信里石勒对王浚十分恭维，并表示希望王浚能顺应天意民心，登基称帝；又表示自己将会像对待亲生父母那样崇敬拥戴王浚。

在给王浚上书献宝的同时，石勒还让使者以重金笼络王浚的心腹近臣枣高。王浚见石勒归顺，高兴万分，当即将王子春等人封侯，并派使者以地方特产答谢石勒。不久，王浚的部下阴谋叛变，并派使者去向石勒请降，石勒当场杀了使者，将此事告知王浚，以表忠诚。王浚因此更加信任石勒。

后来，王子春与王浚的使者一同归来。石勒预先得到消息，遂下令将精兵和武器都隐藏起来。使者到达时，石勒摆出迎接天子使节的架势，向北拜见王浚的使者，态度恭敬地接过他的书信。王浚赐给石勒拂尘，石勒先是假装惶恐不敢收下，等勉强接受后又毕恭毕敬地把它挂在墙上，每天早、晚都要对着拂尘敬拜。与此同时，石勒派董肇向王浚上书，约定日期亲自去幽州奉上皇帝的尊号。王浚的使者回去后，把这些情况告诉王浚。王浚认定石勒忠诚不二，至此疑心尽释。

石勒经过反复刺探，确信王浚已经相信了自己，便开始着手准备消灭王浚。

石勒先召见王子春，命他汇报幽州的情况，王子春说："幽州去年发生大水灾，百姓连饭都吃不上，王浚手中有数百万斤粮食，却坐视百姓挨饿，不肯开仓放粮。而且王浚征收赋税极为频繁，统治苛刻残酷，又不听忠言，残害贤臣良将，属下无法忍受，背叛逃亡的有很多。在外，鲜卑、乌桓与其离心离德；在内，枣高、田矫贪虐横暴，军队疲敝，人心动摇。而王浚还口出狂言，说汉高祖、魏武帝都不足以与他相提并论。

得知王浚众叛亲离，幽州又陷于饥荒贫困之中，石勒遂决定发兵突袭幽州。但他又怕并州刺史刘琨趁机从背后偷袭。张宾建议利用刘琨与王浚的矛盾，写信请求刘琨允许自己讨伐王浚来将功补过。石勒按张宾的意思，安抚住了刘琨，解除了后顾之忧。

314年，石勒率领轻骑日夜兼程向幽州进发。石勒到达易水时，王浚手下的督护孙纬收到消息，立即派人给王浚送信，请求抵抗。不料，王浚却说："石勒到这里来，是要拥戴我当皇帝的。如果有谁还敢再说石勒的坏话，我就立刻处死他！"

不仅如此，王浚还大设宴席等待石勒的到来。清晨，石勒率军赶到蓟县，让守城的人开门。因为一切都进行得太过顺利，石勒怀疑城内有埋伏，还想出了一条计策来应对：他先驱赶了几千头牛羊，声称是献给王浚的礼物，实际上是用这些数量众多的牲畜来堵塞街巷，使王浚的军队无法出战。

直到这时，王浚才意识到大事不妙，可惜已经太迟了。结果，王浚为石勒所擒，后被处死。就这样，石勒占据了幽州，吞并了王浚的军队，为其以后自立为赵王创造了条件。

从这个故事中，我们不难看出，石勒之所以能轻取王浚，正是连续用间的成果：石勒的门客王子春为生间，他被派往王浚营中，一方面投书示好，另一方面侦察王浚在幽州的政治和军事情况；石勒又以重金收买了王浚的心腹枣高，将其作为内间，使得王浚对石勒更加信任；石勒又巧妙利用王浚的使者，在其来访时制造假象，让使者将虚假情报带回，成功地蒙蔽了对方。

通过连续用间，石勒在全面掌握敌情、占据先机的同时，也使得王浚彻底陷入了错误的认识和判断之中，为最后的出奇制胜创造了条件。

石勒上书给王浚。

经典案例：信陵君的用间策略

战国时，魏公子信陵君采取各种手段，收买各方间谍，因此对国内外的情况了如指掌。有一次，信陵君正在和魏王下棋，突然北方传来示警的烽火，说是赵国出兵侵犯魏国。魏王惊慌失措，信陵君却说是赵王在打猎。又过了一会儿，果然从北方传来消息说："刚才是赵王打猎。"魏王问信陵君原因，信陵君回答："这是我的门客探听的。"原来，魏公子信陵君养了许多门客，充当各种间谍，打入赵国内部。

间谍的运用

乡间

从在敌国的乡人处，可以搜集一些关于地理条件和军事动向的情报。

反间

反间就是以其人之道还治其人之身，获得稳定的情报。

生间

间谍潜入敌国后还能安全返回，危险性较小，但需要计划周密。

内间

内间的作用提供较为机密的军事情报，让敌人的官吏为己服务。

死间

通过散布假消息，以达到扰乱敌人阵脚的目的，但危险性很高。

经典战例：岳飞妙计除叛徒

1130 年，金朝封宋朝的降将刘豫做了大齐皇帝，刘豫多次联合金军攻打宋军。岳飞了解到，刘豫与金将粘罕狼狈为奸，而金元帅金兀术对此十分嫉恨。恰好此时，宋军捉到一个金兀术派来的间谍，岳飞便故意将他认作自己派出去的人员，责问他说："你不是张斌吗？前些日子派你送信给刘豫，要他设法把金兀术引诱出来，不料你一去不复返，之后我又派人去联系，刘豫已经答应到冬天把金兀术引诱到清河，和我共同夹击。你为什么不把信送到呢？"间谍担心被杀，就顺水推舟，承认自己是张斌。于是岳飞要他再送信给刘豫，信中叙述了诱杀金兀术的计划。这个间谍离开宋朝的军营，马上把信献给金兀术。金兀术一看，勃然大怒，立即撤销了刘豫的皇帝名号，并把他充军到临潢（今内蒙古自治区西林县）。就这样，宋朝轻松铲除了刘豫，为以后北伐扫除了障碍。

贤良的将领

伊尹（生卒年不详），名挚。伊尹历经商朝的商汤、外丙、仲壬、太甲、沃丁五代，共五十余年，为商朝立下汗马功劳。

姜子牙（生卒年不详），姜姓，吕氏，名望，字子牙，号飞熊，也称吕尚或姜尚。商朝末年人。是中国古代影响久远、杰出的韬略家、军事家与政治家。

前朝的经验为己所用，以此引申出间谍的作用，其实就是尽可能地搜集情报，然后为己所用。

| 敌国军情 | 敌国国情 | 治国经验 |

经典案例：苦肉计

　　有个日本人想开啤酒厂，他得知丹麦啤酒酿造技术世界一流；但啤酒厂的保密措施做得很彻底，不允许随便参观。后来，这个日本人发现该厂每天早晚都有一辆黑色的小轿车进出，而车上坐的正是啤酒厂的老板，于是他想出一条苦肉计。有一天，载着啤酒厂老板的小轿车驶近时，他突然迎面朝小轿车快步走去，结果被车撞倒，并断了一条腿。日本人被送进医院，啤酒厂的老板问他希望怎么和解，他说："等我腿好了以后，就让我去你的啤酒厂当守卫，混碗饭吃吧！"啤酒厂老板一听他不想找麻烦，就答应了。后来，这个日本人当上啤酒厂的守卫，经过仔细观察，他对这家啤酒厂的设备、原料及技术都了如指掌。日本人回国后，开了一家颇具规模的啤酒厂，很快就抢占了日本的啤酒市场，获得丰厚的回报。

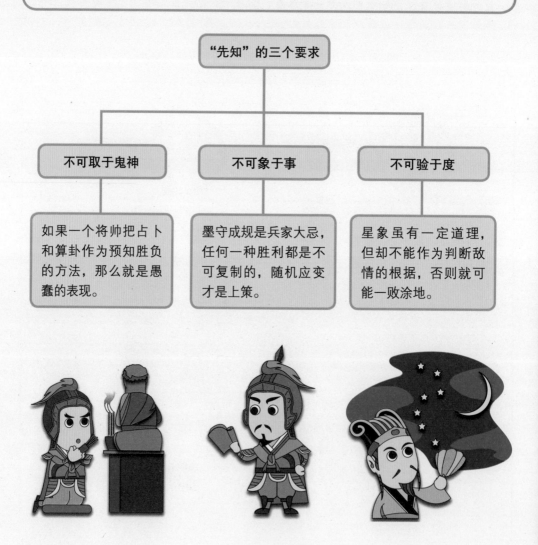

"先知"的三个要求

不可取于鬼神	不可象于事	不可验于度
如果一个将帅把占卜和算卦作为预知胜负的方法，那么就是愚蠢的表现。	墨守成规是兵家大忌，任何一种胜利都是不可复制的，随机应变才是上策。	星象虽有一定道理，但却不能作为判断敌情的根据，否则就可能一败涂地。

经典案例：苏联人的"谍计"

1973 年，苏联打算找一家美国飞机制造公司，为其建造一个世界上最大的喷射客机制造厂，建成后将年产 100 架巨型客机；但如果美国公司的条件不合适，他们将跟英国或德国进行这笔价值 3 亿美元的生意。为此，美国的三大飞机制造公司都蠢蠢欲动。波音公司为了得到这笔生意，竟背着美国政府，同意让 20 名苏联专家前往飞机制造厂参观。这批苏联专家不仅仔细参观飞机装配线，还在机密的实验室里认真地"考察"，拍了无数张照片，获取大量的资料，并得到波音制造巨型客机的详细计划，之后苏联人便杳无音信。不久，美国人发现苏联居然利用波音提供的技术资料制造了伊柳辛式巨型喷射运输机。飞机的引擎是美国罗尔斯·罗伊斯引擎的仿制品，而制造飞机的合金居然也是从美国取得。原来，当日苏联专家穿了双特制的皮鞋，鞋底能吸附从飞机部件上切削下来的金属屑，专家带回去分析后，便得到制造合金的秘密。

情报的来源

| 间谍 ⇨ 敌将 | 获得最直接的军事情报和机密。 | ⇨ 敌将的亲信 | 间接获得军事情报。 |

谋士

可以打听到关于部队的动向和其他外部消息。 ⇦ 守门官 ⇦ 可得知最翔实的情报和计划，了解敌军的部署。 情报官

不但可得知可靠消息，还有机会实施反间计。

商业案例

💠 ◎可口可乐的配方◎ 💠

孙子说，"非微妙不能得间之实"，用间套取敌方机密简直就是一门艺术。相应地，保护自己的机密，防止核心机密泄露，也成了一门关键的艺术。

为了防止企业的经济机密和核心技术泄露，很多企业采取各种措施加强保密工作。自1886年，可口可乐的配方在美国亚特兰大诞生以来，一直保密至今。在与合作伙伴的贸易中，可口可乐公司从来只向合作伙伴提供半成品，获得其生产许可的厂家只能得到浓缩的原浆配合可口可乐成品的技术和方法，却得不到原浆的配方和技术。

可口可乐公司历任领导人都把保护秘方作为首要任务。为了保护这一秘方，可口可乐公司将这一饮料的发明者约翰·潘伯顿手写的秘方藏在银行的保险柜中。如果谁要查询这一秘方必须先提出申请，经由信托公司董事会批准，才能在有官员在场的情况下，在指定的时间内打开。

可口可乐的核心技术由三种关键成分组成，这三种成分分别由公司的三个高级职员掌握，三人的身份绝对保密。同时，这三个高级职员签署了"决不泄密"的协议，而且，连他们自己都不知道另外两种成分是什么。三人不允许乘坐同一交通工具外出，以防止发生飞机失事等事故导致秘方失传。截至2000年，知道可口可乐秘方的总共不到十人。而在技术如此发达的今天，可口可乐的秘方依然未被破解，将保密工作做得如此天衣无缝，无怪乎可口可乐能长期在饮料市场独占鳌头。

【点评】

在本篇一开始，孙子就着重论述了使用间谍的重要意义。我们知道，孙子对于制胜的重要理念之一便是"知彼知己，百战不殆"，这个理念也无不体现在《孙子兵法》的每一章节当中。

在日费千金、消耗巨大的战争期间，为战争所困的士兵与人民无不盼望着战争尽快结束，然而在大多数情况下，战争只有两种结果：不是胜，就是负。要想快速地取得胜利，就要制定出行之有效的制敌之法。

而在战争中，谋划和用间贯穿始终，而且互为关联。了解和掌握敌情，是正确制定军事战略战术的基本前提，关系着战争的胜负。孙子指出，两国"相守数年，

善于用间能扰乱对方军心，甚至将其颠覆。

以争一日之胜，而爱爵禄百金，不知敌之情者，不仁之至也，非人之将也，非主之佐也"。使用间谍作为探知敌方内幕实情的最有效的办法，虽然耗费"爵禄百金"，但与劳民伤财的战争本身相比，绝对"物超所值"。

　　孙子把因为爱惜爵禄而不重用间谍的统治者视作极为不仁的人，还说："成功出众者，先知也。"认为要想获得战争的胜利，就必须预先知晓敌情。而用间除了有此作用以外，还有一层更为重要的意义，那就是通过间谍将假信息、假情报传递给敌人，误导对方，以此来达到改变敌人作战意图，削弱其力量的目的。

孙武的间谍观

据《左传》记载，夏朝时就已经出现了"谍"："使女艾谍浇。"女艾是我国有记载的第一个间谍。

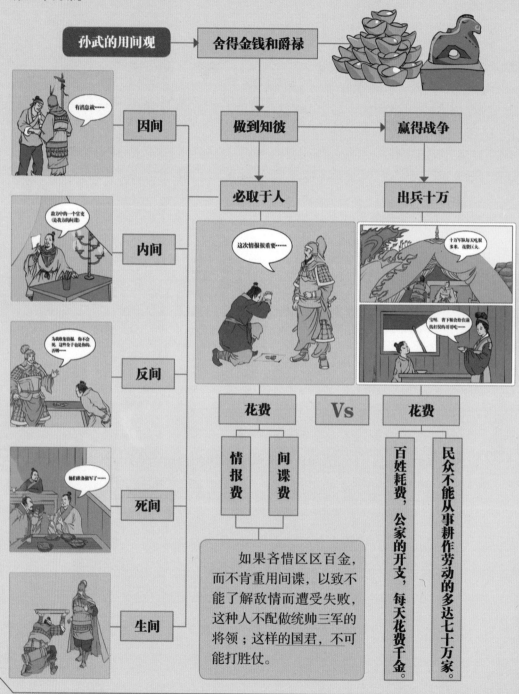

运筹帷幄的兵学秘诀　决胜千里的谋略智慧